아나운서 절대로 하지마라

아나운서
절대로
하지마라

않고 은밀하게 아나운서 준비하기

유지수
백원경
이지민
서연미
채선아

지음

변상욱

전 CBS 대기자, 현 YTN 앵커

지금껏 나온 어떤 아나운서 직 관련 서적보다 사실적이고 도전적이다.

지금껏 나온 어떤 아나운서 직 관련 서적보다 사실적이고 도전적이다. 시쳇말로 한다면 리얼하고 익사이팅하다.

꿈으로써의 아나운서, 신기루로써의 아나운서, 직업으로써의 아나운서, 그리고 직장으로써의 아나운서 이야기까지 두루 담겼다.

'아나운서가 되고 싶다면 도대체 무엇부터 해야 하는 걸까'를 시작으로 '자기소개서 작성', '면접 요령과 경험담', '근무하며 체력이 바닥났을 때', '온갖 회의가 몰려 올 때' 등 아나운서에 관한 모든 것을 담았다.

하지만 아나운서를 뽐내기 위한 대목도 없고 이미 그 자리에 도달했다 해서 위에서 내려다보지도 않는다. 어찌 보면 아나운서들의 이야기를 적어 내려간 것이 아니다. 아나운서가 되고 싶었던 사람들의 이야기, 그리고 오늘도 아나운서로 존재하고자 길을 더듬고 입술을 깨물며 나아가는 사람들의 이야기다.

민경중

방송통신심의위원회 사무총장

막연하게 아나운서가 되려는 후배들이라면 이 책은 절대 읽지 말라.

'말' 한마디가 사람의 부침을 좌지우지하는 시대다. 이런 위험한(?) 작업을 매순간 수행해야하는 프로들이 있다. 우리는 그들을 '아나운서'라고 부른다.

막연하게 아나운서가 되려는 후배들이라면 이 책은 절대 읽지 말라고 권유하고 싶다. 너무나도 적확하고 통렬해서 지레 겁먹고 포기할까봐서다. 하지만 그 길을 과감하게 도전하고 싶은 사람이라면 이 책은 필독서라고 자신있게 추천할 수 있다.

직업적 의미의 아나운서 존재감이 약해진다고 해도 정보 홍수 속에서 품격 있고 정확한 소식을 갈구하는 인간의 본성은 동굴시대 이래로 절대 변하지 않았기 때문이다.

그래서 나는 그들을 아나운서雅羅韻諝 즉,
'아름다운 소리의 그물을 펼치는 슬기로운 사람들'이라고 부르고 싶다.

김석훈

배우. CBS 라디오 '그대 창가에 김석훈 입니다', SBS TV '궁금한 이야기 Y' 진행

아나운서라는 고된 직업으로 살아가는 그들의 실체적 삶을 조명하는 투시경 같은 책

최고의 대기업 총수의 배우자.
최고의 운동선수의 배우자.
최고의 개그맨의 배우자 등등

사회에서 바라보는 여자아나운서의 실체적 이미지일지도 모른다.
이를 보듯 어지아나운서는 최고 중의 최고의 직업으로 보인다.

"지성과 미모를 겸비한..."

20여년간 방송국을 들락거리며 필연으로, 우연으로 아나운서들을 옆에서 지켜볼 수 있었다. 그러나 그들의 삶의 만족도는 위에서 보듯 최고의, 최상의 행복감은 아닌 듯 했다. 그들에게는 위에 이미지와는 다른 무언가를 추구하는 듯 했고 그것을 벗어나려는 몸부림마저 느껴졌다. 거기에다가 공중파 3사가 아닌 CBS의 아나운서 분들은 더 많은 고충과 사명감이 있는 것 같았다.

유지수 아나운서(17년차)부터 비교적 신입인 3년차 아나운서 분들의 이야기다. 이 책이 아나운서라는 고된 직업으로 살아가는 그들의 실체적 삶을 조명하는 투시경 같은 책이 되길 바래본다.

소년시절 읽었던 헤르만 헤세의 데미안의 한 구절을 여기서 읽은 것은 장마철 한줄기 햇빛과 같았다.

차미연

아나운서 연합회장, MBC 아나운서

'나대지 않고 은밀하게 아나운서 준비하기' 라는 비기를 공개했다.

아나운서 중에 아나운서라는 이름을 자랑스러워하지 않는 이는 없습니다. 어쩌다보니 아나운서로 살고 있더라는 사람도 찾아보기 힘듭니다. 그만큼 꿈꾸고 노력해서 비로소 얻게 되는 명칭이자, 아나운서로 살아가는 한 끊임없이 부대끼며 최선을 다해 만들어가는 이름입니다.

뉴미디어에 지상파가 밀려나며 매체 자체가 변하고 이젠 '아나운서 답다'는 말은 '정형화된 방송인' 같다는 누명까지 쓰고 있습니다. 중립적인 진행을 위해 두루 공부하던 아나운서들의 훈련은 시대가 달라지며 이제 자기 의견이 드러나지 않는 무색무취 방송인 듯 오해받고 있습니다.

예능프로에서는 개그맨만큼 웃기지 않아서, 뉴스나 시사프로그램에서는 정보만 전달하고 끝내 정체를 드러내지 않아 누구편인지 알 수 없단 이유로 영역은 부쩍 좁아졌습니다. 이런 현실 속에서 CBS아나운서들의 [아나운서 절대로 하지마라는 '사다리 걷어차기'가 아니라 늪에 더 많은 사람들이 빠질까봐 던지는 절규가 아닌가 싶기도 합니다.

아나운서들은 이미 진화하는 중입니다. 어떤 아나운서가 적자생존으로 살아남을지 치열하게 시도하는 동안 CBS아나운서들은 '나대지 않고 은밀하게 아나운서 준비하기' 라는 비기를 공개했습니다. 벌써부터 어떤 환경인지 어떻게 해야 살아남을지 지도를 손에 얻게된 듯 든든합니다.

채선아

아나운서를 지망하는 누군가에게 이 책이 따뜻한 손길로 가닿길

책의 초본이 나온 날 퇴직한 선배를 만났다. 글이 너무 부끄럽다고, 세상에 내놓아도 될지 모르겠다고 털어놨다. 선배는 "글을 잘 썼나 보네!"라며 의외의 답변을 건넸다. 학창시절 선배의 국어 선생님은 글쓰기 과목에서 '솔직하게 쓰기'를 강조하셨다고 한다. 그래서 잘 써진 글은 본인에게 부끄러울 수밖에 없다고. 그렇게 치면 솔직하게 쓰기는 성공한 게 아닐까 싶어 고개를 주억거렸다.

선배는 퇴직 후 숲 해설사 활동을 준비 중이라고 했다. 평소 등산을 즐기고 자연을 사랑하는 선배에게 딱 어울리는 제2의 직업이라는 생각이 들었다. 근데 뜻밖에도 그 적성을 깨닫는 데 오랜 시간이 걸렸다고 했다. 지금 와서 생각해보면 선배는 어릴 적부터 길가에 나무와 꽃 이름이 궁금하곤 했는데, 막상 자신의 그런 흥미를 알아차리게 된 건 회사 동료 덕분이었다고 한다. 어느 날 동료는 자신이 숲 해설사 자격증을 따고 있다면서 선배도 좋아할 것 같다며 추천해주었다고.

생각해보면 자신의 관심사, 좋아하는 것, 꿈조차 스스로에겐 흐릿해 보이는 시기가 있다. 그럴 땐 누군가의 톡 건드려주는 손길이 필요하다. 그 손이 이리저리 섞이고 흩어져 있는 삶의 퍼즐을 맞추는 데 도움이 되기도 하니까 말이다. 부끄럽지만 이 책을 내놓는 목적도 같다. 아나운서를 지망하는 누군가에게 이 책이 따뜻한 손길로 가닿길 바란다.

나보다 금방, 덜 힘들게 당신이 목적지에 닿길 응원하며

마침표를 찍고 싶었다.
아나운서를 준비하던 지난 10년은,
탈출구가 없는 미로 속에서 막다른 길만
매일 마주하고 있는 것 같던 시간이었다.

길고 어려운 시간을 들여 돌고 돌아온 만큼 되었다고,
안심해도 된다고,
이제 마침표를 찍고 새 문장을 써나가라고 스스로 응원하고 싶었다.

동시에 이 책을 통해 아나운서를 준비하는 분들에게
내가 미리 만나고 온 막다른 길의 모양들을 알려주고 싶었다.
그리고 그것들이 모여 탈출구로 향할 수 있는
큰 힌트가 되어준다는 사실도,
결국엔 빛이 새어나오는 탈출구가 꼭 있다고 전해주고 싶었다.
그러니, 낙심하지 말라고.

소소한 노하우들을 담았다.
나보다 금방, 덜 힘들게 당신이 목적지에 닿길 응원하며.

이지민

'아나운서 입사'에 관한 책처럼 보일 수도 있지만, '꿈'에 관한 이야기

언제부터인지 모르게 나는 영화나 소설, 누군가의 인터뷰에서라도 '꿈'에 관한 이야기가 나오면 당연한 것처럼 눈물이 흐른다. 그것은 기쁨이나 슬픔의 감정에서 나온 게 아닌, 조건반사적인 눈물이다. 내 몸은 늘 꿈이라는 단어에 격하게 반응한다.

영화 라라랜드에서 배우를 지망하는 여자주인공 미아는 이렇게 말한다.
"사람들은 다른 사람의 열정에 끌린다.
왜냐하면 자신이 잊은걸 떠올리게 되니까."
누군가의 꿈과 열정에 우리는 자석처럼 이끌린다. 그들의 가슴 벅찬 이야기는 내 안의 그것들을 다시금 꺼내어 불을 붙이는 계기가 된다.

아나운서 선후배 4명과 함께 집필한 이 책은 얼핏 아나운서 입사에 관한 책처럼 보일 수도 있지만, 사실은 꿈에 관한 이야기다. 아나운서라는 직업을 꿈꾸었고, 그 꿈을 이루었지만 아직도 그 꿈에 더욱더 가까이 다가가기 위해 매일 발버둥 치고 있는 다섯 사람의 꿈에 관한 이야기다. 우리의 꿈이 담긴 이 책이, 당신의 꿈에 응원이 되길 진심으로 바란다.

백원경

누군가에게 작은 이정표가 되길 바라며

어느덧 입사 14년차. 아나운서라는 이름으로 다시 태어나 이제 사춘기를 겪을 즈음이 된 것 같다. 보통 사춘기가 되면 '나는 누구인가? 어떻게 살아갈 것인가?' 하는 존재론적인 질문을 하게 된다고 하는데, 이 책을 쓰면서 나는 '어떻게 하면 아나운서가 될 수 있을까? 아나운서로 살아보니 어떤가?' 하는 질문을 스스로에게 던지며 지난 방송생활을 돌아보게 되었다. 글을 마치고 나니 사춘기를 무사히 통과한듯 한 뼘 성장한 느낌이다.

십 수년 전과 지금은 방송환경도, 채용과정도 많이 달라졌기에 나의 이야기가 실제적인 도움이 되기는 어려울 것 같아 고민이 컸다. 하지만 아나운서 지망생으로서 고민하는 지점은 그때나 지금이나 비슷할 거란 생각에 지난 나의 경험을 솔직하게 털어 놓았다. 사실 아나운서라는 이름이 아직도 가끔은 어울리지 않는 옷처럼 어색하게 느껴진다. 아나운서라는 직업을 한 마디로 정의하라고 하면 더 모르겠다. 과연 내가 이 직업에 적합한 사람인지, 이 길을 계속 가는 게 맞는지 고민하던 시기도 있었고 갈수록 어렵다 느끼는 날도 있다. 하지만 여전히 이 길을 가고 있는 건 그만한 이유가 있기 때문일 것이다. 어쩌면 나는 계속 배우고 성장하며 '아나운서'가 되어가고 있는 중인 것 같다. 그 과정을 정리한 글이 머뭇거리고 있는 누군가에게 작은 이정표가 되기를 바란다.

유지수

부족한 이야기가 도움이 되길 바라는 욕심이 생긴다.

    몇 해 전 아프리카 어린이 돕기의 하나로 신생아 모자 뜨기를 시도했다. 그곳에는 우리나라보다 평균기온이 낮은 국가도 있지만 당시는 잘 몰랐었다. 그저 더운 땅에서 태어난 갓난아이가 작은 머리를 감쌀 모자가 없어 저체온증으로 이 세상에 오자마자 저 세상으로 가버린 다는 사실을 듣고 가슴이 아팠다. 없는 솜씨에도 감정이 앞서서 덥석 모자 만드는 키트를 받아들고 의열한 마음으로 바늘과 실을 연결했다. 결론부터 고백하면, 유감스럽게도 삼일을 못 가 손 놓고 말았다. 나에게 뜨개질은 벅찬 상대였다.

    나는 이제 꽤 경력이 쌓였다는 아나운서이다. 아나운서가 된 직후 몇 년 간, 나는 후배 아나운서에게 호기심이 많았다. 올해는 어떤 후배가 들어올까, 잘 지내야지, 그들과 깊은 교류를 해야지 등 새로운 가족을 맞는 기분이었다. 후배가 뽑히는 공채과정도 무척 궁금했고 자원해서 시험보조 역할도 맡았다. 하지만 어느 순간 관심도는 급격히 떨어졌다. 미리부터 힘 뺄 필요가 없다는 생각이 들었다. 나중에 최종 합격자나 만나서 그들에게 도움이 되는 선배 노릇이나 하겠다며 아나운서 공채기간에도 시큰둥했다. 최근에는 이런 마음마저도 희미해져서 군이 선배로서 먼저 다가갈 필요가 있을까 생각했다. 기회가 있으면 자연스레 관계가 형성되겠지, 오버하지 말자 싶었다. 사실 다 핑계고 나 살기 바빴다.

녹녹치 않은 봉급생활자로, 아이가 둘인 주부로 살아가는 나에게 아나운서 '준비생'을 위한 책을 만들자는 제안은 감사하면서도 한편 내 삶에 필요충분조건이 아니다 싶어 거절하고도 싶었다. 동시에 익숙하다 믿는 아나운서 생활을 한번 들여다보고 싶었고 이것이 누군가에게 도움이 된다면 가물어있는 일상에 단비가 되리라 믿었다. 게다 '공동 작업이니 부담도 적겠구나' 머리를 굴려가며 글을 쓰기 시작했다.

적당히 분량만 맞추고 원고를 넘길 복심이었다. 아니 정해진 분량을 채울 자신도 없었다. 몇 장 덜 써도 괜찮겠지, 책에 이름만 들어가면 그만이지 생각했다. 아프리카 신생아를 위해 분연히 뜨개질을 시작하고 이내 포기하고 말았던 일처럼 이번에도 금세 휴전을 선언할까 두려운 마음도 있었다. 그런데 쓰다보니 이게 웬일. 할 말이, 쌓인 기억이 내 안에 너무도 많았다.

이제 그간의 생활이 검은 직선과 곡선이 되어 다시 살아났다.

부족한 이야기가 도움이 되길 바라는 욕심이 생긴다. 당신이 아나운서가 되고자 한다면, 아나운서가 궁금하다면, 나이가 어떠하든 하는 일이 무엇이든 일상의 고민이 무엇이든 우리의 소박한 이야기가 당신의 하루에 작은 지팡이가 되면 좋겠다. 당신 안의 온기를 잡아줄 모자가 된다면 더 바랄 바가 없다.

아프리카 어린이에게 물을 수 있다면 묻고 다시 시작하고 싶다.

이제라도 나의 모자를 받아주겠냐고. 예전에 받아뒀던 키트는 서너 번의 이사로 처분된 상태지만, 내가 만든 것 보다 더 품질 좋은 신생아 모자를 사서 생의 에너지가 가득한 땅인 아프리카로 보내고 싶다. 그래야 커다랗고 아련한 눈망울을 가진 아프리카 갓난아이의 사진을 외면하지 않고, 미안해하지 않고 바라볼 수 있을 거 같다.

ON AIR

CBS

채선아

아나운서

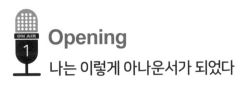

Opening
1
나는 이렇게 아나운서가 되었다

저 아나운서 될 수 있을까요?

"야, 너는 아나운서나 해봐."

친구가 컵라면을 먹다가 무심코 던진 말에 마음이 요동쳤던 그때는 대학교 3학년이었다. 학교 앞 편의점에 앉아 뭐해 먹고 살지 넋두리를 하던 중 친구가 대뜸 '아나운서'라는 말을 꺼냈다. 신문방송을 전공했지만, 세부 전공은 광고였던 그래서 광고 회사 취직을 꿈꾸고 있던 내게 '아나운서'는 그 어떤 기획서보다 흥미로운 제안으로 마음에 콕 박혔다.

'누구는 어릴 때부터 꿈이 아나운서였다는데', '누구는 방송반 출신이라는데'... 그런 주변의 이야기를 뒤로 한 채 무작정 아나운서 아카데미로 향했다. 갑작스레 관심이 생긴 직업인만큼 우선 '궁금한 거 물어나 보자'란 목적이었다. 많은 아카데미 중에도 네이버 가장 맨 위에 떴던 그곳은 배출한 아나운서가 가장 많다는 학원이었다. 학원 문 앞까지만 해도 당당했던 발걸음은 상담실에 들어서면서 부쩍 속도가 줄었다. 엘리베이터에서 수강생으로 보이는 학생들을 마주친 순간 '내가 올 곳이 아닌 곳을 찾아왔구나' 하는 뒤늦은 후회가 들었기에.

"저 아나운서... 될 수 있을까요?"

쭈뼛쭈뼛 들어선 상담실에 앉아 입 밖으로 낸 첫 질문이었다. 상담 선생님은 대답 대신 원고를 쥐여 주었다. TV를 통해서만 접했던 뉴스 원고와 프로그램 진행 멘트가 적힌 A4용지 한 장. 생전 처음 '방송 원고'를 읽어보는 것만으로도 설레고 벌써 아나운서 된 듯한 기분이 들었다. 그러나 선생님은 음성을 들어보고는 아직 목소리 훈련이 되지 않아 기초부터 배우는 게 좋겠다며 종합반을 제안했다. 금액은 한 학기 등록금. 이 고가의 금액을 부모님께 어떻게 말하면 좋을까 고민하면서도 이미 마음 한쪽에 스멀스멀 아나운서가 되고 싶은 욕망이 자리를 잡아갔다.

아카데미 6개월여 과정은 행복했다. 하라는 대로만 하면 아나운서가 될 거라는 기대로 수업일수를 채워갔기 때문이다. 과정을 마칠 때 즈음엔 아나운서가 되는 것이 당연한 코스인 양 느껴졌다. 하지만 아카데미를 수료하고 면접장에서 다른 지원자들과 마주하면서 그것이 착각이었음을 빠르게 알아챘다. 울타리 밖으로 나오니 아카데미 수업 중 준비한 모든 것은 연습용 스케치에 불과할 뿐이었다. 그때야 주변 사람들이 눈에 들어왔다. 서류만 몇 개월째 준비하는 사람부터 필기에서 몇 번 엎어진 사람, 매번 최종 면접에서 떨어지는 사람까지 각자만의 시험 경력을 치열하게 쌓고 있던 경기장에서 나는 아직도 출발선에 있었다.

처음부터 질문 상대가 잘못됐다는 걸 깨달은 건 지금에 와서다. 아카데미에 의존해 내가 아나운서 될 수 있는지 묻기보다 스스로에게 먼저 물었어야 했다. 그 질문을 자꾸 다른 곳에 던지다 보니 떠도는 소문에 시달리고 휘둘리며 시간을 보냈다. '어느 아카데미가 좋다더라'부터, '이 방송사는 어떤 이미지를 좋아한다더라', '이번엔 뉴스 잘하는 사람 뽑는다더라' 등 여러 방면에서 요구하는 것을 채워 가려 동분서주했다. 그 과정에서 또 다른 아카데미에 찾아가 단과 교습을 받기도 했다. 당시 아카데미는 불안감을 잠재워줄 무언가였다. 다니지 않으면 아나운서가 되지 못할 것 같아서, 이러다 정말 포기할 것만 같아서 드는 불안감을 학원을 맴돌며 달랬다.

하지만 그건 아무리 노력해도 밖에선 채워지지 않는 내면의 것이라는 생각. 다시 처음으로 돌아가 나 자신에게 질문을 던져 본다. 나는 왜 아나운서가 하고 싶은지!

친구가 '아나운서나 해봐'라고 말했을 때, 정말 그 한마디에 아나운서가 되겠다고 다짐했을까. 시간도 되돌려 본다. 아마 아나운서는 아무나 할 수 있는 직업이 아니라고 생각했기에 차마 입 밖으로 '아나운서가 되고 싶다'고 꺼내 놓지 않았던 것 같다. 아나운서가 되기 위해서는 공부도 잘해야 하고, 말도 잘해야 하고, 예뻐야 하는 그런 사회적 기준이 내 입부터 막았는지도 모르겠다. 그러나 결국 '내가 아나운서가 될 수 있는지.' 답해줄 수 있는 사람은 자기 자신밖에 없다.

　내 안에 어떤 것이 나를 여기까지 이끌었는지 답을 찾았을 때 '어떤' 아카데미는 중요하지 않다. 어디를 가든 자신의 가능성에 관해 묻기보다 그곳에서 배울 수 있는 게 무엇인지 따질 수 있기 때문이다. 아카데미에서 취할 걸 취하되 모든 가능성과 주도권은 우리 손에서 놓지 않아야 한다. 자신의 가능성을 누구보다 먼저 알아봐 줄 수 있는 사람은 결국 자기 자신뿐이다. 그 권리를 학원에 맡기지 말고 본인의 손에 꽉 쥔 채 아나운서로 발돋움을 시작하기를 간절히 바란다.

나를 소개합니다

오픈 시간에 맞춰 도착한 신길동의 스타벅스. 주말에도 2층은 무언가를 준비하는 사람들로 가득하다. 열 맞춰 노트북을 켜고 하나같이 생각에 잠긴 듯한 표정들. 그 곁에 자리를 잡고 몇 분 뒤 같은 표정으로 노트북을 노려보고 있는 나. 자기소개서와 싸우는 시간이다. 이 싸움이 시작될 때면 일부러 이곳을 찾았다. 무언가를 붙들고 침잠한 얼굴이 많은 곳, 여기에선 모두가 동지로 느껴졌다. 그 동지들도 하나둘 자리를 뜰 만큼 시간이 흘렀지만 난 여전히 백지상태의 이력서 앞에 앉아 있었다.

쓰라고 비어 있는 칸을 비운 채로 제출해야 할 때 서류 탈락을 예감한다. 특히 경력이 없는 사람에게 '경력란'만큼 황당한 빈칸도 없다. 결국 그 칸을 채우기 위해 지망생은 '원하는 곳'이 아닌 '집에서 먼 곳' 혹은 방송사의 존재를 이력서를 쓰면서 알게 된 곳으로 눈길을 돌린다. 나 역시 이곳(CBS)에 입사하기 전 지역도청의 아나운서로, 프리랜서 진행자로 경력란에 몇 자를 적었다. 그동안 시간은 좀 기다려주면 좋겠지만 예외 없이 흘러간다. 그래서 더 늦기 전에 만족스러운 경력란을 채우기는 차치했다. 대신 지금 할 수 있는 것에 집중하기로 했다. 이력서 다음 페이지에서 요구하는 '자기소개서'가 그것이다. 적어도 '내 안에 답'이 있는 항목이다.

> 1. 성장 과정
> 2. 지원 동기 및 입사 포부
> 3. 자기 성격의 장단점 및 대인관계 성향
> 4. 사회단체 등 주요 활동 내용
> 5. 기타(관련 활동 및 경력 등)
>
> _2018년도 CBS 자기소개서 항목

대부분의 방송사 자기소개서 항목은 위와 같은 질문에서 크게 벗어나지 않는다. 문제는 특별할 게 없는 항목을 특별하게 써내야 한다는 것이다. 길지 않은 인생을 아무리 뒤돌아봐도 단조롭고 평범하다. 다른 지원자의 자소서를 보면 볼수록 '나는 왜 이리 평범한가'라는 한숨 섞인 하소연만 나올 뿐이다. 처음엔 그 평범함을 비상하게 포장해보려 '자소설'을 썼지만, 곧 그만두었다. 내 자소서를 읽으면서도 다른 사람 이야기를 읽고 있는 듯한 느낌이 들었기 때문이다. '이 부분에 관해 물으면 어떡하지?' 하는 고민도 뒤따랐다. 아무리 그럴싸한 포장도 마음이 동의하지 않으면 소용없는 일이다. 다행스럽게도 '자소설'로는 단 한 곳도 붙지 못했다.

자신도 자기를 잘 모르는 상태에서 자기소개서를 쓰기란 무모한 일이다. 글을 아무리 잘 써도 그 안에 내가 없으면 안 되기 때문이다. 하지만 나라는 사람은 어떻게 된 건지 과거도 잘 기억나지 않고 특기에 하나 적어낼 것도 없어

자책하는 날이 이어졌다. 그때부터 자기 확신이 있는 사람들이 눈에 들어왔다. 어떻게 이 사람들은 자기가 원하는 걸 이렇게 잘 알까 하는 궁금증과 부러움이 섞인 관심이었다. 당시 집어든 책은 임경선 작가의 《태도에 관하여》. 부제는 '나를 살아가게 하는 가치들'인데 생각해보니 이런 질문을 스스로에게 해본 적이 없었다. 자기소개서를 쓰면서도 그저 뭐 특별한 경험이 없나 과거를 들춰볼 뿐, 그 안에서 추구해온 가치를 찾진 않았던 것이다. 저자는 자발성, 관대함, 정직함, 성실함, 공정함을 뽑으며 자신이 가장 충만할 때의 태도라고 설명한다. 이에 빗대어 내 삶에도 질문을 했다. '살아오면서 가장 중요하게 생각했던 가치들은 무엇이었을까' 곰곰이 생각해보기를 며칠, 그것과 함께 떠오르는 몇 가지 에피소드를 자기소개서에 적었다. 오롯이 나 자신을 말해주는 문장들이었다.

같이 아나운서를 준비하는 친구들과 무기명으로 자기소개서를 공유해본 적이 있다. 누군지는 알 수 없지만 모든 글에서 분위기가 탐지된다. '아, 이 사람은 진중하구나, 성실하구나' 하는 것이다. 이처럼 글에서 느껴지는 이미지가 글의 주인과 닮아 있다면, 특히 그가 꼽는 삶의 태도와 맞닿아 있다면 그보다 좋은 자소서는 없다.

인터뷰집 《당신이 반짝이던 순간》에서 이진순 작가는 누구나 반짝이는 순간이 있다고 말한다. 세상을 밝히는 건 크리스마스 점멸등처럼 잠깐씩 켜지고 꺼지기를 반복하는, 평범한 사람들의 짧고 단속적인 반짝임이라고 말이다. 어쩌면 우리의 삶도 알아채지 못한 사이 끊임없이 반짝여왔는지 모른다. 당신이 반짝이던 순간 내뿜는 가치와 태도가 비로소 '자기다운 자기소개서'를 만들 것이라 믿는다.

내 생애 첫 번째 아나운서 면접

모두가 들뜬 표정. 이제 막 아카데미 수료를 앞둔 반 친구들과 한 방송사에 처음으로 면접을 볼 수 있는 '기회'가 생겨서다. 기회라 말하는 건 보기 드문 유형의 입사 시험이었기 때문이다. 해당 방송사는 그해 서류 전형에서 탈락자 없이 모든 사람을 붙였고, 연습 삼아 서류를 넣어봤던 초짜 지망생들인 우리가 카메라 테스트를 보게 되었다. 당장 며칠 뒤 면접을 보러 갈 생각을 하니 두렵기도 했지만, 한편으론 설렘 가득한 대화가 이어졌다. "의상을 뭘 입고 가지?" "혹시라도 나 합격하면 어떡해? 졸업논문 아직 못 썼는데." 하는 이야기가 생각난다. 그땐 처음이었기에 그런 '혹시나'라는 가정이 가능했다. 면접장에 가본 적이 없으니까.

'와 ~ 아나운서 같다.'

난생처음 가보는 도시에 내리니 한 손엔 커다란 의상 가방을 들고 머리엔 잔뜩 스프레이를 분사한, 누가 봐도 아나운서 면접을 보러 가는 지망생들이 곳곳에 눈에 띄었다. 아나운서를 꿈꾸면서도 아나운서 같은 사람을 볼 때면 감탄이 터져 나왔다. 하지만 그건 전초전이었을 뿐. 시험장에 다다르니 대기실에서는 '아! 야! 어! 여!'를 외치며 입을 푸는 사람, 무언가를 외우는 듯 벽을 보고 중얼거리는 사람 등 긴장감이 팽팽했다. 그 속에서 '깔깔깔' '까르르' 하는 건 우리 밖에 없어 보였다.

지원자가 많아 꽤 오랫동안 대기시간을 보내고 면접장에 들어섰다.

"기다리느라 고생 많았죠? 채선아 씨, 준비한 자기소개 있나요?"
"마지막으로 하고 싶은 말 있는 분?"

물론 예상한 질문이다. 나름대로 대답도 준비도 했다. 그러나 심사위원 앞에 서니 아무 말도 나오지 않았다. 아니 정확하게 말하면 무슨 말을 한 것 같은데 기억이 나지 않았다. 다섯 명의 지망생이 함께 들어갔는데 그중 옆에 서 있던 지원자가 제일 기억에 남았다. 한겨울에 식은땀이 흐르는 나와 달리 여유롭게 웃기도 하고 자기소개도 뭔가 달랐다. 당시 지망생 대부분은 '저는 토마토 같은 사람입니다!'처럼 어떤 사물에 자신을 빗대어 소개했는데, 뭔가 다른 그 사람은 이렇게 시작했다. "준비해 온 자기소개가 있는데 앞에 서니 기억나지 않네요 (웃음). 떠오르는 다른 말로 소개하겠습니다(싱긋)."

이럴 수가!

면접을 마치고 돌아가는 기차 안 분위기는 스프레이를 뿌린 것처럼 딱딱하게 굳어 있었다. 반 친구들은 각자 나름대로 적잖이 충격을 받은 듯했다. 결과는 전원 탈락. 이미 예감은 했지만, 첫 면접의 첫 낙방만큼 오랫동안 기억에 남는 일도 없다.

장강명 작가의 책 《산 자들》에 '카메라 테스트'라는 단편이 있다. 이지민이라는 지망생이 나오고 열 아홉번의 서류 탈락 후 얻게 된 카메라 테스트 기회에서의 일화가 펼쳐진다. 카메라 테스트에서 손에 쥔 원고를 떨어뜨리는 실수를 한 지민은 생각한다. 이 한 번의 실수로 지금까지의 모든 노력이 무너졌음을, 또다시 몇 달을 기다려야 한다는 사실에 괴로워한다. 심지어 지민은 자신의 뺨을 세게 때리고 싶어진다.

어떻게 얻게 된 기회인데 거기서 실수를 한 자신을 용서할 수 없던 것이다. 지민의 집으로 가는 발걸음은 어땠을까. 다음날 다시 자기소개서를 쓰고 서류전형에 응시하는 그녀의 마음속에는 '이걸 계속해야 하나' 하는 질문이 머릿속을 헤집고 다녔으리라 미루어 짐작해 본다.

아나운서 시험은 기회를 잡는 것 그 자체가 쉽지 않다. 오랜 시간 준비한 사람일수록 그 사실을 알기에 면접에서 한 번의 실수는 자신을 미워하게 되는 이유가 된다. 자신의 뺨을 때리고 싶었던 지민처럼 말이다. 하지만 자책은 우리에게 포기를 종용한다. '실력이 형편없어서 안 돼, 외모가 안 돼, 학벌이 안 돼'라는 수많은 이유가 자신을 작아지게 하는 것이다. 그것이 면접에 긍정적으로 발휘될 리가 없다.

만약 지민이 카메라 테스트에서 탈락했다면 이유가 무엇일까. 지민이 자신의 뺨을 때리고 싶을 만큼 괴로워했던 '원고를 떨어뜨린 실수' 때문일까. 아니면 실수에 능숙하게 대처하지 못해서일까. 사실 탈락에 명확한 이유가 있을지도 의문이다. 지망생은 알 수 없는 회사 내부의 많은 요소들이 합격과 탈락을 결정짓기 때문이다. 그럼에도 우리는 자꾸만 사소한 것에 더 예민해진다. 그날의 실수, 그날의 머리스타일, 메이크업 상태, 면접 순서부터 옆에 지원자까지 신경 쓰이지 않는 것이 없다. 하지만 이중 어떤 것도 나의 탈락 이유가 될 순 없다.

면접날처럼 신경이 곤두서는 때가 결혼식 날이다. 결혼식을 준비하며 가장 많이 들었던 말이 "일생일대 한 번뿐인 날이잖아요, 신부님. 가장 맘에 드시는 거로 하셔야죠."이다. 마음이 동하는 말이다. 어느 누가 가장 예쁜 모습으로, 할 수 있는 최선의 것으로 준비하고 싶지 않겠는가. 하지만 최선의 것을 고른다고 한들 변수가 없을 수 없다. 당일에 갑자기 뾰루지가 날 수도 있고, 기대보다 메이크업이 마음에 들지 않을 수도 있다. 이외에도 하객의 동선, 양가 부모님의 몸 상태까지 중요하다. 그런데 이 모든 게 우리 마음대로 되던가. 면접도 마찬가지다. 항상 변수는 존재하고 그건 우리가 손쓸 수 없기에 놓아주어야 한다. 그 결과로 우리의 면접이 조금은 즐거워졌으면 좋겠다. 준비는 철저히 하되 면접 당일은 어떤 예기치 않은 일이 벌어지더라도 그 자리를 즐겼으면 하는 것이다.

CBS 최종 면접의 기억이다. 열 명 정도의 임원진과 사장님이 나를 둘러

싸고 있는 어색한 자리 배치 속에 사장님은 이렇게 물어왔다.

"로비에 크리스마스트리 봤나?"

"네~, 엄청나게 큰 트리 말씀하시는 거죠? 불도 들어와 있기에, 트리 앞에서 사진 한 장 찍고 왔어요. 내년에도 볼 수 있었으면 좋겠네요. 하하하"

진심이라서 웃음이 났다. 최종면접에서 심사위원을 웃겨본 적도 처음이었다. 전날 밤 다짐했던 마음가짐 덕분이었을까. 면접을 하루 앞둔 밤, 침대에 누워 그동안의 면접을 떠올려보았다. 면접을 본 후에는 항상 복기를 하며 '이불킥'을 날렸고 결과가 나올 때까지 어느 것 하나 손에 잡히지 않았다. 낙방할 땐 저마다 이유를 찾았는데, 의상을 메이크업을 버스가 늦게 온 것을 탓했던 기억이 났다. 어느 것 하나 최선을 다하지 않은 게 없는데 면접 결과에 따라 그동안의 최선은 눈 녹듯 사라졌다. 이번 면접만큼은 그러지 않기로 했다. 사소한 것을 핑계 삼아 비참한 예감을 하기보다 상황이야 어찌됐든 웃을 수 있는 면접이 되길 바라며 밤을 보냈다.

아나운서가 되고 나서 생각해보니 면접 후 느꼈던 자괴감과 자책, 남과 비교했던 순간들이 가장 힘들었던 기억으로 남아있다. 준비한 것을 다 보여주고 싶다는 욕심과 마음처럼 되지 않은 일들에 대한 원망이 얼마나 컸는지 모른다. 그 순간 스스로에게 조금만 너그러웠다면 어땠을까 하는 후회도 든다. 몇 번의 시행착오를 통해 우리는 이미 세상 일이 마음대로 흘러가지 않는 다는 걸 안다. 그래서 더욱이 중요한 일에 앞서 마음에 힘을 빼야 한다. 날카롭지 않고 둥그런 마음의 당신이 면접장에서 미소 지을 수 있기를 응원한다.

용감한 스터디

해도 뜨지 않은 겨울 아침, 바나나 몇 개를 챙겨 들고 향한 곳은 강남역의 스터디 모임이었다. 아카데미 과정을 마치고 나면 온전히 백수가 되는 기간에 스터디를 시작했다. 스터디는 다음카페 '아랑'에서 구했다. 이 커뮤니티에는 언론사 입사를 준비하는 다양한 직종의 지망생들이 모여든다. 가입절차가 까다로워서 웬만큼 의지가 없는 이상 가입하지 않는 곳이기도 하다. 여기에 모인 사람들은 확실히 원하는 정보가 있는 사람일 경우가 많다. 내 경우는 면접 후기와 스터디원을 찾는 것이 목적이었고 그곳에서 스터디 3곳에 합류했다. 매주 목요일엔 기자 지망생과 함께 시사퀴즈를 풀었고, 월수금은 아나운서 지망생과 국립중앙도서관에서 카메라테스트 연습을 했다.(참고로 국립중앙도서관에 예약을 하면 카메라가 있는 스튜디오를 사용할 수 있다.) 마지막으로 평일 아침엔 서로 다른 언론사의 신문을 가지고 만나는 신문스터디가 있었다. 일주일이 스터디로 꽉 채워진 취준생의 하루는 한해가 넘도록 계속 되었다.

"언니는 언제까지 준비할 거야?"

아나운서를 지망하는 스터디원 동생이 어느 날 물어온 질문에 말문이 막혔다. "그러게. 정말 언제까지 준비해야 하는 걸까." 되려 묻고 싶은 심정이었다. 이렇게 준비만 하다 끝나는 건 아닐까 두려웠다. 그때마다 스터디원과 글쓰기 책을 펴들었다. 책《용감한 글쓰기 노트》에 글감으로 실린 질문들을 서로에게 해주고 대답하는 형식. 겉으로는 '면접 대비'라고 했지만, 우리의 마음을 다독이는 도구로 쓰였음에는 틀림이 없다.

질문 1. 이 장소에 갈 때면 마음이 편해진다.

질문 2. 가장 기억에 남는 선물은? 받은 것도, 준 것도 좋다.

질문 3. 나만을 위한 온전한 하루가 주어졌다. 무엇을 하고 싶은가?

질문 4. 주변 사람들에게서 가장 많이 듣는 말 세 가지

질문 5. 가장 마지막으로 펑펑 운 것은 언제인가?

_책〈용감한 글쓰기 노트〉 중에서

스터디원과 나눴던 이와 같은 질문들은 우리가 취직을 준비하며 잊고 지냈던 자신의 모습, 내 안의 어떤 것이 있는지를 깨닫게 했다. 물론 질문에 답을 할 땐 어렵고 고민되는 것이 많았지만 말하고 나면 마음이 정리되는 듯한 기분에

이 방식을 유지해 갔다. 자신을 향한 질문은 스터디원이 또 다른 길을 찾아가는 데 도움이 되었다. 같이 아나운서를 꿈꿨지만, 철인 3종 경기를 즐겼던 한 오빠는 스포츠 브랜드로 입사했고, 공대생이었던 동생은 자신의 전공 더 깊게 공부해보기로 하고 대학원으로 향했다. 올해까지만 도전하겠다는 친구는 새해가 되자 미련 없이 다른 직종으로 선회했다. 각자가 그런 결정을 내릴 때까지 질문으로 함께한 우리는 여러 갈래로 나뉜 서로의 길을 응원했다. 어쩌면 자신에게 묻고 답할 시간이 간절히 필요할 때 스터디원이 그 역할 대신해 주었는지도 모르겠다.

아나운서를 준비하고 있다면 스터디를 적극적으로 이용하라고 권하고 싶다. 그 자리가 정보만 취하는 곳이 아니라 마음을 나누는 동역자를 만드는 곳이면 좋겠다. 용감한 질문을 나눴던 스터디원들을 지금도 종종 만날 때면 이런 이야기를 나누곤 한다. 그때 매일 나와 줘서 고마웠다고.

눈을 뜨면 갈 곳이 없는 취준생들이 매일 만날 수 있는 사람, 하루를 공유할 누군가가 있다는 건 선물이 아닐 수 없다. 서로에게 의지하며 지탱해 온 시간들이 쌓여 터널 같은 시간을 지나올 수 있었다. 미국에서 의사로 일하는 마종기 시인은 삶의 영향을 주는 취미를 만들라고 권한다. 시인에게 있어서 시 쓰기가 그랬던 것처럼.

생각해보면 그 시절 스터디는 영향을 주는 취미에 가까웠던 게 아닌가 싶다. 목적이 있어 만났지만, 모두가 서글펐고 서로가 안쓰러웠던 그때, 서로가 있어서 버틸 수 있었다. 혼자서는 멀리 갈 수 없는 길, 기댈 곳을 만들어 함께 더 멀리 갈 수 있길 소망한다.

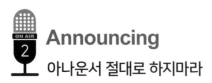

Announcing
아나운서 절대로 하지마라

엄마 탓이 아니야

새벽 4시. 눈이 번쩍 떠졌다. 한 시간 후가 메이크업 예약시간이라 서둘러야 했다. 너무 이른 시간이라 예약을 받아주는 곳도 몇 없고, 받아준 곳도 추가 요금을 내는 조건으로 간신히 잡은 곳이어서 더욱이 늦으면 안 되었다. 구두와 옷 가방, 면접 예상 질문과 답변이 담긴 공책을 챙겨 들고 어누컴컴한 밖으로 길을 나섰다. 가게에 들어서자 분장선생님은 어떤 면접이냐 물었고 이번이 최종면접이라고 답했다. 선생님은 그럼 화면상보다 실물로 예뻐야 한다면서 피부 표현에 신경을 써 주겠다고 말씀하시곤 빠르게 움직였다. 메이크업을 받는 동안 휴대전화로는 방송국이 위치한 여수까지 가는 열차 시간, 역에서 방송국까지 가는데 걸리는 시간 등을 다시 한 번 확인했다.

'이번엔 될 수도 있겠다'는 기대를 누르고 누르며 면접장으로 향했다. 기대가 클수록 실망이 큰 걸 알기에 최대한 담담한 마음으로 걸음을 옮겼다.

남자 둘, 여자 셋. 면접 대기장에서 마주한 사람들을 찬찬히 살폈다. 그동안 전형을 거치며 눈으로 인사를 나눴던 사람도 있고, 몇 달 전 춘천 방송국에서 치러진 시험에서 마주쳤던 지망생도 보였다. 다른 사람들의 면접을 기다리는 동안엔 가져온 공책을 뒤적거렸다. 자사에서 방영 중인 주요 방송 프로그램명부터 방영시간, 어떤 성격의 프로그램인지가 적혀있고 입사하게 된다면 그중에 어떤 프로그램을 하고 싶은 지까지 정리한 노트였다. 마지막으로 인사하고 나올 땐, '이 말은 꼭 해야지' 하는 나름의 히든카드도 되뇌며 순서를 기다렸고 드디어 내 차례가 됐다.

"채선아 씨? 누굴 닮은 거 같네? 그런 소리 많이 듣지?"
"네? 아. 누굴 닮았나요?"
"아! 그 혜리 닮았네! 가수 있잖아. 채선아 씨도 춤 잘 추면 춰보지"
"ㅎㅎㅎ 아쉽지만 잘 못 춥니다."

왜 웃었을까. 그런 질문을 듣고도 왜 배시시 했을까. 면접장을 박차고 나오면서 '제가 춤 보여주려고 잠까지 설치며 면접 준비한 줄 아세요?' 라고 말할 것을! 그 순간에도 다음을 생각했던 것 같다. '방송국끼리는 소통한다고 하는데 여기서 망치면 다른데 면접도 못 보겠지?' 하는 계산이 머릿속에서 타닥타닥 굴러갔던 거다. 여수에서 서울로 향하는 긴 시간동안 심사위원을 원망하던 마음은 용산역을 향할 때쯤 나를 향해 서 있었다. 그런 당황스러운 질문을 받았을 때 어떻게 센스 있게 답하는지를 테스트 한 거일 수도 있는데 왜 거기서 멍하니 정신을 놓고 있었는지, 모든 화살을 나에게 돌리며 열차에서 내렸다.

한껏 침울하게 집에 들어서자 엄마는 조심스럽게 끼니를 물었다. 언제부턴 가 엄마는 내 눈치를 살폈다. 시험은 어땠는지, 준비하는데 돈은 얼마나 필요한 지 물을 때조차 그랬다. 말도 걸 수 없을 것 같은 분위기일 땐 남몰래 기도하시 는 듯 했다. 언젠가는 꼭 합격했다는 말을 전해주고 싶었는데 그날도 그 말을 하 지 못하고 방으로 향했다. 면접에서 받은 질문이 수치스러워 엄마와 나눌 수도 없었다. 얼마나 울었을까. 슬슬 분노와 자책이 가라앉고 배가 고파 거실로 나오 니 엄마는 처음으로 내게 이런 말을 건넸다.

"최종에서 자꾸 떨어진다는 건 빽이 없어서 그런 거래. 우리 딸은 잘하는 데 엄마가 빽을 못 서줘서 그래. 엄마한테 너무 과분한 딸이 온 거야. 엄마가 미안해."

아나운서가 되고 싶었던 이유 중에 하나는 가족도 있었는데, 어디서든 자 랑스러운 딸이 되고 싶은 그런 욕심도 분명 있었는데 오히려 엄마에게 사과를 받는 입장이 될 줄은 몰랐다. 취업을 준비하는 시간이 길어지자 가족 간의 대 화가 줄었고, 시험에 관해 물어오면 발끈 화부터 내는 과정에서 당사자도 가 족들도 함께 지쳐간다는 걸 그제야 알았다. 부모님은 걱정스러운 눈빛을 애써 숨겼고, 남동생은 물어보지 않는 게 도와주는 거라며 자리를 피했다. 결국, 언니가 나서서 그냥 아나운서 하지 않으면 안 되겠냐고 말해왔다. 너도 가족 도 힘들다며, 왜 꼭 아나운서여야 하냐면서, 방송국 말고 일반 회사로 취직해 보라고 권했다.

아나운서 직종의 경쟁률은 타의 추종을 불허한다. 수많은 사람이 희망하는 직업이기에 세간에 떠도는 갖춰야 할 조건도 수두룩하다. 엄마의 말도 그것 중에 하나다. 아나운서에 합격할 이유보다 낙방할 이유를 찾는 것이 훨씬 수월한 게 현실이다. 거기서 꿋꿋이 버텨 앞으로 나아가는 건 당사자의 몫이지만 이를 지켜보는 가족은 힘이 되어주지 못해 함께 힘들어 한다. 자꾸만 작아지는 나, 덩달아 더 작아지는 내 가족들을 보며 생각했다. '아나운서 하지 말 걸' 그랬다고.

제 점수는요

아나운서가 되면 뭔가 달라질 것 같았다. 우선 더는 평가받는 면접은 안 봐도 되고 합격과 불합격 사이를 오가며 밤잠을 설치지 않아도 되며, 누군가 직업을 물어봐도 '지망생이에요'가 아니라 '아나운서입니다'라고 말할 수 있으니까. 경쟁률이 치열한 직종에서 한자리를 차지했다는 기쁨 또한 크지 않을까 했다. 하지만 이 모든 게 이뤄진 지금 또다시 평가대에 올라있다.

아나운서가 되었다는 기쁨도 잠시 매일 면접장에 서 있는 기분을 느낀다. 오늘은 또 누가 내게 충고와 조언과 피드백을 줄까 생각하면 겁부터 난다. 누군가는 이렇게 얘기한다. '피드백을 어떻게 잘 받아들이느냐'에 따라 발전 가능성이 높아진다고. 하지만 받아들이는 것을 떠나 누군가에게 평가를 받는다는 건 언제나 긴장되는 일이 아닐 수 없다. 오히려 아나운서가 되고 나서 그 평가의 잣대가 더 많은 사람에게 주어졌고 더 많은 평가가 쏟아진다.

아나운서가 된다는 건 나라는 사람을 비공개에서 공개로 전환하는 일이다. 불특정 다수에게 자신의 이름과 목소리, 얼굴이 공개된다. 얼굴 모를 누군가에 의해 사랑을 받고 비난도 받을 수 있는 위치에 놓이는 것이다. 사람이라는 게 간사해서 열 번의 칭찬에는 감사하다가도 한 번의 비난에 의기소침해 진다. 시간이 해결해줄 거라고 믿으며 이제는 일희일비하지 않으려 하지만, 귀로 들려오는 소리는 막으려야 막을 수가 없다.

하루는 엄마에게 전화가 왔다.
"선아야 엄마 친구가 텔레비전에서 널 봤다네~, 좀 긴장돼 보였다는데?"

남편은 이모에게 연락이 왔다고 했다.
"이모가 선아 뉴스를 봤는데 손이 불안해 보였다고 하시더라. 그냥 뭔 일 있을까 걱정되서 연락하신 거 같아."

언니는 내 신규 프로그램을 형부와 봤다며 후기를 전했다.
"프로그램 후기를 봤는데 네가 어른들 말하는데 '음... 응.' 하는 건 좀 버릇 없어 보인다는 지적도 있더라."

오랜만에 연락 온 친구는 말했다.
"야 버스에서 너 목소리 들려서 깜짝 놀랐다. 너 한 번 틀렸지? 듣는데 내가 더 떨리더라니까."

그러게 왜 괜히 손은 움직여서 보는 사람 불안하게 하고, 발음은 꼬여서 듣는 지인을 버스에서 떨게 했을까. 진행의 미숙함도 최대한 안 보였으면 좋았을 걸 보는 데 거슬렸다니 다음엔 안 그래야겠다는 마음뿐이다. 하지만 때로는 알아도 모르는 척해줬으면 좋겠다는 바람도 가져본다. 나 역시 내가 틀렸다는 걸 누구보다 잘 아는 사람 중의 한 명이니까.

라디오 5분 뉴스를 마치고 나올 때면 엔지니어와 주변에 있던 스태프들을 마주하게 되는 데, 그날 뉴스 중에 실수한 게 있으면 얼굴을 들지 못하겠다는 말을 선배들과 나눈 적이 있다. 길가에서 넘어졌을 때 주변 사람들이 제발 못본 척 지나쳐주기를 바라는 것처럼 부끄러운 상황인 것이다. 하지만 많은 사람이 모른 척 지나쳐가기보다 '괜찮으냐'고 물어보길 택한다. 때로는 알아도 모르는 척 해주는 게 상대를 위하는 방법일 수 있음을 절감한다.

정혜신 박사는 그의 책《당신이 옳다》에서 '충조평판' 하지 말자고 제안한다. 그것이 공감의 시작이라고 했다. 충조평판은 충고, 조언, 평가, 판단의 줄임말. 이 책을 처음 집어 들 게 된 건 순전히 다른 사람을 위해서였다. 어떻게 하면 청취자의 사연에 더 공감할 수 있을까 고민하기 위해 읽다가 역으로 내게 필요했던 것이 공감이었다는 걸 알았다. 주변의 관심과 끝없는 조언에 진심으로 감사할 수 없던 이유가 여기에 있었다. 그때의 상황과 어려움에는 공감해주지 않고 걱정하는 마음만 전하는 건 일방적인 평가에 가깝게 느껴졌던 것이다.

타인의 평가와 조언이 내 안의 과제가 되는 경우를 경험한다. 이 과제가 쌓이고 쌓여 밀린 숙제처럼 자신을 억누르기도 한다. 계속해서 걱정과 우려 어린 시선을 받는 것 또한 성장할 수 있는 동력이 되기보다 제자리를 헛돌게 할 수 있다. 하지만 아나운서라는 직업의 특성상 많은 사람의 '충조평판'을 들을 수밖에 없다. 앞으로도 누구를 통해서든 들려 올 거고 극복해야 할 과제는 파도처럼 밀려 올 것이다. 언젠가는 그 파도를 타고 즐길 수 있는 날이 당도하기를 바란다. 그리고 그 전에 '충조평판' 없는 대화를 할 수 있기를 소원해 본다.

못 말리는 직업병

'우리 연애는 소설로 쓰지 않는다.'

작가들은 연애 전에 이런 각서를 쓴다는 우스갯소리를 들은 적이 있다. 나만 해도 책을 읽을 때 '이건 작가 본인 얘기 아니야?' 하는 의심을 하곤 하니까. 기자들은 의심병이 직업병이란다. 정부의 발표도 누군가의 증언도 우선은 의심에서 취재가 시작된다고. 그리고 보니 누구나 직업병 하나쯤은 가지고 있는 게 아닌가 싶다. 온종일 키보드와 마우스를 사용하는 디자이너는 손목이 저리고, 당직 근무가 있는 의료진은 잠을 설치는 일이 잦은 것처럼 말이다. 직업병은 어느 한 직업에 종사하는 동안 발생하는, 어쩌면 시간이 만들어낸 질환이라 할 수 있다. 같은 직종이라도 축적된 시간에 따라 증상이 다르게 나타날 수도 있는 것이다.

아나운서의 직업병도 마찬가지다. 연차에 따라 증상이 심해지기도 하고, 다른 모습으로 전환돼 나타나기도 한다.

첫째로, 3년차에 겪게 되는 증상은 맞춤법에 예민해지는 것이다.

휴대전화 문자는 편하게 발음 나는 대로 쓰고 싶은데 강박증이 생긴다. '조아요'라고 하고 싶은 것도 '좋아요'로 고쳐 쓰는 일이 잦아진다. 특히 내가 아나운서라는 걸 알고 있는 상대라면 맞춤법에 더욱 주의하게 되는 것이다. 선배에게 여쭤보니 자신도 헷갈리는 건 때때로 국어사전에 검색해 사용하신단다.

흔히 아나운서는 모든 맞춤법을 정확히 알고 있다고 생각하지만 그러려고 '노력'한다는 데 방점을 찍고 싶다. 표준어 사정은 조금씩 바뀌어 그때는 맞던 것이 지금은 틀리기도 하기 때문이다. 나 역시 아나운서가 되면 당연히 맞춤법을 다 알 것이라는 막연한 확신이 있었는데, 현실은 노력의 결과였다는 걸 깨닫는다. 몸으로 익히는 과정이 꼭 수반되어야 하는 것이다. 친구들과의 채팅창에서도 '왠일이야, 웬일이야', '뵈요, 봬요'처럼 헷갈리는 문법을 만나면 멈칫하게 되는 일을 자주 겪는다. 맞춤법이 어느정도 익숙해질 즈음에는 띄어쓰기에서 고뇌하게 된다는 것이 선배들의 전언이다.

두 번째는 발음이다.

아나운서가 발음이 좋아야 한다는 건 삼시세끼처럼 당연한 것으로 여겨진다. 그러나 삼시세끼를 매일 챙겨 먹는 것만큼이나 어려운 일이다. 발음이 좋다는 건 모든 발음이 명확하다는 것이고 표준 발음법을 잘 지킨다는 것인데, 표준 발음법이 더 어색하게 느껴지는 경우가 종종 있기 때문이다. 찜닭을 [찜딱]이 아닌 [찜닥]으로 발음해야 한다는 게 왠지 싱겁게 느껴지듯이 말이다. 습관처럼 발음해 왔던 것을 아나운서가 된 날을 기점으로 바꾼다는 건 쉽지 않다.

한 선배는 자신의 육아 과정에서의 이야기를 들려주었다. 보통 아나운서인 엄마는 아이에게 동화책을 읽어줄 때 잘 읽어줄 것 같지만, 현실은 그렇지가 않다고 한다. 동화책을 읽어줄 때 오히려 일하는 기분을 느낀다고. '발음에서 틀린 부분이 있을까 봐', 혹은 '잘못 읽을까 봐' 주의해서 읽기 때문이다. 특히 선배의 어린 아들이 거부 반응을 보인 발음이 있었는데 바로 '수탉'이었다. 수탉이 주인공으로 등장하는 동화에서 선배는 '수탉'이라는 단어가 조사와 어울릴 때마다 발음규칙을 지켜 발음했던 것이다. 선배는 연음 현상 그대로 [수탈기. 수탈글] 이라고 발음했고, 아이는 '수탉'이 이상하다고 외쳤다. 보통은 이 규칙을 어기고 [수타기, 수타글]로 말하기 때문에 아이에겐 어색하게 들릴 만도 했다. 하지만 선배는 꿋꿋이 그 발음을 고수했다. 혹여 방송에서 습관대로 말할까 봐서다. 그 뒤로도 '엄마 부엌에[부어케] 있어' 라고 말하는 등 집에서도 표준발음법을 지키려 노력했다고 한다.

또 하나의 직업병은 알람 의존증이다.

아나운서가 되기 전 알람은 매일 반복되는 기상 알람밖에 존재하지 않았다. 하지만 지금은 배당받은 뉴스 시간에 늦지 않기 위해 알람을 하나 둘 지정하다 보니, '더이상 알람을 생성할 수 없다'는 안내 문구를 보는 일이 잦다. 만약 알람을 해놓지 않아 제시간에 마이크 앞에 앉지 못하면 채널에서는 뜬금없이 비상 음악이 송출되는 방송사고가 나게 된다. 상상만 해도 심장이 쿵쾅거린다. 뉴스 외에도 모든 방송이 시간과의 줄다리기다. 매일 아침방송을 진행하는 선배는 대설특보가 예보된 날 귀가하지 않고 회사 인근 찜질방에서 밤을 지새웠다고 한다. 혹시라도 출근길에 문제가 생겨 방송시간을 지키지 못할 수도 있기 때문이다. 방송국이 아나운서에게 오롯이 맡긴 시간, 내게 맡겨진 방송 시간만큼은 무슨 일이 있어도 지켜야 하기에 일분일초에 예민해질 수밖에 없다.

시간약속의 중요성을 강조하기 위한 것인지 입사 초기 선배들은 갖가지 방송 사고가 꿈에서도 나온다며 겁을 준 적이 있다. 뉴스룸에 들어가서 방송 온에어가 켜졌는데 원고가 백지였다거나, 목소리가 나오지 않는 식의 꿈을 꾸게 될 거라 했다. '설마 뭘 꿈까지 꾸겠나' 했는데 입사 후 1년이 안 되어 내 꿈에도 회사가 등장했다. 당직 서는 날, 출근길에 사고가 난다거나, 뉴스 하러 가려고 탄 엘리베이터에 갇힌다거나, 계단을 오르는데 장애물이 앞을 가로막는 내용의 꿈이다. 잠에서 깨면 헛웃음이 나지만 꿈이라 다행이지 싶다.

연차를 더해 갈수록 방송의 연륜만큼 직업병도 생활 속에 더 깊이 자리 잡는다. '진행병'이 대표적이다. 한 선배는 소개팅 자리에서 음식을 빨리 그리고 많이 먹게 된다고 털어놨다. 자꾸 상대를 인터뷰했기 때문이다. 질문을 하나 던지고 대답을 들을 동안 음식을 먹는다고 했다. 그러면 상대보다 수저를 먼저 내려놓게 되고 말한 것보다 들은 게 훨씬 많은 소개팅이 된다고. 좋은 건지는 모르겠다. 하지만 상대가 어떤 생각을 하는 사람인지 파악하기엔 효율적인 방법이 아니었을까 싶다. 인터뷰어와 인터뷰이가 된 것이니까. 더 나아가 많은 사람이 모인 자리에서는, 프로그램을 맡은 것처럼 오프닝과 마무리를 꼭 하게 된다고 한다. 각종 모임에서 이 자리가 어떤 자리인지 설명하며 시작을 알리고, 끝에는 자리를 정리하는 멘트를 하는 것이다. 중간에 심심할 타이밍에는 게임이나 코너를 마련해 진행하기도 한다. 그렇게 쉬지 않고 빈틈이 있을 때마다 진행병이 나타나는 건 '아나운서에게 침묵은 방송사고' 라는 인식이 너무 깊게 박혀 있어서 그런 게 아니냐는 자체적인 분석도 있다. 침묵하느니 아무 말이라도 해서 방송사고를 막자는 강박감이 생활 속에서 드러난다는 것이다. 뭐니 뭐니 해도 진행병의 하이라이트는 마무리, 즉 '의미부여' 이다. 오늘 이 자리가, 이 모임이 얼마나 재미있었고 귀한 자리였는지 자꾸만 의미를 부여하며 매듭지으려 하는 증상이다. 내겐 아직 없는 직업병이지만 언젠가는 모임의 끝자락에 서 있을지 모를 일이다.

이외에도 다른 선배는 생방송 전이나 녹음할 일이 있을 때 식사를 하지 않는다고 했다. 혹시라도 먹은 게 역류해 목소리가 잘 나오지 않을 수 있기 때문이다. 또, 침이 고이는 껌이나 사탕도 먹지 않고 목을 건조하게 하는 커피는 더욱이 자제하는 선배도 있다. 이 노력을 누군가는 알아줬으면 좋겠다는 생각이 든다. 아나운서라고 언제나 표준발음을 구사하는 것도 아니고 언제나 맑은 목소리를 낼 수 있는 게 아니라는 것, 언제나 노력이 필요한 직업이라는 걸 선배들의 직업병을 들으며 느낀다.

누구나 직업병 하나씩은 있다는 전제로 시작했지만, 아나운서의 직업병은 생각보다 많이, 더 넓게 포진된 게 아닌가 싶다. 일상에서 쓰기와 말하기를 할 때는 물론, 24시간 알람에도 자유로울 수 없다. 그래서 항상 긴장 속에 살아야 하는 것이 아나운서의 숙명이다.

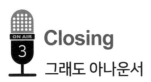

Closing 3
그래도 아나운서

화살을 쏘아 올리는 아나운서

책 《그리스인 조르바》에서 조르바는 자유로운 영혼으로 그려진다. 하고 싶은 대로 다 하는 야생마에 가까운 조르바. 그런 그가 어느 날 근심 어린 표정을 짓고 침울해 있자 두목은 안부를 묻는다. 이에 조르바는 대뜸 자신을 신용하느냐고 묻는다. 우리가 어디로 가고 있는지 모르겠다며 불안한 미래에 대해 털어놓는 것이다. 두목의 대답은 의외로 간단하다.

"내가 아니까, 조르바 당신은 그런 걱정 하지 않아도 됩니다. 그저 해나가면 되는 겁니다."
"두목 그 말씀 다시 한 번 해주시오. 내게 용기를 좀 주시오"
"그저 해나가기만 하면 돼요!"

조르바의 눈이 다시 빛났다.

두목이 부러워지는 대목이다. 어떻게 그 순간 '그저 해나가면 된다'는 말을 생각해 냈을까. '내가 아니까'라는 말에서는 무한한 신뢰조차 보내고 싶다. 다시 해석해보면 '나만 믿어! 넌 잘하고 있어, 지금처럼만 하면 돼' 정도가 아닐까. 그 말을 듣고 침울했던 조르바는 눈을 다시 반짝인다. 누군가에게 용기를 주는 말은 그만큼 귀한 것이다. 하지만 누군가 걱정과 우려를 토로해 오는 그 찰나의 순간 대부분은 용기를 줄 수 있는 말이 떠오르지 않는다. 그럴 땐 침묵으로, 때론 표정으로 마음만 보낼 뿐이다. 눈물로 차올랐던 눈을 다시 빛나게 해줄 수 있는 말이 무엇이 있을까 하는 물음엔 답을 찾기 어려울지도 모르겠다. 하지만 그 말을 고민해 보는 데 의의를 두고 싶다. 그래도 아나운서니까 말이다.

라디오는 누군가의 비밀 상담소가 되곤 한다. 조르바처럼 청취자가 근심 가득한 사연을 보내 올 때, 나 역시 두목과 같은 근사한 말을 하고 싶다. 하지만 섣불리 답하지 못하는 경우가 대부분이다. 어떤 말도 적절치 않아 보여서다. 병을 앓고 계시다는 분께 '꼭 나으실 거라는 말'은 조심스럽고, '힘내세요'라는 말은 전혀 힘이 될 것 같지 않다. 차라리 아는 사람이었으면 죽이라도 사서 갈 텐데 그것도 할 수 없으니 답답할 노릇이다. 고민을 거듭하다 결국 사연을 소개할 타이밍을 놓치곤 한다. 한편으로는 그저 정성스레 사연을 소개하는 것만으로도 위로가 될 수도 있었을 텐데 하는 아쉬움이 남는다. 그 후로도 몇 번의 실수와 서투름은 전파를 타고 그대로 흘러간다. 누군가의 차 안이 될 수 있고 집 혹은 가게가 될 수 있는 곳으로 뻗어나간다. 내 방송을 누가 어떤 상황에서 듣게 될지 모른다는 생각을 하면 할수록 고려할 게 많아지고 입에는 거미줄이 쳐지는 것 같다. 어떤 말을 고르고 골라도 적절한 말을 뱉어 낼 수 없어 침묵하고 싶어지는 것이다. 이럴 때 선배들이라면 어떤 말을 했을까.

선배들과의 대화 속에서 종종 책 속의 두목을 만나곤 한다. 별것 아닌 상황에서도 재치 있게, 배려심 깊게 상황을 끌어가니 말이다. 예를 들어 서로가 커피를 사겠다고 하는 상황에서 한 선배는 기프티콘을 내민다. 선물 받은 기프티콘이 있으니 그걸로 본인이 커피를 사겠다는 거다. 여기서 더이상 말리는 사람은 없다. 자신이 샀다는 생색도 내지 않고, 상대가 다른 사람에게 얻어먹었다는 부담감도 덜게 하는 신비한 언어다. 이런 상황을 만날 때면 휴대전화 메모장에 잘 기록해 둔다. 혹시 모르니까. 누군가가 비슷한 상황으로 사연을 보내올 수도 있으니까.

가령, '상대가 부담스럽지 않게 다가갈 수 있는 좋은 방법 없을까요?' 라고 사연을 보내온다면, 그때 선배의 말을 슬쩍 빌려오면 된다. '제가 커피 살게요. 선물로 받은 기프티콘도 쓸 겸…! 이리고 말해보세요.' 라고 그럴듯한 제안으로 둔갑해서 말이다. 이렇게 계획대로 되면 좋겠지만, 아직 메모장에 실전에 적용해 보지 못한 주위들은 말들로 가득하다. 그저 모으는 것만으로도 기분이 좋아 쌓아두는 의도도 있다. 볼 때마다 미소 지어지는 말이기도 하니까. 그중에는 직접적인 말보다 두 번 세 번 걸러진 말들이 많다. 상대의 마음이 느껴져서 더 간직하고 싶어지는 말들이다. 수습 때 한 선배가 들려준 워즈워스 롱펠로의 〈화살과 노래〉라는 시도 잊히지 않고 기록돼 있다.

화살과 노래

공중을 향해 화살 하나를 쏘았으나
땅에 떨어졌네, 내가 모르는 곳에
너무 빠르게 날아가는 화살을
시선은 따라갈 수 없었네.

공중을 향해 노래 하나를 불렀으나
땅에 떨어졌네, 내가 모르는 곳에
어느 누가 그처럼 예리하고 강한 눈을 가져
날아가는 노래를 따라갈 수 있을까?

오랜, 오랜 세월이 흐른 후, 한 참나무에서
화살을 찾았네, 부러지지 않은 채로.
그리고 노래도, 처음부터 끝까지
한 친구의 가슴속에서 다시 찾았네.

_헨리 워즈워스 롱펠로

이 시를 소개해 준 선배는 DJ의 한마디 말이 누군가에게 화살을 쏘아 올리는 일과 같다고 했다. 오늘의 방송이, 우리가 했던 말이 절대 헛되지 않을 거라는 말로 들려왔다. 오랜 시간이 지나 누군가의 가슴 속에서 발견된 노래처럼 진행자의 말도 누군가의 마음에 꽂힐 수 있는 것이다. 방송에서 말할 용기를 잃을 때면 이 시를 다시 들여다보곤 한다. 진행자의 한마디, 하루하루의 방송이 누군가의 가슴속에 남아 오랜 시간 힘이 될 수 있기를 바라면서.

최근에 내게도 화살이 꽂혔다. 6월 어느 주일, 공원을 걷고 있던 참이었다. 친한 친구와 통화를 하고 있었는데 수화기 너머로 네 살배기 친구 딸의 목소리가 들려왔다. 어린이집에서 매니큐어를 발라줬는데 그게 사라질까 봐 손을 씻지 않겠다는 내용이었다. 친구는 생전 처음 매니큐어를 발라본 너는 모르겠지만 엄마는 안다며, 그건 물에 지워지지 않는다고 딸과 승강이를 벌였다. 옥신각신하는 말이 길어지면서 서둘러 통화를 마쳤는데 생각해보니 원래 전화를 건 목적인 '생일 축하한다'는 말도 전하지 못한 상태였다. 아쉬움 때문인지 새삼스레 일찍 결혼해 어엿한 엄마가 된 친구를 오랫동안 떠올리며 라디오를 틀었다.

"3846님 문자 주셨네요.
'힘들고 어려웠지만 긍정적으로 살기 위해 오늘도 힘내봅니다.
화물차 운전으로 힘들어하는 남편과 듣고 싶네요'.
신청곡 〈산다는 건 다 그런 게 아니겠니〉 여행스케치가 부릅니다."

_표준FM 98.1 [이봉규의 어떤가요] 2020년 6월 28일 자 방송 가운데

가사는 '어떻게 살고 있느냐'는 안부로 시작됐다. 아기엄마가 되었다는 친구의 소식에 놀라며 자신보다 먼저 시집갈 줄은 몰랐다는 내용. 이처럼 산다는 게

앞일은 알 수 없는 거라고 노래한다. 사연자의 남편은 이 곡을 아내의 응원으로 들을 테다. 산다는 건 알 수 없는 일이라는 것, 그래서 지금은 당장 힘이 들지만, 내일은 또 모르기에 힘내보자는 뜻으로 말이다. 반면에 나는 우연찮게 듣게 된 이 곡에서 친구를 떠올렸다. 조금 전 통화를 마치면서 남아있던 잔상들이 이 노래에 얹혀 들려왔다. 가장 늦게 결혼할 것 같았던 친구가 가장 먼저 한 아이의 엄마가 되어 있다는 것만으로도, 삶은 우리에게 예측하지 말라고 말해주는 것 같았다. 노래가 끝나고 여운이 남아 공원을 조금 더 걸었다.

DJ의 방송은 누구도 알 수 없는 타이밍이 중요한 일인지도 모르겠다. 누군가의 사연과 흘러나오는 노래가 또 다른 청취자의 상황과 맞물려 화살처럼 들려올 가능성은 타이밍이라고 밖에 설명할 수 없으니 말이다. 그래서 더 매력적인 일이 아닐 수 없다. 의도치 않게 누군가의 마음에 위로와 힘을, 공감을 쏘아올릴 수 있다는 것, 그것만으로도 충분히 의미 있는 일이다.

급하게 끊긴 전화 이후 친구에겐 다시 연락이 없다. 서로 '잘살고 있겠지' 하는 마음속 안부만을 전할 뿐이다. DJ는 친구보다 더 자주, 매일 같은 시간에 안부를 묻는다. 그 시간이 쌓여 청취자와 친밀해지는 만큼 진행자는 고민에 빠진다. 오늘은 어떤 말로, 어떤 노래로, 위로를 줄 수 있을까 하고 말이다. 당장은 진행자가 건넨 어떤 말과 노래도 쏘아올린 화살처럼 눈앞에서 사라져 버리지만, 누군가의 가슴속에 박혀 오랫동안 기억될지 모른다는 가능성이 그래도 아나운서를 꿈꾸게 한다.

가장 인간적인 일

'넬슨 만델라' 하면 떠오르는 키워드가 몇 가지 있다. 최초의 흑인 대통령, 인권 운동가, 자유 그리고 27년이다. 그는 종신형을 받고 무려 27년을 교도소 독방에서 복역했는데 그 시간을 이렇게 표현한다. "사람과의 교제가 없는 것만큼 비인간적인 행위는 없다."고 말이다. 다시 말해, 사람을 사람답게 하는 건 누군가를 사귀어 지내는 것, 교제와 소통이라는 것이다.

그런 면에서 아나운서는 인간적인 직업이 아닐 수 없다. 방송을 통해 끊임없이 사귐을 한다. 그 가운데 가장 큰 비중을 차지하는 건 청취자와의 대화다.

한번은 청취자가 벚나무는 지고 난 후에 푸른 잎이 더 예쁘다는 말을 보내왔다. 희한하게 다음 날 출근길엔 평소에 지나쳐가던 푸릇한 벚나무가 눈에 들어와 사진을 몇 장 찍었다. 꽃이 지고도 예쁜 나무라는 걸 소통하며 알게 된 것이다. 가을에는 다투기라도 하듯 우리 동네 단풍자랑이 시작된다. 이에 질세라

산책길에 이제 막 붉은 물이 들기 시작한 이파리를 발견하고, 이튿날 방송에서 우리 동네도 단풍이 시작됐다고 말을 건넸다. 매년 사계절은 찾아오고 나뭇잎이 물드는 건 처음이 아닌데, 아나운서가 되고 나서야 계절의 변화를 감지하게 된 것 같다. 어쩌면 소통이란 게 우리가 같은 하늘 아래 살고 있다는 공감, 그 언저리에 것이 아닐까. 청취자가 보내오는 계절의 소리에 답하고 때론 먼저 찾은 계절의 변화를 전하며 친밀감을 높여간다.

어느 날은, 요즘 참외가 제철이라며 '참외는 왜 노란 봉지에 넣어 팔까요. 더 먹고 싶게.'라는 사연이 왔는데, 그 뒤로는 같은 호기심으로 노란 봉지에 담긴 참외를 바라보게 된다. 무엇이든 자세히 보는 사람이 이야깃거리를 만든다. 청취자의 관찰력에 한 번 두 번 감탄하다 보니 나 역시 주변을 탐색하는 사람으로 변모해 가는 것 같아 기분이 좋다. 무심코 지나치던 것들을 꾹꾹 눌러 눈에 담는 것이다. 그러고 보니 바나나 한 송이도 그냥 진열돼 있지 않다. '설탕 바나나'란다. 같은 것도 다르게 더 자세히 보는 방법을 청취자로부터 배워간다.

예쁘게 보려고 하면 예쁘지 않을 것이 없다. 반대로 뭐든 나쁘게 보려면 안 될 것도 없다. 이왕 보는 거면 전자의 시선을 따라 살고 싶다. 그러다 보면 이야깃거리가 풍성해지고 충만한 교제가 이뤄질 수 있을 테니까. 수감생활 중 넬슨 만델라가 라디오에 사연을 보낸다면 어떤 이야기를 보내올까 깜찍한 상상을 해 본다. 차가운 바닥, 높은 천장 아래 혼자만 있는 자신에게 노래 한 곡을 선물해 달라고 할지도 모르겠다. 그런 그에게 바깥의 계절과 나고 자란 제철 음식, 요즘에 유행하는 곡 하나를 전하고 싶다. 언제쯤 밖으로 나와 볼 수 있을지 모르는 것들을 말로나마 더 가까이에서 느낄 수 있도록 말이다. 이것이 그가 말한

인간적인 자유가 아닐까 싶다. 너의 이야기와 나의 이야기가 버무려져 우리의
이야기가 되는 방송이 오늘도 소중해지는 이유다.

나를 나답게

　　2020년 KBS 개그콘서트가 막을 내렸다. 개그콘서트의 전성기를 누렸던 개그맨 박준형은 인터뷰에서 프로그램이 종영된 이유 중 하나로 '개그를 개그로 받아들이지 않기 때문'이라고 맥을 짚었다. 어느 순간 개그를 다큐로 받아들이는 사람이 늘었고 개그맨의 발언을 정치적 노선으로 보는 예민한 시선들이 많아졌다는 거다. 어느 정도는 고개가 끄덕여졌다. 적어도 개그라는 카테고리 안에서 조금은 자유로울 수 있던 발언들이 언제부턴가 사라진 지 오래였다. 지금이야말로 '개그는 개그일 뿐 오해하지 말자'는 풍자 섞인 구호가 필요한 적기인지도 모른다.

　　개그맨은 짜여진 콩트로 말한다. 그 속엔 의도된 유행어도 있다. 반면에 아나운서는 날 것의 자신을 보여준다. 어떤 말도 자신의 어투가 아닌 것이 없다. '방송은 방송일 뿐 오해하지 말자'는 말도 아나운서에겐 잘 통하지 않는다. 콘셉트나 각본의 영향을 받는 건 출연자이고 그 속에서 진행을 맡은 아나운서는 본연의 모습으로 그 자리에 서기 때문이다. 물론 프로그램 특성에 따라 맡은 바임무가 주어질 때도 있지만, 그것 또한 자신이 아닌 다른 배역이 주어지는 건 아니다. 아나운서는 항상 자신의 이름으로 방송에 투입된다.

그래서 가장 중요한 것이 평소 '언어습관'이라는 말을 많이 한다. 화가 날 때, 기쁠 때, 울적할 때, 다양한 상황을 표현하는 일상의 말 습관이 방송에 그대로 실려 나오기 때문이다. 나의 경우 '무조건'이라는 단어를 평소에 사용할 때 [무조끈]이라 발음하며 강조하곤 했는데, 방송 중에 나도 모르는 사이 사용하고 있었다. 방송을 모니터해 보니 '너무'라는 부사도 중복해 사용했고 문장과 문장 사이는 '그니깐'으로 이어붙이는 빈도도 높았다. 문제는 일상의 말 습관을 고치기란 한순간에 되지 않는다는 것이다.

한편으로는 이런 본인만의 스타일이 요구되기도 한다. 흔히 '아나운서답지 않게'라는 요청이 들어올 때가 그렇다. 너무 정형화되고 정제된 어투가 아닌 자신의 말로 방송해 달라는 것이다. 한 PD 선배가 "우리는 아나운서가 필요한 게 아니라 채선아가 필요한 거예요." 라고 주문한 것처럼. 우리는 아나운서답게 아나운서다운 모습을 보이려 노력하지만 동시에 '나'라는 사람도 잃어버리지 않아야 한다. '나'와 '아나운서'의 정체성이 함께 가는 방송환경을 이해하다 보면, 이 직업은 '나'라는 사람을 보여주는 것과 다름없다는 결론에 다다른다.

'대화'를 하는 직업이기에 그렇다. 일로 나누는 대화라고 할지라도 개인적 관심사가 드러난다. '보이지 않는 고릴라 실험'이라는 게 있다. 이 실험에서 50%는 미션으로 주어진 숫자를 세느라 영상에 등장한 고릴라를 보지 못한다.

어떤 이는 이를 '선택적 주의'라고 하고 어떤 이는 '마음의 문제'라고도 해석하는데 같은 말인지도 모른다. 마음이 가는 쪽을 선택한 것이기 때문이다. 대화도 인터뷰 방송도 마찬가지다. 관심이 가는 분야에 귀를 더 기울이게 되고 관련 분야를 다룰 때면 애정이 솟구친다. 내게 있어 그런 분야는 책, 출판 분야가 아닐까 싶다. 오며 가며 서점에 들러 매대를 구경하는 재미가 쏠쏠하다. 요즘엔 어떤 책이 나왔나, 어떤 게 잘 팔리나 하고 관심을 두고 들여다본다. 거기서 그치면 개인과 직업이 분리된 것이겠지만 고스란히 방송에서도 말하게 되는 경우가 많다. 청취자와의 대화 속에 흘러들어 가는 것이다. 그러고도 말로 다하지 못한 부분은 '오프닝'으로 전달된다. 아나운서의 개인적 일상이 방송에 스며드는 것이다.

감정도 아나운서의 개인 성향에 따라 달리 표현되는 걸 목도한다. 평소에 우아한 웃음의 선배는 방송에서도 그 웃음소리가 투영돼 나타난다. 하지만 방송에서 자신의 감정을 그대로 표현해 내는 것조차 숙련이 필요하다. 아직은 온에어에 빨간불만 들어와도 긴장감이 몰려오는데 그럴수록 감정표현은 더욱 어색해진다. 특히 내레이션처럼 희로애락이 들어간 내용은 담담한 톤 안에 감정을 녹여 전해야 하는데 고난도로 꼽히는 작업이 아닐 수 없다.

아카데미에서는 감정표현을 하는 하나의 방법으로 톤의 변화를 가르친다. 좋은 소식일 땐 '솔' 톤으로 소리를 높이라고 하고, 진중하게 전해야 하는 상황에선 톤을 낮추라고 한다. 하지만 말하는 이가 평소에 내어본 톤이 아니라면, 듣는 사람도 말하는 사람도 어색해 진다. 입사 초반에 뉴스를 마치고 나온 날,

한 엔지니어 선배가 해주신 말씀이 떠오른다.

"말하는 사람이 편해야, 듣는 사람이 편해요."

그 뜻에 대해 아나운서 선배는 '자기의 목소리를 찾는 것'이라고 설명해 주었다. 두 가지 의미가 아닐까 싶다.

첫째는 자신이 가장 편한 발성을 찾는 것.
둘째는 감정을 표현할 때 실제와 방송의 이질감이 없는 것.

소위 방송용 웃음, 방송용 눈물이라고 일컬어지는 것들이 온전히 본인의 것으로 채워지는 순간 자기 목소리가 나오게 되는 것이다. 그러기 위해선 우선 자신을 관찰하는 연습이 필요하다. 평소에 친구들과 기쁠 때 나누는 대화에서 어떤 표현을 하는지, 슬플 때는 어떤 위로의 말을 건네는 사람인지 자신을 파악해 보는 것이다. 거기서 느껴지는 톤의 변화가 아카데미에서 배운 높은 톤과 낮은 톤의 차이다.

톤의 변화는 기계적인 법칙이 아니라 감정의 변화로 우리가 매일 반복하고 있는 것 중의 하나다. 하지만 일련의 기술을 먼저 배우다 보니 '나는 밝은 톤이 안 돼'하는 좌절감을 맛보게 된다. 기쁨을 느낄 줄 아는 사람이라면 밝은 소리를 나타낼 수 있다. 톤의 변화를 떠나 표정만 밝아져도 다른 음성이 나오는 것처럼 말이다. 우리가 자기 목소리를 낸다는 건 방송에서 나만의 감정표현이 가능해진다는 것, 즉 나다운 방송에 가까워지는 일이다.

류경일의 동시 〈콩〉에서는 식탁 밑으로 떨어진 콩들이 '콩콩콩콩'하고 뛰어가는 모습을 그려낸다. 그 모습을 보고 아이는 '콩은 한 걸음 뛰는데도 자기 이름을 건다'고 표현한다. 아나운서도 걸음마다 자신의 이름으로 흔적을 남기기에 콩의 심정을 조금은 알 것 같다. 방송에서 아나운서는 연예인처럼 가명을 사용하거나 개그맨처럼 콩트 명으로 활동하지 않는다. 오로지 본인의 이름으로 시작하고 이름으로 네임사인을 맺는다. 그래서 나답게 하는 방송이 최선이자, 이외에 다른 방법은 떠오르지 않는다.

아나운서는 가장 나다운 모습을 찾아가는 직업이다. 한 걸음에 이름을 걸고 부끄럼 없이 최선을 다하는 삶, 아나운서다운 삶이 나를 나답게 하는 일이라 믿는다.

싫증 나지 않는 일

　무언가 하나를 시작하면 도통 그만두는 일이 없는 사람들이 있다. 꾸준히 해 온 취미가 직업이 되기도 한다. 그에 비해 나는 시도는 많이 하는 데 중도에 그만두는 경우가 대다수다. 보컬학원 1개월, 요가 3개월, 필라테스 3개월, 봉제학원 2개월, 영어모임 6개월 등 뭐하나 진득하게 하는 것이 없다. 요즘에 활성화되고 있는 원데이클래스가 반가워지는 이유다. 빵도 한 번 만들어보고 싶고, 마크라메 공예도 해보고 싶고, 기회가 되면 도자기를 구워봐도 좋겠다. 그렇게 하다 보면 언젠가는 한 가지, 푹 빠지게 되는 취미를 만나게 되지 않을까 기대해 본다. 싫증나지 않는 무언가를 말이다.

　도무지 숙련되지 않는 일이 있다면 어떨까. 시간이 지나도 익숙해지지 않고 매일 새로운 일처럼 다가온다면 그만둘 겨를이 없을 것 같다. 얼마 전 식사를 함께한 아나운서 선배가 올해 25년 차 근속상을 받는다고 했다. 언제 이렇게 시간이 흘렀는지 모르겠다며 하신 말씀이 "방송은 질리지 않는다."는 것이다. 방송을 이 정도 했으면 익숙해 질만도 한데 매번 새로운 정보를 다루고 다양한 사람들과 만나기에 익숙함에 기댈 틈이 없단다.

방송국에서는 정말 다양한 사람을 만난다. 직접적으로는 섭외를 통한 만남이다. 주로 프로그램에서 다룰 주제를 전문적으로 설명해줄 수 있는 전문가와의 만남이 이뤄진다. 당대 이슈가 되는 인물은 인터뷰를 통해 만나게 된다. 또한, 외부에서 기획된 행사 진행자로 서게 되면 출연자와의 만남도 가능하다. 간접적인 만남도 매일 이뤄진다. 라디오 방송에서 만나게 되는 청취자가 그 대상이다. 하루하루 다른 청취자가 유입되고 전국의 사람 사는 이야기가 라디오 사연으로 모여든다. 사람 사는 이야기가 끝이 없는데 매일 똑같은 방송이 진행될 리가 없다. 아나운서는 같은 시간에 인사를 드릴 뿐, 그 시간을 채워가는 청취자는 다르고 그들의 사는 이야기가 프로그램을 새롭게 한다.

1인 미디어 시대가 되면서 아나운서의 활동 반경은 더 넓어졌다. 기존의 업무뿐 아니라 직접 콘텐츠를 기획해 볼 수 있게 된 것이다. 이미 조금씩 예견되어 온 일인지도 모르겠다. 우리 회사만 해도 아나운서가 제작도 함께 맡는 프로그램이 있기 때문이다. 아나운서가 직접 선곡을 하고 원고도 작성하는 1인 제작 시스템을 운영 중이다. 더 나아가 이제는 방송국 외에 다른 채널을 이용한 콘텐츠 제작에 아나운서가 적극적으로 가담하고 있다. 나의 경우 '책플릭스'라는 팟캐스트를 제작한다.

라디오 PD와 TV PD, 그리고 아나운서가 모여 책과 넷플릭스 영상을 추천하는 콘텐츠를 기획한 것이다. 기존 방송국에서는 아나운서로 진행자의 역할만 했다면 이곳에서는 제작자로서의 몫을 해야 한다. 어떤 작가를 섭외하고 어떤 주제를 다룰지 의견을 교환해 뼈대를 세우는 것까지 직업군과 관계없이 함께 한다. 방송을 진행할 때도, 기존 방송에서는 질문하는 역할이었다면 이곳에서는 답도 동시에 내놓아야 한다. 무언가 도움이 될 만한 콘텐츠를 스스로 준비해 가야 하는, 콘텐츠 생산자의 역할이 요구되는 것이다.

4차 산업 혁명과 함께 사라질 직업으로 아나운서가 이름을 올린 기사를 보았다. 벌써 중국에서는 AI 앵커가 등장했다고 한다. 이런 뉴스가 들려올 때면 직업적 위협을 느끼기도 하지만 아나운서의 직업적 역량은 정보를 전달하는 것에 그치지 않는다는 데서 희망을 본다.

아나운서는 콘텐츠 생산자로 발돋움할 수 있고,
대중의 가장 가까운 곳에서 감성을 터치할 수 있는 진행자로
새로운 길을 모색할 수 있다.

아나운서로 일하는 지난 3년 동안 직업 만족도가 높은 이유는 나날이 새롭기 때문이다. 툭하면 발을 들여놨다가 툭하면 빠져나오는 성향에 잘 맞는 일인지도 모른다. 매일 뉴스를 해도 오늘과 내일의 뉴스는 다르기에 도무지 익숙해지지 않는다. 프로그램에 따라 다양한 분야의 사람을 만나는 것도 흥미로운 일로 다가온다. 청취자의 사연도 항상 다른 사람의 하루가 전파를 탄다. 최근에는 더 시도해볼 수 있는 채널도 생겼다. 팟캐스트, 유튜브 등 뉴미디어에서 아나운서의 새로운 역할을 모색해보게 된 것이다. 기획부터 편집까지 모두 직접

해보며 눈으로 몸으로 배운다. 이렇게 하루하루 새로운 일과 부딪히다 보면 언제가 25년 근속상을 받는 날이 올지도 모르겠다. 그땐 선배와 같은 말을 하고 있을지도. '방송은 질리지 않아'

ON AIR

CBS

서연미
아나운서

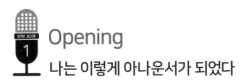

Opening
나는 이렇게 아나운서가 되었다

어쩌다 아나운서

화요일 오후 2시. 시험 시간이 겹쳐버렸다. 두 군데 모두 최종면접이었다. 한 곳은 종교방송 공채 시험이었고, 다른 한 곳은 학원 추천으로 기회를 얻은 지역 방송국이었다. 지금 생각하면 참 착해 빠진 생각이었지만 둘 다 가겠다고 욕심을 부리면 안 될 것 같았다. 니 때문에 추천받지 못한 한 명의 귀한 기회를 뺏는 거니, 학원 원장님께 전화해서 시험을 포기하겠다고, 다른 지원자를 보내시라고 말씀드렸다. 원장님은 무슨 소리냐며 양해를 구해 놓을 테니, 무리해서라도 시험을 보라고 하셨다.

그렇게 이틀 후, 합격과 불합격 통지를 동시에 받았다.

"여보세요? 저는 춘천 MBC 보도국장인데요.
서연미씨, 우리 회사에서 일 해주실 수 있으시겠어요?"

하마터면 못갈 뻔했던, 무려 시험 시간보다 3시간 늦게 도착하는 바람에 시험이 종료되고도 심사위원들을 1시간이나 기다리게 만든 그곳, 춘천 MBC의 합격 통보 전화를 받았다.

　　2013년 7월, 나는 그렇게 어쩌다 아나운서가 되었다.

갑자기 걸려온 전화

사실 어쩌다 아나운서라기보다는 갑자기 아나운서가 됐다는 말이 더 맞을 것 같다. 합격 전화를 받았던 곳은 대학교 교무처장실 부속실이었고, 그날은 대학원 졸업시험 하루 전날이기도 했다. 맞다. 나는 그때 아나운서 준비생이었고, 일반 대학원 학생이자 A급 조교[1]이었다.

난 겁이 많다. 또래들보다 뒤처지는 것을 두려워했고, 소속이 없어지는 것을 몹시도 불안해했다. 그래서 휴학 한 번 하지 않고 취직을 못 한 채 졸업하는 것, 이력에 공백이 생기는 것이 무서워 도피성 진학을 했다.[2] 다만 걱정은 등록금이었다. 비싸기로 유명한 대학을 다니며 이미 학자금 대출을 왕창 받았는데, 이 빚을 짊어지고 더 비싼 대학원에 가도 되는 걸까? 과연 나는 대학원 졸업 전에 취직을 할 수 있을까? 이 빚을 감당해낼 수 있을까? 고민했지만 학자금 걱정이라는 높은 산은 내 불안산성을 넘지는 못했다.

---

1) 조교는 A급과 B급으로 나뉘는데, 상주 시간과 장학금액의 차이이다. A급은 거의 상주를 하고 B급은 파트타임으로 일한다.
2) 물론 공부를 더 하고 싶다는 마음도 있었다.

일반 대학원을 다니면서 근로 장학금을 받으려고 학과 조교도 하고, 교무처장실 조교도 했다. 학교 일정만으로도 빡빡한 일정이었지만 아나운서 시험도 열심히 보러 다녔다. 강원도 춘천, 전남 순천, 경남 진주, 경북 안동, 광주광역시, 울산광역시, 충북 충주 등등 팔도를 누비고 다녔다. 그러면서 혹여 학기 중에 합격하면 어떡하지? 라는 달콤한 상상도 잠깐씩 했지만 그런 행복한 고민의 기회는 나를 찾아오지 않았다.

결국 우려했던 일이 일어났다. 총 4학기의 대학원 생활 막바지에 이르렀는데, 그 어디도 날 받아주는 곳이 없었다. 내게 남은 건 6년 동안 소속 있는 삶에 대한 대가, 3천만 원의 학자금 대출뿐이었다. 정말 막막했다. 화도 났다. 같이 준비하던 친구들은 잘도 합격하는데 나는 왜 안 될까? 난 정말 쓸모없는 인간인 걸까? 애초에 이 꿈을 꿨던 것 자체가 잘못이었던 걸까? 하루하루가 막다른 길을 향해 질주하는 삶이었다. 아무리 힘들었던 순간도 지나고 나면 기억이 미화된다는데, 난 아직도 그 시절이 괴롭기만 하다.

그날도 여전히 쳇바퀴 돌리던 날이었다. 코앞에 닥친 졸업시험 공부를 하고 쉬는 시간엔 채용 공고를 뒤졌으며, 혹시라도 걸려올지 모르는 합격 전화를 기다리다가 내게 그런 일은 없을 거라고 기대가 크면 실망도 큰 법이라며 스스로 타이르고 있었던 보통의 우울한 날이었다.

오전 10시, 모르는 번호로 전화가 왔다. 오른손으로 휴대폰을 귀에 댄 채 왼손으로는 온 힘을 다해 허벅지를 꼬집었다. 그 고통은 즉시 행복이었고, 난 그렇게 갑자기 아나운서가 됐다.

개그맨이 되고 싶어요

대부분 아이들이 그렇듯 다양한 꿈을 꾸며 자랐다. 만화영화를 열심히 보던 때는 천사 소녀 네티가 되고 싶었고, 세일러문이 되고 싶었다. 유치원과 학교에 다니면서는 선생님이 되고 싶었고 드라마를 보면서부터는 정의로운 검사가 되고 싶었다. 하룻밤만 자고 나면, 보는 게 바뀌고 관심사가 바뀌면 꿈도 금세 따라 바뀌는 보통의 아이였다.

그러던 어느 날, 하고 싶은 것이 생겼다. 그날은 성탄절이었는데, 내가 맡은 역할은 예수님의 부모님을 매몰차게 내쫓는 여관 할머니였다. 예수님이 세상에 나오기 직전의 장면이었으므로 극 중 절정에 다다랐을 순간이기도 했다. 맡은 바 최선을 다해 몸뻬 바지를 추켜올려 입고 팔자걸음으로 무대에 등장했더니 모든 관객이 뒤집혔다. 희한했다. 처음이었다. '희열'이란 걸 느낀 건. '사람들을 웃음 짓게 하는 것이 이렇게 황홀한 일이구나'하고 말이다. 그때 개그맨이 돼야겠다고 생각했다.

어떻게 해야 개그맨이 될 수 있는 것인가. 그때는 인터넷도 없던 시절이었기에 주변 어른들에게 어떻게 하면 개그맨이 될 수 있는지 여쭸다. 사실 주변 어른이라고 해봤자 엄마 아빠였는데, 엄마는 당시 허리케인 블루라는 코너를 진행하던 이윤석과 울 엄마에 나오는 서경석을 가리키며 개그를 하려면 머리가 좋아야 한다고 말씀하셨다. 외국곡 립싱크를 하면서 우리말과 비슷한 부분을 찾아내려면 영어를 잘 해야 한다고 하셨고, 사람을 웃기려면 일반 사람들의 생각을 넘어서서 더 고차원적으로 생각하고 아이디어를 내야 하니까 머리가 좋아야 하는 거라고 하셨다. 납득이 됐다. 그러니 우선 공부를 열심히 하라며 내장래희망을 응원해 주셨다.

처음으로 해보고 싶은 일이 생겨 열심히 공부했다. 틈틈이 최불암 시리즈도 찾아보고 만득이 시리즈도 외웠다. 오늘은 좋은 날을 본방사수하며 "별~들에게 물어봐!"도 따라 해보고 〈울 엄마〉의 서경석, 김효진의 눈 깜빡임도 연습했었다. 개그콘서트도 웃찾사도 꼭 챙겨봤다. 매일 자려고 누웠을 때마다 연습했던 것들을 혼자 조용히 머릿속으로 되뇌면서 무대에 설 나를, 그 날을 꿈꿨다. 소질이 없을 거라는 것은 꿈에도 생각 못 한 채.

정말 다행이도 일찍 꿈에서 깰 수 있었다. 주일마다 교회는 내게 무대가 되어 줬다. 그 무대에서 성가대로, 반주자로, 주일학교 교사로 숨겨뒀던 끼를 발휘할 기회가 많았는데 반응이 좋지 않은 것을 떠나 아예 없었다. 무려 조는 사람들도 있었다. 그럼에도 잦은 무대경험은 큰 가르침을 줬다.

'아! 나는 사람들의 반응과 상관없이 무대에 서는 것을 좋아하는구나.'

쓸모없는 경험은 없어

난 뭐든 싫증을 잘 내는 편인데 예외가 딱 하나 있었다. 바로 피아노.

부모님은 적어도 내가 초등학교에 다닐 동안만이라도 사교육을 시키지 말자고 생각하셨던 것 같다. 공부도 국·영·수 교과서 위주로 학교수업에만 착실히 임하면 된다는 생각이셔서 하교 이후의 개인 일정에 많이 관여하지 않으셨다. 그래서 마음껏 놀았다. 학교 끝나면 저녁 먹기 전까지 딱히 할 일이 없으니 운동장에서 학원 안 가는 친구들과 고무줄놀이를 하거나 정글짐을 탐험했고, 오징어 다리나 사방치기 등을 했다. 매일 해도 재밌었다. 그리고 집에 가는 길에는 학교 앞 목공소에 들러 달고나 기계로 달고나도 만들어 먹었다. 이런 자유로운 삶이 너무 행복했다.

하지만 그런 나도 꼭 학원에 가서 배우고 싶은 것이 있었다. 바로 피아노였다. 엄마한테 아무리 보내 달래도 아직 너무 어리다며 보내주질 않아서 친구들이 피아노 학원을 가면 따라갔다. 친구들이 연습할 때 곁눈질로 어떻게 치는지 구경했다. 음악시간에 배운 다장조 음계정도만, '도'가 어디 위치하는지만 알던 때였지만, 그걸 기본으로 두고 손의 움직임과 악보 사이의 관계를 유심히 관찰했다. 그리고 피아노가 있는 교회에 가서 방금 친구들이 치던 것들을 따라서 쳐봤다. 그러길 여러 달, 이런 나의 의지를 높게 산 엄마가 처음으로 피아노 학원에 보내줬다. 재능이 뛰어난 편은 아니었지만, 눈치가 있었고 흥미도 있어서 꽤 빠르게 진도가 나갔다. 이러다 피아니스트가 되는 거 아닐까? 내심 기대하며.

피아노를 칠 줄 알면서 무대를 좋아하는 관심종자에게 주어질 기회는 더 많아졌다. 초등학교에서 발표회를 하면 멜로디언, 트라이앵글, 리코더 등의 조합인데, 다른 친구들보다 악기 조작 능력이 조금 더 있어서 그것들보다 더 특별한 포지션을 맡을 수 있었다. 가령 지휘라든지, 대형 실로폰이랄지, 피아노랄지. 결국, 지휘는 선생님이 하시고 피아노는 나보다 잘 치는 친구가 많았고,[3] 난 큰 실로폰의 기회를 잡았다. 살면서 한번 만져볼까 말까 한 비브라폰으로 무대에 올랐다. 이런 나를 지켜보며 어머니는 과대평가 했다. '내 딸이 음악에 천부적인 소질이 있을지도 몰라.'라며 말이다. 하겠다는 아이에게 지원을 아끼지 않으신 어머니는 내게 바이올린을, 플루트 레슨을 받게 하셨다. 지혜로운 선택이셨다. 곧 내 작은 재능은 피아노에 국한되어 있음을 알게 됐으니까. 그것도 전공할 정도에는 한참 못 미치지만 말이다.

---

3) 다행히도 내가 관심을 가졌던 분야 중에서 1등을 한 적은 한 번도 없었다. 늘 나보다 월등하게 잘하는 친구가 있었고 나는 그 친구와 동떨어진 2등 정도였다. 덕분에 좀 덜 교만하게 자랄 수 있었던 것 같다.

대신 이 작고 소중한 재능이 아나운서가 된 지금까지 요긴하게 쓰이고 있다는 데 엄청난 보람을 느낀다. 가장 가까이는 〈어른성경학교〉라는 기독교 예능 프로그램을 할 때였는데 버스킹 편을 찍을 때 키보드 한자리를 차지할 수 있었다. 더 전으로 흘러가 보면 입사 시험을 볼 때도 큰 도움이 됐다. 피아노를 배우고 나서 20년 가까이 교회 찬양 팀에서 반주했었는데, 그래서 아는 찬양도 많은 편이었다. 그런데 하필 최종면접에서 좋아하는 CCM과 CCM가수를 짝지어서 세 팀만 말해보라고 질문하시는 게 아닌가. 열 팀도 말할 수 있었다. 이건 다 피아노 덕이다.

지금이야 자랑스럽게 말하지만, 사실 학창시절엔 공부할 시간도 모자란데 고작 '취미생활'에 시간을 쏟아 부어도 되는 걸까? 많이 고민했었다. 나중에 낭비한 시간을 후회하지 않을까? 과연 쓸모는 있을까? 하면서 말이다. 그런데 내 작고 소중한 취미가 아나운서가 될 수 있게 해줬고, 방송에서도 날 돋보이게 해줬다. 세상에 쓸모없는 경험이 있을까? 지나고 나니 너무 귀하고 소중한 취미였다. 혹시나 진학이나 취직을 위해 취미를 희생하고 있다면, 꼭 취미에게도 기회를 주라고 말하고 싶다.

Step by step

　개그맨의 꿈은 포기했지만, 텔레비전에 내가 나왔으면 정말 좋겠다는 생각에는 변함이 없었다. 연기자가 되기에는 끼가 부족했고, 가수가 되기엔 춤도 못 추고 노래도 못했다. 그럼 방송국 직원이 되는 건 어떨까 생각했다. 텔레비전에 나오는 방송국 직원이 뭐가 있을까 했는데 때마침 프로듀서가 나오는 드라마를 보게 됐다. 그래서 프로듀서를 꿈꾸게 됐는데, 가만 생각해보니 프로듀서는 보통 텔레비전에 나오는 직업이 아니었다. 그러다 눈에 띈 게 방송기자와 아나운서였다. 그럼 그 둘 중에 내 적성에 맞는 직업은 무엇일까 고민했다. 부모님은 그 직업군이 총출동하는 뉴스도 보고 아나운서가 진행하는 다른 프로그램들도 찬찬히 보면서 고민해보라고 하셨다. 보면 볼수록 때로는 엄중하게, 때로는 유쾌하게 진행할 수 있는 아나운서가 딱 마음에 들었다. 특히 아쉽게 내려놓은 개그맨의 꿈을 예능프로그램 진행자가 되어 풀어낼 수 있을 것 같았다. 아나운서가 되어야겠다고 생각했다.

　그러려면 당장 대학을 가야 했다. 고등학교 3학년 때 담임선생님은 현직에 나가 있는 선배들이 많은 학교에 가는 것이 어떻겠냐고 조언하셨다. 말처럼 쉬우면 '선택'하겠지만 어려우니 '전략'을 세워야 했다. 우선 학교 책상에 그 학교 표지를 깔아놨다. 한 자라도 더 봐야 할 시간에 입시요강을 보고 또 봤다. 간절하면 이루어진다고 했던가. 기독교학과 모집 요강이 눈에 들어왔다. 하필 이번 수시 2차에서 학생회 출신들만 쓸 수 있는 리더십 전형으로 수능성적 없이 내신과 면접만으로 딱 5명을 뽑는 게 아닌가. 1학년 때 반장, 2학년 때 전교 부학생회장, 3학년 때 전교 학생회장의 리더십 트리플 크라운을 달성해놓은 내게 이건 하나님의 계시인가 싶었다. 원서를 냈고 합격했다.

하지만 아버지를 설득하는 것이 문제였다. 나오면 목사가 되는 거냐. 네가 되고 싶어 하는 아나운서가 될 수 있는 거냐. 차라리 집 가까운 국립대 사범대에 가서 임용고시를 보는 것이 어떻겠냐며 반대하셨다. 아무리 그래도 자식 고집을 어떻게 꺾나. 근거 없는 자신감으로 일단 투자해보시라고, 두고 보시라고 꼭 이 학교에 가서 꿈을 이루고야 말겠다고 큰소리쳤다. 10년 후 CBS에 입사할 줄은 상상도 못 한 채.

QnA

전공 무관? 전공 유관?

신방과가 아니어도 입사할 수 있을까요? 참 많이 들은 질문이다. 사실 직업과 전공은 공공연하게 공식화되어 있다. 행정고시를 볼 거면 행정학과, 대기업에 취직하려면 경영학과, 외교관이 되려면 정치외교학과, 방송국에 입사하고 싶다면 신문방송학과 이런 식으로 말이다. 나 또한 이 공식에서 자유하지는 못했다. 주 전공은 기독교학과로 입학했지만 불안함에 방송영상학과를 복수로 전공하고야 말았기 때문이다. 근데 막상 방송국에 들어와 보니 참 다양한 전공들이 있다. 같은 직군이어도 공대 출신도 있고 인문학도도 있고 예술전공자들도 있다. 이말 인즉 꼭 방송관련학과를 나와야 입사가 유리한 건 아니라는 거다.

대학교에서는 대부분 관련 전공의 개괄과 기본을 배우는 편이다. 실습 위주의 전문대나 몇 편집 실습 과목을 제외하고는 '방송국'을 미리 알아보고 그 환경에 적응하는 예비과정이라기보다는, 방송이란 건 언제 생겼고, 어떻게 발전해 왔으며, 학자들은 이러저러한 이야기를 해왔다는 식의 것들을 배운다. 최근 방송 트렌드나 방송국 현실, 방송계 사정과 어떤 일을 하는지 등은 특강이 아니고서야 배울 일이 거의 없다. 실습 과목이라도 미리 배워두면 좋겠지만, 동료 PD들의 이야기를 들어보면 회사는 주로 비싼 장비들을 쓰기 때문에 조작법을 새로 배우게 되는 편이라고, 그리고 금방 배우게 되니 할 줄 모른 채 들어와도 그렇게 불리하지는 않다고 한다.

지금 CBS 동기 중에는 국악을 전공하고 방송기술로 입사한 친구가 있는가 하면, 교육을 전공하고 방송국은 평생교육 기관이라며 라디오 PD로 입사한 친구도 있다. 언어학을 전공하고 TV PD로 입사하기도 했고, 기독교학을 전공하고 아나운서가 된 나도 있다. 정해진 건 없다. 하지만 되레 비방송 전공 분야이기 때문에 업무에 도움이 되는 일이 왕왕 있다. 기독교학을 전공하고 기독교방송에 입사한 것은 말할 필요도 없고, 언어학을 전공한 TV PD는 프로그램 이름을 정말 기가 막히게 짓는다.[4] 국악을 전공한 방송기술 동기는 절대음감이

---

4) 이 동기는 정말 언어의 마술사 같다. 자막 오타 잘 잡아내는 것도 장점이라고 꼽는다.

일하는 데 도움이 된다고 한다.[5] 소소하고 귀여운 이유지만 아무튼 도움이 된다.

내 적성에 맞고, 장점을 극대화 할 수 있는 전공이 가장 유리한 전공 아닐까 생각한다. 아나운서 직종은 정말이지 어떤 전공이든지 아무 상관 없다. 하는 일을 생각해보면 된다. 아나운서는 새로 나온 소식들이나 설명이 필요한 정보를 미디어 수용자에게 전해주는 가교 역할을 자주 하곤 한다. 어떤 콘텐츠를 먼저 이해하고 잘못된 사실은 없는지 확인해 잘 풀어 쉽게 설명할 수 있는 역할 말이다. '이해'하고 '확인'하고 '전달'하는 능력만 갖추면 된다는 것이다.

한편 개인적으로 앞으로 장점이 많을 것 같다고 생각되는 전공들은 있다. 환경이나 통계 전공자들이다. 환경이 아무래도 전 세계적 이슈로 떠올랐기 때문이고, 사회의 흐름을 정확한 데이터로 해석하고 전망하는 역할도 점점 더 중요해지고 있기 때문이다. 그뿐만 아니라 사회학이나 여성학, 북한학, 경영학, 경제학 전공들도 마찬가지다. 꾸준히 전문가들이 필요한 분야이다. 아! 요즘은 범죄심리학 전공도 멋져 보인다.

즉, 내 무기가 되어줄 수 있는 전공이라면 어떤 전공이든 입사와 입사 이후 생활에 유리하게 작용할 거라고 장담한다.

---

5) 말하자면 하울링이 생겼을 때 잘 들어보니 '라' 음이길래, 440Hz랑 그 배음들을 이퀄라이저로 깎아내서 잡는다고 한다.

수줍지만 당찼던 대학 생활

촌놈이 한양 갔으니 성공했다. 기쁨은 딱 거기까지였다. 상경은 했지만, 삶의 질은 매우 떨어졌다. 돈도 없고 친구도 없고 자신도 없었다. 무기력하게 1학년을 보내고 나니 더는 이렇게 살 수는 없다는 생각이 들었다. 입학 후 내내 관심도 없던 학교 홈페이지를 살피며 의욕을 불태우기 시작했는데 그때 눈에 띈 건 재학생 홍보대사 모집 포스터였다. 예쁜 단복도 입을 수 있고 장학금도 받을 수 있다는 말에 혹했다. 그리고 활동을 하다 보면 새 친구들노 사귈 수 있을 거라는 희망도 부풀어 바로 지원했다.

홍보대사로 지내는 2년 동안 원하던 대로 활동비 형식의 장학금도 받고 좋은 친구들도 사귀게 됐다. 학교에서 아는 친구라고는 학과 친구들밖에 없었는데 덕분에 다양한 전공의 친구들을 사귀니 시야도 넓어지는 것 같았다. 여기서 자신감을 얻어 다른 대외활동도 시작했다. 방과 후 저소득층 학생들 학습 지도 봉사 활동도 하고 대학생 정치 아카데미 활동도 하면서 작은 활동 경력을 만들어 나갔다.

대학교 3학년, 때가 됐다는 생각에 아나운서 학원을 찾았다. 학교 근처에 유명한 학원이 있어 고민 없이 바로 등록을 했는데 바로 결론부터 말하면 돈과 시간 모두를 낭비하는 잘못된 선택이었다. 만약 그때로 돌아간다면 어떤 것을 고민하고 비교하고 학원을 고를까. 같은 고민을 하고 있을 지원자들을 위해 다음에서 가감 없이 다뤘다.

아나운서 학원 고르는 방법

김새는 이야기지만, 어느 학원이다! 라고 특정해 줄 수는 없다. 하지만 학원을 고를 때 고려해야 할 부분이 무엇인지에 대해선 명확히 답할 수 있다. 물론 지극히 개인적인 경험에 의한 의견이니 취할 것은 취하고 버릴 것은 버리길 바란다.

1. 유명한 학원?

우선 학원 선택에 있어서 가장 혹하게 되는 부분은 주요 방송사 출신의 유명한 아나운서가 대표로 있는 경우다. 실로 중요하다. 모두가 알 정도의 유명한 아나운서라면 우리나라서 인정한 실력이라는 말일 테니까. 하지만 이 점을 간과하면 안 된다. 대표는 대표일 뿐 길고 긴 교육과정은 '다른 선생님'들과 함께 하게 된다는 것을 말이다. (물론 그 대표가 모든 교육과정에 관여하고 가르치고 합격할 때까지 함께 해준다면 그 학원은 정말 좋은 학원이다.) 그래서 나는 아나운서 준비 시작부터 합격의 길까지 함께 걸을 '선생님들'의 조건을 꼭 확인해보는 것이 중요하다고 생각한다. 아마 아나운서 아카데미 홈페이지를 참고하면 쉽게 정보를 얻을 수 있을 것이다.

2. 어떤 선생님이 좋은 선생님일까?

　인증된 선생님들이어야 한다. 어떤 형태로든 시험과 합격의 경험이 있어야 한다. 서류, 필기, 면접의 경쟁시험 과정을 거쳐 최종적으로 선택받아본 적이 있는 선생님이어야 한다. 정성스레 자기소개서를 써보고 필기 공부를 했으며 면접장에서 주목을 받았던, 그 떨리고 힘든 순간들을 기억하는 선생님 말이다. 아나운서지만 회사원으로서 매일 출근하고 방송을 밥 먹듯이 해본 경력이 있는 선생님 말이다. 이 자격은 선생님 스스로 아나운서 준비생들을 가르칠 깜냥이 되느냐는 자문에 '된다'는 당위성을 가져다주는 동시에 배우는 학생들에게 마치 인증마크를 확인한 것 같은 믿음을 주기도 한다. 아나운서 학원이 우후죽순 생기다 보니 간혹 경쟁시험에서 합격해본 적 없는, 일회성 경력에 그치는 선생님들이 자신의 이력을 부풀려 학생들을 모집하는 학원도 있다. 자신도 경쟁시험에서 이겨본 적이 없으면서 학생을 합격시켜주겠다고 한다. 만약 그런 선생님에게 배우고 합격했다면 그건 잘 배워서가 아니라 원래 학생이 뛰어났던 걸 거다. 이런 학생을 만난 선생님이 운이 좋은 거다.

　이런 학원을 거르기 위해서는 조금 귀찮더라도 선생님들의 이력이 사실인지, 했다는 방송을 얼마나 진행했는지 꼭 찾아보는 것이 좋다. 간혹 리포터 몇 번 한 것 가지고 아나운서, MC이었다며 허위경력을 써놓는 사람들도 있으니

유의해야 한다. 이력에 쓰여 있는 방송국 홈페이지에 들어가서 해당 기간의 방송을 찾아보면 금세 찾을 수 있다. 본 김에 내가 배우고 싶은 방송실력인지까지 보면 학원 선택 고민의 시간을 줄일 수 있다.

사족을 달자면 난 이 첫 번째 선택에서 실패했다. 선생님에 대한 의심의 시간이 길었기 때문이다. 유명세만 믿고 간 학원은 이름도 모를 방송국에서 리포터 몇 번 해봤던 선생님들이 수업에 들어왔고, 리포팅을 가르쳤으면 문제가 없었겠지만, 그 선생님들이 뉴스를 가르쳤다. 배우고자 온 내게 뉴스를 어떻게 하는지 알려주기보다는 지금의 나를 매섭게 평가절하하고 지적을 위한 지적을 했다. 이런 교육방법에 점점 의심을 넘어 학원에 가는 게 무슨 의미가 있냐는 생각까지 들었다. 교만하게 말하면 '누가 누굴 가르쳐'라는 생각이 가득했다. 아! 하다못해 시험장에서 다수의 선생님을 만나기도 했다. 난 이렇게 처음에 잘못된 선택으로 금 같은 시간을 허비했다.

또 하나 중요한 것이 있다. 선생님들의 근속연수가 긴 곳이어야 한다. 선생님이 휙휙 바뀌는 학원은 피하는 것이 좋다. 학생의 입장에서 학원에 다니자마자 합격하면 좋겠지만 그런 경우는 아주 소수에 불과하다. 말하기 교육은 끈질긴 시간이 필요하다. 꽤 긴 시간, 시행착오를 겪으며 정성스레 말하기 교육을 받아갈 텐데, 그 지난한 시간 동안 좋은 선생님들은 테크닉적인 조언자이자 정신적인 멘토가 되어 줘야 하기 때문이다. 이런 이유에서 학생이 합격의 문턱을 넘을 때까지 믿고 의지할 수 있는 '선생님들'이 안정적으로 오래 상주하고 있는지를 확인해보는 건 매우 중요한 일이다.

한 가지 더 조언하자면, 교육과정의 절반 이상을 인증된 선생님 한 분이 책임지고 지도하는지 확인할 필요도 있다. 개강하기 전에 수업 커리큘럼에 어떤 선생님들이 배정되어 있는지 확인해야 한다. 다양한 분야 다양한 선생님을 다채롭게 꽤 자주 수업에 '반짝' 투입(한두 번 정도는 특강형식이니 괜찮지만)하거나 갑자기 교육과정 담당자가 바뀌는 학원이 꽤 있다. 뻔하다. 모두가 그런 것은 아니지만, 그만두는 선생님들이 많으니 돌려막기를 하려는 속셈일 수 있다. 물론 학원에 갑자기 방문한, 평소에 보기 힘든, 잘나가는 선배들과의 만남이 주는 '도전정신' 같은 도움도 물론 있을거다. 하지만 이런 돌발 특강은 돌발에 그쳐야지, 정규 교육과정에 많은 시간을 차지한다면 과연 내 실력 증강에 도움이 될는지 고민해봐야 한다. 인증된 선생님이 책임지고 학생들의 성장 모습을 기록하고 고민하고 함께하는지 꼭 체크해야 하는 이유이다.

3. 더 챙기면 좋은 것들

한 반의 정원과 커리큘럼, 총 교육시간도 중요하다. 기본 교육시간이 대부분 하루에 3시간일 것이다. 정원은 적으면 적을수록 좋다. 예닐곱 명이면 3시간 동안 돌아가며 뉴스 두 번 읽으면 끝이다. 네 명, 많아야 다섯 명 정도가 그나마 충분히 배우고 적용하고 고치기 딱 좋다. 그리고 아나운서 학원비가 거의 대학 등록금에 비견할 정도로 비싸므로 아마 비용 고민도 많이 될 것이다. 그렇다고 저렴한 가격에 이끌려 아무 학원, 짧은 교육과정 위주로 다녔을 땐 시간도 돈도 버릴 가능성이 크다. 괜히 돈 조금 아끼려다가 오히려 이래저래 더 쓰게 되니 한 번에 제대로 된 교육을 확실히 받는 것이 좋다. 요즘은 학원에서 장학생 모집을 하기도 한다. 비용을 아끼고 싶다면 이런 방법을 이용해보는 것도 좋지 않을까?

또 많이 질문하는 게 추천을 많이 해주는 학원에 다녀야 하느냐는 것이다. 공채만 준비하는 학생이 아니라면 각자의 필요에 따라 추천을 많이 해주는 학원이 필요할 수도 있다. 학원마다 추천 방식은 다 다르다. 어떤 학원은 꼭 무슨 과정 몇 개를 들어야지만 추천 기회를 주기도 하고 선생님과 친한 사람들 위주로 추천해주는 곳, 또 어떤 학원은 모든 수강생을 대상으로 오디션을 거쳐 추천을 해주는 곳도 있다. 나도 한번은 학원 오디션 추천으로 합격을 했던 경험이 있기에 어떤 방식이 자신에게 더 유리할지 따져보고 결정하는 것이 좋을 것 같다.

외모 자격증

"서연미씨 생각보다 뚱뚱하네~"

한 경제 채널 방송국에 시험을 보러 가서 카메라 앞에 서자마자 들은 말이었다. 여기에서 끝이 아니었다. 눈이 어떠네, 옷이 너무 크네 등등 원고를 읽기도 전에 내 몸이 조각조각 평가당했다.

외모 스트레스가 심했다. 학교 홍보대사이긴 했지만 난 그중에서도 눈에 띄는 외모가 아니었다. 홍보 매체에 실리는 사진을 찍는 친구들은 따로 있었다. 그렇게 늘 외모로 배제가 되는 동안 자존감은 더 낮아졌다. 아나운서 연습 영상을 찍으면서는 더 우울해졌다. 카메라가 비춘 나의 모습이 맘에 들지 않았다. 그런 자신 없음이 입사지원서 사진에도 묻어났는지, 서류를 제출하는 곳마다 탈락했다. 큰일이었다. 나도 내가 예쁘지 않고 사랑스럽지 않은데, 외모도 평가 요소인 아나운서 시험에 합격할 수 있을까?

돌파구가 필요했다. 외모는 쉬이 바꿀 수 없으니 자격증을 따야겠다고 생각했다. 하필 그때 눈에 띈 것이 인터넷 광고였다.

'미스코리아에 도전하세요.'

"에이…" 아무리 자격증이 필요하다 해도 단박에 도전할 용기는 없었다. 하지만 포기하느니 한번 저질러보고 싶었다. 그러나 연습은 필요했다. 그래서 그 해, 전국단위로 후보를 모집한 지역 특산물 아기씨 선발대회에 나갔고 상을 탔다. 거기서 얻은 상과 가능성만큼 값진 것은 거기서 생긴 인맥이었다. 관심사들은 거의 같아서 나처럼 그 대회를 발판삼아 미스코리아에 나가려는 친구들이 많았다. 그래서 거기서 정보를 얻었다. 그리고 그다음 해 미스코리아 지역 예선에서 '미'로 당선이 되어 본선에 진출할 수 있었다. 학점이 높으면 성실할 것이고 토익점수가 높으면 영어를 잘 할 거라 생각하는 것처럼 미스코리아 트로피는 내게 외모 자격증이 되어주었다. 그렇게 추가된 경력 한 술의 힘은 컸다. 지원서를 내는 곳마다 높은 확률로 합격하기 시작했다.

한편, 다른 의미로 내게 이 경험은 정말 소중하다. 태어나서 처음으로 내 몸에 관심을 가졌던 시간이었기 때문이다. 그때까지 내가 얼마나 아름다운지에 대한 깨달음을 공부 다음으로, 입시 다음으로, 취업 다음으로 미뤄두고 살아왔었다. 그렇게 뒷전으로 두고 살다가 갑작스레 평가부터 당하니 낙서장으로 공책검사를 받는 기분이었던거다. 늘 자신이 없었고 내가 창피했다. 최대한 감추려 했고 나를, 남을 속이려 했다. 그런 와중에 나간 대회는 내가 어떤 모습일 때 스스로 가장 만족스럽고 행복하고 아름다운지 탐구하고, 온전히 내게, 내 몸에 집중할 수 있는 최초의 시간이 되어주었다. 그 시간을 통해 내가 먼저 내 몸을 긍정하는 법을 배웠고, 날 더 사랑하게 되는 계기가 되었다. 남들이 나를 어떻게 볼까의 고민이 아니라 내가 나를 사랑하면 되는 거였다. Body Positivity! 거기서부터 시작인 거였다.

　게다가 합숙 기간에 배운 메이크업 기술들은 시험을 볼 때부터 지금까지 잘 써먹고 있기도 하다. 전국 어딜 가든 하룻밤 재워줄, 밥 한 끼 같이 해줄, 터미널까지 마중 나와줄 친구들도 53명이나 생겼다.

밑 빠진 독에 물 붓는 격인 아나운서 시험

서울 본사 방송국 시험을 볼 때 드는 비용을 기준으로 계산해보자. 거칠게 잡아 헤어와 메이크업에 10만 원이 들고 의상을 빌리는데도 10만 원, 총합 20만 원이 든다. 아나운서 시험에 가장 저렴하게 드는 비용이 이 정도다. 시험장소가 서울이기 때문에 교통비가 덜 들기 때문이다.

비교적 시험 기회가 많은 방송국은 거의 지방에 있다. 가장 멀리는 제주, 가장 가까이는 수원, 춘천 정도. 지방 방송국의 시험을 보려면 헤어, 메이크업+의상 비용에 교통비가 추가되고, 하다못해 너무 이른 시간에 시험을 보게 되면 숙박비까지 든다. 될지 안 될지 모르는 하루 반나절의 시험을 위해 들여야 하는 비용이 30만 원을 호가한다. 물론 욕심부리는 만큼, 최선 다하는 만큼 그 비용은 기하급수적으로 늘기 마련이다.

현실이 이렇다 보니 꿈을 포기하지 않으려면 어떻게든 비용을 줄여야 했다. 헤어와 메이크업은 직접, 의상은 단벌 신사로 가는 수밖에 없다. 학창시절

미술 점수는 낙제점이었지만 반복 학습으로 인해 내 얼굴 메이크업은 정도껏 할 수 있게 됐다. 사실 그 계기는 미스코리아 대회였다. 미용실 원장님들의 솜씨라고 많은 사람이 알고 있는 것과 다르게, 대회 당일에 후보자들은 직접 공정하게 대회 측에서 일괄적으로 제공한 용품을 이용해 헤어와 메이크업을 해야 한다. 그래서 한 달 정도 되는 합숙 기간에 질리도록 연습하는 것이 헤어, 메이크업 연습이다. 아티스트들이 매일 붙어서 지도해줬는데, 그때 배운 걸 지금까지 요긴하게 써먹고 있다.

난 단벌 신사였다. 첫 시험 때 입은 검은 투피스 정장을 CBS 최종면접 때까지 입었다. 지나고 보니 이 방법이 꽤 신선했다고 생각한다. 시험을 보러 가면 형형색색의 재킷을 걸치고 온 지원자들이 태반이다. 그중에 일반 회사 시험 보러 온 듯 평범하고 평범한 무채색이었으니 되레 더 튀지 않았을까. 지원자 중에서 만약 의상비가 걱정이라면 이 방법을 써보는 것도 좋지 않을까 싶다. 나처럼 꼭 검은색이 아니더라도, 입었을 때 카메라를 잘 받는 의상이 있을 것이다. 그것을 꾸준히 입는다고 해도 될 사람이 떨어지진 않는다고 장담할 수 있다.

지역사 시험 준비

'그 지역에 연고가 없어도 되나요?'

　지역사 3곳에 합격했지만, 연고가 있는 곳은 단 한 곳도 없었다. 하지만 해당 지역과 연을 만들려는 노력은 했었다. 춘천MBC는 미스코리아 강원 수상을 했다는 것으로 지연을 만들 수 있었고, 제주MBC는 좀 억지지만 방송국 근처에 연미 마을이 있어서 우연을 가장한 인연을 만들 수 있었다.

　사실 지역사 시험에서 연고가 안 중요하진 않다. 같은 실력이면 연고가 있는 사람을 뽑을 것이다. 아무래도 지역 적응도 비교적 빠를 것이고, 다루는 방송도 지방색이 짙으므로 아예 문외한인 지원자보다야 우위를 점할 수 있다. 하지만 장점은 딱 그 정도다. 최후의 2인 정도가 남았다면 연고는 고려 대상이지만, 연고만으로 합격할 수는 없다.

　너무나도 당연한 말이지만 결국 잘 하는 사람이 된다. 지역방송국들은 대부분 채용 기간을 넉넉히 두고 뽑지 않는다. 당장 투입할 사람을 뽑는다. 만약 시간이 있다 한들, 가르칠 사람이 없기도 하다. 그렇기에 주로 경력직을 선호한다. 그렇지만 경력이 없다고 무조건 떨어지는 것도, 경력이 있다고 해서 무조건 붙는 것도 아니다. 바로 투입될 만한 실력과 감이 있음을 충분히 어필하면 합격할 수 있다. 실제로 나도 첫 번째 회사는 경력 없이 입사했고, 최근 지역사 합격생 중에도 그런 아나운서가 있다. 불가능한 것은 아니다. 어려울 뿐이다.

지역사 시험 준비 Tip

1. 지역에 대한 관심

지역사 시험을 볼 때, 지역별 큰 사건들을 미리 정리해 공부해두는 것이 좋다. 예를 들어 광주는 5·18민주화운동, 제주는 4·3사건 등등 말이다. 한발 더 나아간다면 요즘 그 지역에 화두가 되는 뉴스는 무엇인지 알아보고 질문을 받았을 때 어떻게 대답할지 생각을 정리해 두는 것이 좋다. 시험 준비할 때 그 회사의 아나운서들 외모나 방송화면만 보지 말고 뉴스 내용과 매거진 프로그램 내용을 꼭 숙지하라는 말이다. 알고 읽는 뉴스, 이해하고 전하는 MC원고의 전달력은 상당히 차이가 난다. 애드리브 한 마디 덧붙이기도 수월해진다. 지역을 대표하는 음식이나 장소도 물론 알고 있어야 한다.

2. 꼼수가 아닌 묘수

여유가 된다면 그 방송국에서 무슨 방송을 하는지, 내가 합격한다면 어떤 방송을 하게 되는지 혹시 아는 사람이 있다면 슬쩍 물어보는 것도 좋다. 카메라 테스트용으로 주어지는 원고는 앞으로 맡게 될 프로그램의 원고를 주는 경우가 많기 때문이다. 더 제대로 준비하고자 한다면, 시험을 보러 가기 전에 그 회사의 홈페이지를 싹싹 뒤져서 뉴스와 MC, 스팟, DJ 원고를 찾아 연습하면 좋다.

뉴스는 전문이 홈페이지에 올라오니 쉽게 찾을 수 있지만, 뉴스 외에는 어떻게 찾으란 건지 궁금할 수 있다. 수고스럽더라도 MC 원고는 직접 방송을 보면서 받아 적고, 스팟과 DJ 원고는 홈페이지에 접속해서 로그인하면 온에어 듣기가 가능하다. 방송시간에 맞춰 들으며 받아 적어야 한다. DJ 오프닝은 시작과 동시에, 스팟은 매시간 50분대쯤 방송의 마지막 곡이 나가고 다음 정각을 알리는 시보가 나오기 직전에 대부분 편성되어 있다.

3. 연습 Tip

원고를 모두 수집했으면 연습을 해야 한다. 시험장에서 수험생들이 많이 하는 실수이자 신입이 경력직에 밀리는 큰 이유는 뉴스와 MC, 스팟, DJ 원고를 같은 톤으로 읽어 내려가기 때문이다. 그날 아침까지 방송하고 온 현직이나 경력자들과 비교하면 굉장히 신참으로 보일 수밖에 없다. 원고 분야별로 발음과 발성 빼고 다 바꿔야 한다. 어떤 원고를 받게 되든지 내용을 우선 충분히 파악하고 어떤 분위기로 가져갈 것인지 계산해야 한다. 특히 MC, 스팟, DJ 원고의 경우 입에 붙지 않으면 내 말로 먼저 고치는 작업도 필요하다.

　MC 원고가 시험에 나오면 망부석처럼 경직된 채 가만히 읽어 내려가기보다는 자연스러운 몸짓을 곁들이는 게 좋고, DJ 원고가 나오면 오프닝 원고에 딱 맞는 첫 곡을 선곡해서 리딩 때 곁들이면 좋다. 이때 주의할 점은 시험 보는 방송국의 라디오 프로그램이 가요프로그램인지 트로트 프로그램인지 시사프로그램[6]인지 먼저 파악하고 맞는 장르의 곡을 선곡해야 한다. 왜 선곡했는지 그 이유도 명확해야 한다. 특히 라디오를 평소에 듣지 않는 준비생이라면 라디오 오프닝이 어떤 식으로 진행되는지 모를 수 있으니 평소에 모니터해놓아야 한다. 라디오에 이렇게까지 집착해야 하는 이유는, 라디오 채널을 가지고 있는 지역사는 아나운서에게 진행은 물론이고 제작까지 맡기는 경우가 많기 때문이다. 워낙 열악하다 보니 라디오 PD가 있는 지역사는 거의 없다.[7] 그래서 그 방송국 시험에서 합격하면 맡게 될 라디오가 시사프로그램인지 음악프로그램인지, 음악프로그램이라면 가요프로그램인지 트로트 프로그램인지, 어떤 장르의

---

6) 방송국에 따라서 시사프로그램에 노래를 곁들이는 경우도, 노래 없이 드라이하게 가는 경우도 있으니 꼭 모니터를 미리 하길 바란다.
7) 작가라도 있으면 다행인 곳이 많은 편이다.

음악을 주로 선곡했는지 알고 준비하면 효율적으로 시험을 대비할 수 있다.

평소 이 방송국 보도국 기자들의 이름이나 프로그램 이름들을 입에 붙게 연습해뒀으면 더 수월하게 진행할 수 있다. 앵커멘트 후 "○○○기자의 보돕니다, ○○○기자가 취재했습니다."를 자연스럽게 처리하거나 "안녕하세요. 생방송 ○○○○의 서연미입니다."라고 이질감 없이 시작하면 마치 경력이 있는 것처럼 보일 수 있다. 건투를 빈다.

시험을 보러 가는 첫발부터 시험이다.

'○○○씨 어때?'
'○○○씨는 시험 때는 괜찮았는데, 화장실에서 말하는 거 보니 가관이더라?'

지나온 회사에는 아는 지인들이 생기기 마련이다. 그래서 시험 기간만 되면 연락이 온다. '이 수험자는 어때?' 물론 나도 시험을 치른지 오래되어 아는 수험자도 잘 없지만 그래도 한 다리만 걸치면 다 안다. 함께 방송하던 선후배 동료들이 지금은 아나운서 준비생들을 가르치는 학원 선생님이 되어 있기도 하고 직접 아는 동료들의 선후배이기도 하다. 그들을 거치면 웬만하면 안다. 사실 평판을 묻는다는 것은 그 사람이 합격권에 있다는 말이다. 그래서 주변인들이 전해주는 한 마디가 불합격권의 사람을 수직 상승시켜서 합격시키는 대단한 힘을 가질 수는 없지만, 합격 군에 있는 수험자라면 회사의 마지막 결정에 소소한 영향을 끼칠 수는 있다. 고로 세착살. 세상 착하게 살아야 한다는 거다.

이런 일도 있었다. 어느 방송국에 아나운서를 뽑는데, 시험을 아주 잘 본 수험자가 있었다. 그 수험자 아니면 다른 수험자로 합격시키는 것이 거의 결정이 난 상태였는데, 그 수험자는 화장실에서의 한마디로 떨어지고 말았다. 시험 복장에서 편한 옷으로 갈아입고 옷매무새를 가다듬으면서 같이 온 수험자들에게 시험을 잘 못 봤다면서 아주 신경질적이고 걸쭉한 말을 했는데 바로 거기에 시험장 중계를 하던 직원이 있었던 거다. 카메라테스트를 볼 때는 주조정실에서 거의 녹화를 해두기 때문에 꼭 심사위원이 아니더라도 다른 직원들도 참여하고 의견을 낸다. 아나운서 시험이기에 앞서 같이 일할 동료를 뽑는 과정이기 때문이다. 고로, 동료들의 한 마디는 역시 회사의 마지막 결정에 영향을 끼친다. 항상 말조심, 행동조심 해야 한다.

방송국은 사방에 눈과 귀가 있다. 시험을 보러 집을 나서는 순간부터 시험이 시작된다고 보면 된다.

구르는 돌에는 이끼가 끼지 않는다.

'너무 유난인가?' 싶을 정도로 아나운서가 되고도 시험을 계속 봤다. 이유
는 단순했다. 해보니 너무 좋고, 잘하고 싶고, 오래 하고 싶었다. 자리가 불안정
하니 계속 누리기 위해서는 선택의 여지가 없었기도 했다. 매일 같이 취업 정보
를 뒤지고 지원했다. 거의 거르지 않았다. 아나운서가 필요하다는 곳이면 지원
을 했다. 아직 개국도 하지 않은 지역 인터넷 방송사도 시험을 봤는데, 날 심사
하는 사람도, 같은 지원자들도 다들 하나같이 지금 회사가 더 좋은데 왜 온 거
냐며 의아해했다. 그래서 나중에는 현직임을 숨기고 시험을 보기도 했다. 너무
조급한 나머지 직종도 가리지 않았다. 방송기자도, 예능 PD도 지원했다.

합격한 시험보다 불합격한 시험이 곱절은 더 많았다. 물론 다니던 회사가 있었기에 좀 덜 절박해서 최선을 다하지 않았기 때문일 수도 있고, 나보다 더 잘하는 사람들이 있어서일 수도 있다. 같은 실력이지만 그 회사가 원하는 스타일이 아니어서였을 수도 있다. 하지만 거쳐온 모든 시험은 시험 요령을 쌓는데 엄청난 도움이 됐다. 내가 시험 전에 피해야 할 음식은 뭔지, 어떨 때 소리가 잘 나는지 혹은 안 나는지, 메이크업은 내가 하고 가는 것이 나은지 받고 가는 것이 나은지, 어떤 질문을 받았을 때 당황하는지, 어떻게 대답해야 내게 유리한 꼬리 질문으로 유도할 수 있는지, 어떤 머리를 해야 덜 신경이 쓰이는지, 아침 시험이 나은지, 오후 시험이 나은지 등등 말이다.

난 아침보다는 오후에 소리가 잘 나는 편이다. 공복이면 더 떨려서 소리가 안 나온다. 하지만 차갑거나 자극적인 음식은 안 된다. 너무 배가 부르게 먹어서도 안 된다. 그러면 깔끔한 소리가 나지 않는다. 목도 충분히 풀어야 한다. 지역에서 오랫동안 교통수단을 이용해 시험장에 가야 한다면 목 풀 공간이 마땅치 않으니, 그럴 땐 택시나 버스를 이용하기보다 시간 단위로 빌릴 수 있는 렌트카를 이용했다. 운전하면서 시험장에 가는 동안 눈치 볼 것 없이 맘껏 목을 풀수 있어서다. 카메라테스트 날은 주로 내가 분장을 한다. 깔끔하고 자연스럽고 실물이 예쁜 메이크업보다는, 평소 화면으로 봤을 때 잘 나오는 포인트 메이크업과 기교 없는 깔끔한 헤어를 하는 것이 낫기 때문이다.[8] 하지만 면접날은 다르다. 카메라가 아니고 심사위원이 실물을 가까이서 보고 오랜 시간 이야기를

---

8) 평소에 직접 하지 않는다면 오랜 기간 받아오면서 화면으로 같이 피드백하며 맞춰나간 분장팀에게 받는 것이 좋다.

나누는 날이니 전문가에게 맡기는 편이 좋다. 시험장에서 주변 사람들과 너무 많은 이야기를 나누는 것은 좋지 않다. 쉴 새 없는 카더라 얘기에 예민해지고, 피곤해지고 집중력도 흐트러진다. 시험장 대기시간에는 해당 방송국의 최신 콘텐츠 중에 놓친 것이 없는지 확인하고 그 화면 속에서 방송하는 내 모습을 계속 상상해본다.

최소 백 군데 시험을 보고 만들어진 내 시험 노하우다. 두 번째 직장인 목포MBC에 갈 때도, 세 번째인 제주MBC 시험을 칠 때도, 현직장인 CBS에 입사할 때도 요긴하게 쓰였다.

시도해보지도 않고는
누구도 자신이 얼마만큼 해낼 수 있는지 알지 못한다
_시리아 노예 출신 작가 푸블릴리우스 시루스

서른이었다. 정규직 아나운서 시험에 합격하기엔 늦은 나이라고 생각했다. 그래서 최대한 다니던 회사에서 정규직으로 전환되길 바랐다. 그러던 중 전 회사에서 같이 일하던 남자 아나운서가 CBS 채용 공고가 났으니 지원해보라고 했다. 너 기독교학과 출신 아니냐면서. 하지만 CBS는 2년 전 서류심사에서 날 매몰차게 떨어트린 전력이 있었다. 그때와 똑같은 경력에 나이만 두 살 더 많아졌는데 뽑을 리 있을까? 반신반의하며 '밑져야 본진이지 뭐' 하고 원서를 냈다.

아나운서 1차 서류에는 동영상 전형이 있었다. 지정된 원고를 읽는 거였는데, 종일 회사에서 일하고 찍을 수 있는 시간은 퇴근 후, 장소는 집밖에 없었다. 스튜디오가 있는 회사에서 몰래 찍으면 좋겠지만, 당시 MBC는 파업 기간이었기에 스튜디오 근처에 갈 기회도 없었다. 일과 시간에 제주 곳곳을 누비며 투쟁을 하고 결국 야심한 밤에 집에서 가장 조명이 좋은 화장실에서 휴대전화기를 수건 사이에 고정하고 원고를 읽었다. 방음이 안 돼서 옆집에 미안하고 창피했지만 어쩔 수 없었다. 그렇게 만들어 낸 서류로 1차에 합격했다.[9]

시험 첫 단계에서 카메라테스트를 보는 다른 방송국들과 달리 CBS는 서류 다음 평가가 필기시험이었다. 시사 상식과 논술, 작문 시험이었다. 준비할 수 있는 시간은 딱 일주일이었다. 공채 시험을 볼 거라곤 생각지도 못 했어서 조급해졌다. 당장 시중에 나와 있는 최신 시사 상식 책들을 주문했고 닥치는 대로 외우기 시작했다. 하지만 논술과 작문은 급하게 준비한다고 되는 것이 아니니 깨끗하게 포기했다. 대신 다른 성향 신문들의 최근 사설을 읽고 내 생각도 함께 정리해뒀다. 나름의 최선을 다하긴 했다.

필기시험 당일, 시험장에 도착해보니 아는 얼굴 반, 모르는 얼굴 반이었다. 아는 얼굴 대부분은 후배들이었다. 그래서 더 주눅이 들었다. 어떤 후배는 "와 선배 아직도 시험 보세요?"라고 말로 주먹을 날리기도 했다. 정말 눈대중으로 봐도 내가 제일 나이가 많은 것 같았다. 떨어지면 진짜 창피하겠다는 생각도 물씬 들었다. 다행히 시사 상식 문제와 종교 관련 문제가 몹시 어렵진 않았다. 관건은 논술과 작문이었다. 운 좋게도 선택해서 쓸 수 있는 문제들이 나왔고 특히 작문의 경우는 라디오 오프닝 쓰기 문제가 출제됐다. 당장 어제까지 라디오를 진행하고 온 내게 최고의 문제였다.

3차는 카메라테스트와 역량평가였다. 시험은 각각 다른 날 진행됐다. 카메라테스트는 뉴스 원고가 기본으로 나왔고 라디오 오프닝은 직접 작성해가야 했다. 보통의 카메라테스트와 다를 것 없이 진행됐는데, 마치고 나서 간단한

---

9) 2년 전에 불합격했던 이유는 토익점수를 내지 않았기 때문으로 추정된다. 2년 전과 비교해 달라진 것은 그것밖에 없었다.

질문들이 있었다. 그리고 나서 역량평가에 참석하라는 인사팀의 공지를 받았다. 공지 내용을 쭉 훑어보니 눈에 들어온 것이 바로 '자유 복장'이었다. 고민이 시작됐다. 자유 하자니 예의 없을 것 같고, 예의를 차리자니 공지를 지키지 않는 것 같고⋯. 고민 끝에 정장 바지에 흰 셔츠를 입기로 했다. 비행기를 타고 와야 했기에 짐을 잘 챙겨서 여행용 가방에 넣고 시험 전날 밤 서울에 왔다.

친구 집에서 하룻밤 신세를 지고 난 시험 당일 아침, 가방을 열어보니 시험 복장과 구두만 없었다. 잘 챙겨서 집에 놓고 온 거다. 어쩔 수 없이 청바지에 흰티, 신고 온 겨울 부츠를 신고 자유 복장이라는 공지사항을 매우 충실히 이행한 아주 자유로운 복장으로 시험에 임했다. 그래도 면접인데 청바지라니⋯. 부츠라니⋯. 그런데 시험장에 도착하고 더 좌절했다. 나를 제외한 모두가 카메라 테스트 날의 의상과 헤어 메이크업으로 풀 세팅하고 온 게 아닌가. 마음을 내려놓고 시험을 볼 수밖에 없었다. 다행히도 수험번호가 시험 첫 조에 해당할 만큼 앞 번호였기에 준비가 잘 된 다른 지원자들과 비교되기 전에 일찍 면접을 볼 수 있었다. 역량평가는 꽤 긴 시간 면접 형태로 진행이 됐다. 사실 그때 가장 우려했던 부분이 전공 관련 질문이었다. 그래서 준비를 많이 해두기는 했다. 당시 교계 이슈 질문을 대비한 공부를 해뒀는데, 아니나 다를까 첫 번째로 받은 질문이 목회 세습 관련 질문이었다. 평소 생각을 정리해뒀던 터라 무리 없이 대답할 수 있었다. 역량평가가 끝난 지원자들은 스튜디오로 이동해 간단한 녹음을 했는데 성경 구절 한 절을 읽는 거였다. 부담 없이 진행하던 중 그 과정을 맡았던 선배가 기습 질문[10]을 했는데 돌아보면 입사시험 전 과정 중 가장 당황했던

---

10) 성경에 보면 절기가 나오는데, 지금은 어떤 절기에 해당하느냐는 문제였다.

순간이었고, 어려운 문제였다.

최종면접을 앞두게 됐다. 여기까지 와버리니 많은 생각이 스쳐 지나갔다. 정신없이 치러온 긴 전형과정 동안 '내가 합격하는 게 가능할까?', '내게도 그런 행운이 찾아올까?' 수도 없이 의심했다. 심한 가면 증후군이던 나는 지금껏 합격했던 곳들도 다른 지원자들보다 실력이 좋아서라기보다는 운이 좋았기 때문이라고 생각해왔기에 더 이상의 기회는 어렵겠다고 생각했다. 그래서 막상 마지막 단계까지 닿으니 간절하기보다 '이 정도면 됐다'라는 생각이 들었다. 그렇게 생각해야 할 것 같았다.

아나운서 첫 시험에서 입었던 검은 투피스 정장을 입고 시험 4시간 전에 근처 커피숍에 도착했다. 면접 준비용 질문이 가득한 노트를 폈다가 덮었다. 그리곤 눈을 감았다. 내 일에 대해 회상했다. 왜 나는 이 일을 이토록 오래 하고 싶었을까, 뭐가 그렇게 좋아서 여기까지 숨도 안 쉬고 달려왔을까? 스스로 묻고 답했다. 그리곤 여기서 떨어진다 해도 돌아갈 곳이 있으니, 난 이제 최선을 다했으니 너무 낙심하지 말자고도 미리 위로했다. '서른' 넘은 '여자' 아나운서를 정규직으로 뽑을 리 없다는 확신을 가진 채로.

2017년 12월 29일 금요일,
CBS는 '서른' 넘은 '여자' 아나운서의 이름을 합격자 명단에 넣어 발표했다.

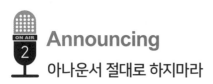

Announcing
아나운서 절대로 하지마라

끝날 때까지 끝난 게 아니다

"요즘 누가 아나운서를 써?"

많이들 하는 말이다. 앵무새라고 폄하하는 동료들도 있다. 보고 읽는 것 정도는 이제 아나운서가 아니어도, 사람이 아니어도 가능하다며 AI가 대체할 직업군에 아나운서도 슬쩍 이름을 올려 말하기도 한다. 실제로 뉴스는 지금도 AI가 읽어주기도 한다. 예전에는 '에이 기계가 어떻게 사람을 대체하나, 읽을 수 있다 한들 부자연스러워서 전달성이 많이 떨어질 거다.'라며 무시했지만, AI의 리딩 능력이 날이 갈수록 정말 무섭도록 좋아지고 있다.

방송 진행자의 진입장벽도 많이 무너졌다. TV나 라디오 같은 기성 미디어 시대에서는 진행자 풀이 방송사 공채 시험 합격자들이나 이미 유명한 연예인들로 한정돼 있었다. 그래서 진행자들이 콧대 높게 행동할 수 있었으나, 이젠 아니다. 팟캐스트나 유튜브 같은 뉴 미디어이자 개인 미디어가 많아지면서 제작능력은 물론이고 진행능력까지 갖춘, 인기도 더 많은 크리에이터들이 콘텐츠로 인정받고 방송에 진출하고 있다. 우리끼리의 경쟁이 무의미해진 시대라는 거다. 실력, 능력이 없으면 제아무리 방송국 직원이라도, 예산을 아낄 수 있어도 외면받는 시대가 됐다는 거다.

새로운 미디어 시대에 철옹성 같던 대형 방송국들의 사정도 많이 어려워졌다. 얼마 전 KBS는 앞으로 4년 동안 직원 1,000명을 감축하겠다고 발표하기도 했다.[11] 명실상부 우리나라의 대표 공영방송으로 광고수입 외에도 수신료까지 받는 회사인데도 적자가 어마어마하다는 거다.[12] 간단하게 광고가 많이 줄었기 때문이다. 종편이 생기기 전이나 뉴미디어가 이렇게까지 자리를 잡기 전에야 몇몇 대형 방송국들이 광고 독과점을 하고 있었겠지만 이젠 나눠 먹을 파이가 너무 잘게 다져져 버린 탓이다. 다채널 다매체 시대는 광고주에게도 수많은 선택지와 낮은 단가라는 아주 매력적인 보기들을 가져다줬다. 이런 상황변화로 인해 수신료를 추가로 따박 따박 받는 대형 방송국도 구조조정을 논해야 할 만큼 적자가 심해졌고 광고수익만으로 운영되는 다른 방송국은 통폐합 카드를 꺼내기도, 폐업[13]을 하기도 하는 실정이다. 파이가 잘게 다져지는 동안 기존 방송국들은 왜 자신의 파이를 지키지 못했을까.

---

11) 손가영, "'위기극복' KBS '미래발전노사공동위' 구성", 미디어오늘, 2020.08.02, http://www.mediatoday.co.kr/news/articleView.html?idxno=208517
12) KBS 1TV는 광고를 하지 않는다.
13) 이한승 "방통위 '경기방송 30일부터 방송 중단'", 연합뉴스, 2020.03.26, https://www.yna.co.kr/view/AKR20200326142500017?input=1195m

예전에야 방송국이 얼마 없어서 시청자가 볼 수 있는 채널이나 프로그램도 몇 개 없었다. 시청자의 선택은 제한적이었고 철저히 수동적이었다. 그래서 큰 방송사에서 만드는 프로그램들은 그 자체로 힘이 있었고, 그곳에서 프로그램을 만드는 방송국 직원들은 그런 구조에 익숙해져 갔다. 아마 감히 누가 우릴 대체하냐며 갓 태어난 종편이나 뉴 미디어를, 그곳의 종사자들을 견제할 필요도 느끼지 못했을 거다. 안일했을 거다. 그러는 동안 미디어 환경은 하루가 멀다 하고 변했고, 변화에 예민한 미디어 이용자들은 배급받던 콘텐츠를 거부하고 원하는 콘텐츠를 위해 기꺼이 돈을 낼 의사를 가진 '소비자'로 변모해갔다.

소비자들은 돈보다 시간이 더 중요하다. 여태껏 공짜 시 청취의 대가로 치러왔던 수용자의 시간, 광고를 내 돈으로 거부하겠다는 소비자가 늘고 있다. 방송국이 정한 편성 시간에 맞춰서 보고 들어야 한다는 강요도 이들에게 더는 통하지 않는다. 내가 보고 싶은 시간에 언제든 볼 수 있도록 편의를 제공하는 서비스에 돈을 기꺼이 지불하고 있다. 또 이 콘텐츠가 어느 방송국 출신인지도 중요치 않아졌다. 그저 우리는 잘 만드는 곳에 돈을 낼 테니 더 좋은 콘텐츠를 아무 때나 볼 수 있게 내놓으라는 적극적이고 능동적인 요구가 시작된 거다.

결국 방송국도 위기를 느끼고 이런 움직임에 맞춰나가고 있다. 뉴 미디어에서 유명한 인사들을 자사 프로그램에 출연시키기도 하고, 명절에 파일럿 프로그램 형식으로 1,2회 시도해보고 정규 프로그램으로 편성하던 방식에서 시기나 횟수에 대한 제약 없이 뉴 미디어 매체를 이용해 콘텐츠를 만들어 반응을 보고 정규 프로그램에 편성하기도 한다. 방송국 안에 자회사를 만들어 뉴미디어 전담팀을 운영하는 곳들도 다수 있다. 이렇게 방송국은 살아남으려는 몸부림을 치고 있다.

다시 돌아가서, 모두가 새로움을 추구하고 좋은 콘텐츠를 적극적으로 요구하는 시대에, 방송국 직원으로서의 아나운서는 어떻게 살아남을 수 있을까? 정규직이라는 보호막이 있으니 해오던 대로 '잘 읽기'만 한다면 될 일일까? 그러다 나보다 더 잘 읽는 AI가 내 인건비보다 싼값에 세상에 나왔을 때, 내가 아나운서 자리를 유지해야 하는 이유에 대해 인정, 감정에 호소가 아닌 어떤 능력을 자신 있게 들이밀어 호소할 수 있을 것인가? 나는 자생할 수 있을 것인가?

아나운서 직종이 살아남을 수 있을까?

꽃 같은 아나운서

사실은 위와 같은 고민을 한다는 것 자체가 행운이다. 정규직 아나운서는 어쨌든 방송국과 노조라는 온실의 보호를 받으며 '어떤 아나운서'가 될 건지 고민할 여유라도 있기 때문이다. 하지만 정규직이 아니라면 '어떤 아나운서'는 차치하고, 아나운서 '일'을 유지하기 위해 사활을 걸어야 한다.

비정규직 아나운서는 주로 방송국의 장식용 꽃처럼 여겨진다. 봉우리 맺혀 활짝 피어나는 그 순간 사람들은 예쁘다며 잘 피어나고 있다며 대우해주고 환호하지만, 시간이 지나면 질린다는 이유로 교체된다. 비정규직, 여성, 아나운서라는 이유로 말이다.

우리나라 몇 개 방송국[14]을 제외하고는 여자 아나운서를 정규직으로 뽑는 곳은 거의 없다.[15] 본사 아나운서[16]들을 제외하고는 통상적으로 2년 계약직

---

14) 몇몇 지역 MBC들이 파업 끝나고 여자 아나운서를 정규직으로 채용했지만, 그 수는 손에 꼽는다.

15) 2019년에 대전 MBC 유지은 아나운서는 국가 인권위원회에 대전 MBC가 채용 단계에서부터 성차별을 하고 있다며 진정을 제기했다. 1년 정도 지난 2020년 6월 17일 인권위는 유지은 대전MBC 아나운서가 제기한 진정에 대해 실제 채용 성차별이 있었다고 판단했다. 인권위는 채용 성차별로 피해를 본 유지은 아나운서 등을 정규직으로 전환해 채용하고 업

아니면 프리랜서로 고용한다. 난 짧은 아나운서 생활 동안이었지만 두 가지 비정규직 생활과 정규직 생활을 모두 겪어봤다.

　　처음엔 프리랜서로 일을 시작했다. 프리랜서는 방송 건 별로 계산해 '주급[17]'을 받는 것이 일반적이다. 일을 더 할수록 많이 받는 체제이지만, 다르게 말하면 일이 없어지면 아예 돈을 받지 못하는 체제이기도 하다. 담당 뉴스 시간에 국가 행사나 올림픽, 스포츠 경기, 재난 방송이 편성되면 길게는 짧게는 며칠부터 길게는 몇 주 동안 일이 없어진다. 연고가 있는 지역에서 일하고 있다 해도 문제지만, 적지 않은 금액의 집세를 내는 상황이라면 타격이 크다. 미리 알 수 있다면 휴가라도 다녀오겠지만 미리 알 수 없으니 그저 내일 방송 여부에 대한 통보가 오기 전까지는 얌전히 집에서 기다리는 수밖에 없다. 휴가 얘기를 했으니 사족을 붙이자면, 프리랜서는 휴가도 보장을 받지 못한다. 감히(?!) 휴가를 가겠다고 말하면 아주 높은 확률로 이런 대답이 돌아온다.

　　"프리랜서가 휴가가 어딨어!"

무상 불이익을 준 것에 대해 위로금 500만 원을 지급하라고 권고했다. 또한 대전MBC와 MBC에게 재발방지 대책을 마련할 것을 권고했다. 이후 MBC 대주주인 방송문화진흥회 김상균 이사장은 이사회에서 이 사안을 다루며 만장일치로 권고결정을 수용해야 한다고 입장을 모았다. 그러면서 대전 MBC와 MBC는 다음 이사회까지 매듭짓고 보고하라고 주문했지만, MBC 경영진은 이날 보고에서 인권위 권고를 받아들일 경우, 유지는 아나운서와 유사한 채용형태에 있는 아나운서 10명의 '줄소송'으로 이어질 수 있다는 점을 지역MBC측에서 경계하고 있다고 전했다. 한편 대전 MBC는 일관되게 유 아나운서의 정규직 임용 관련해서는 "순응하기 어렵다"며 "무기계약직 전환도 어려울 것 같다"고 말했다. 위로금 500만 원 지급 판결과 관련해 "특별한 계획은 없다"고 한다.(김혜인기자, 미디어스, 2020. 7. 10. 기사, http://www.mediaus.co.kr/news/articleView.html?idxno=187722)

16) MBC는 2016년과 2017년, 본사 아나운서들을 1년 계약직으로 뽑았다. 결국 계약직 아나운서들은 2018년 특별채용된 1명을 제외하고 계약해지 당했는데, 서울지방노동위원회와 중앙노동위원회에 부당해고 구제신청을 내 승소했다. 이에 불복한 MBC가 서울 행정법원에 중앙노동위원회를 상대로 부당해고 구제 재심판정을 취소하라는 취지로 소송을 했는데, 원고 패소했다. MBC 박성제 사장은 올해 3월 11일, 임원 회의에서 계약직 아나운서들을 정규직으로 전환하기로 하고 당사자들에게 통보하면서 이 싸움이 끝났다.

17) 평일 일주일을 기준으로 TV 뉴스 1회 책정가 n만원*5회 + 편성 프로그램 1회 책정가 n만원*5회 + 라디오 뉴스 1회 책정가 n만원*5회 등 이런 식으로 주급이 책정된다.

그나마 나는 대우받는(?!) 프리랜서로 일을 시작했다. 기본급이 있었고 거기에 뉴스 횟수별로 돈을 얹어 받는 형식이어서 뉴스 편성이 취소돼도 일반적인 프리랜서들과 비교해서는 피해를 덜 보는 편이었다.[18]

하지만 프리랜서의 가장 큰 약점은 불안정성이다. 프리랜서는 매년 갱신 계약서 시즌이 오면 바들바들 떨어야 한다. 근로자가 아니라 프리랜서이기 때문에 2년을 넘겨도 정규직으로 전환해야 하는 노동법 영향을 받지 않지만, 2년이 되기 전에 잘릴 수도 있다는 아주 무서운 약점을 가지고 있다. 나는 2년마다 앵커를 바꿨던 A사에서 3번째 근로계약서에 운 좋게 도장을 찍으며 내년은 기약할 수 없다는 이야기를 들었다. 그리곤 마지막 계약일 수도 있다는 그 두려움에 못 이겨 B사 아나운서 시험을 쳤고, 자리를 옮겼다.

B사에서는 일반 프리랜서였다.[19] 근데 주급이 아닌 첫 월급을 받아보고 좀 의아했다. 그곳에 나 말고 일반 프리랜서 아나운서 동료가 두 명이 더 있었는데, 우리 셋이 방송 개수와 상관없이 똑같은 월급을 받고 있었기 때문이다. 확인해보니 프리랜서로 채용했지만, 편의상 계약직 월급을 주고 있던 거였다. 이를 바로잡고자 하니 이윽고 우리의 임금 테이블이 작성됐다. 당시 내가 맡고 있던 방송 개수가 제일 많았는데, 그래서인지 내 프로그램들의 단가가 가장 낮게 책정돼 있었고, 라디오뉴스에서는 하차하게 됐다.[20]

---

18) 그래서 정규직 아나운서들이 해야 하는 아침 7시 라디오 뉴스는 돈 안 받고 서비스로 해드렸다.
19) 계약서는 쓰지 않았다.
20) 프리랜서들에게 줄 수 있는 제작비 총액이 있는데, 그 금액을 넘지 않게 너희 셋이 골고루 가져가야 하기 때문이라는 전언이 있었다. 한 사람이 너무 많이 가져가지 않게 금액을 조정해야 한다는 말까지 붙여서.

C사는 2년 계약직이었다. 그것도 '정규직 전환심사'가 채용 공고에 명시된 곳이었다. 임금도 계약직이지만 정규직 호봉과 같았고, 매년 오를 거라고 했다. 그래 봤자 2년이지만 말이다. 그래도 처음으로 4대 보험도 들고 노조에도 가입할 수 있어서인지, 소속감이 남달랐다. 하지만 불안함은 가시지 않았다. 들어보니 전임 아나운서도 업무 수행에 아무런 문제가 없었지만, 전환심사에 탈락해서 프리랜서 생활을 꽤 하다가 퇴사했다는 거다. 남의 일처럼 느껴지지 않았다.

게다가 노조에 가입되어 있던 2017년은 파업의 해였다. 노조 선배들이 걱정했다. 전환심사 앞두고 괜히 찍혀서 불이익당하면 어떡하냐, 우리는 괜찮으니 네 마음이 편치 않다면 파업에 합류하지 않아도 된다는 거였다. 하지만 내 자리 하나 건사하자고 몸 사리고 싶지 않았다. 다행히도 파업의 결과가 좋았다. 이제 회사가 정상화됐으니, 부당 해고되고 부당 전보됐던 직원들이 돌아오게 되었으니 내 신분도 보장되지 않을까 하고 살짝 기대했다. 하지만 누군가를 통해 들려온 한 선배의 뒤통수는 지금까지 날 부들거리게 한다.

"연미 전환심사? 그거 내가 심사하는 거야~ 쉽지 않을걸?"

이런 꽃 같은 아나운서. 그해 종무식 날 나는 세 번째 회사에 사표를 던졌다.

비정규직이 감내해야 하는 방송국 사정

지역 방송국은 분장과 의상 지원이 안 되는 곳이 허다하다. 매일 방송을 해야 하는데 말이다. 정규직 아나운서는 분장비라도 따로 나오지만, 프리랜서 아나운서에게는 그것도 없다. 분장의 경우에는 내가 좀 귀찮으면 될 부분이긴 했지만, 의상 문제를 혼자 담당하는 건 정말이지 부담스러웠다. 회사에 의상 문제를 제기하면 "왜 이렇게 유난이냐, 보는 사람도 없다. 대충 입어라."는 말을 정말 어느 회사든지 똑같이 했다. 잘 해보고 싶다는 의지와 노력을 '유난', '굳이?'로 받아들이는 것에 더는 기대하지 않게 됐다.

내가 방법을 찾아야 했다. 지금은 뉴스를 진행할 때 셔츠만 입고 진행하거나 원피스만 입는 경우도 많지만 그렇게 된 지 얼마 안 됐다. 으레 뉴스앵커라면 정장 재킷을 입어야 했다. 특히 여자 아나운서들은 '시중에서 저런 걸 입는 사람이 있나?' 할 정도로 오색 빛의 재킷을 입는 경우가 많다. 그 말인즉, 생산되는 옷이긴 하지만 내가 일반인이라면 사지는 않을 것 같은 옷이란 소리다. 여기서 힌트를 얻었다. 이월상품을 뒤졌다. 소셜커머스에 주기적으로 여성 브랜드

세일 상품들이 올라오는데, 잘 보면 색색의 재킷을 2만 원도 안 되는 가격에 '겟' 할 수 있었다. 최저가로는 9천 원에도 산 적이 있었던 것 같다. 그렇게 산 옷을 조금만 손보면 그럴듯했다. 뉴스앵커는 샷이 거의 고정되어 있다. 정면 샷과 측면 샷 정도다. 이 점을 인지하고 리폼을 하면 된다. 인터넷에서 어깨 패드를 사서 살짝 바느질하고, 약간 큼직한 소매와 허리도 잡아서 옷핀이나 바느질해두면 방송 맞춤형 옷이 완성된다. 누가 보면 구질구질해 보인다 할 수 있겠지만 나름 저렴하고 효율적으로 의상을 준비했던 나만의 만족스러운 비법이었다.

문제는 매거진 프로그램이었다. 뉴스를 진행할 때보다 샷이 다양하고 자유롭기에 더 난감했다. 그래서 품질보다는 다른 모양과 색깔에 집중하며 저렴한 방송용 옷들을 사들였는데, 그 양을 체감했던 건 이직할 때였다. 제주도 생활을 청산하면서 버리기 아까운 것들을 고르고 골라 아름다운 가게에 갖다 준 방송용 의상이 무려 86벌이었다.

반대로 의상만 지원이 되는 회사도 있었는데, 그렇다고 모든 고충이 사라지는 것은 아니다. 방송국에서는 방송할 때 대부분 협찬 옷을 착용한다.

그런 경우 코디가 의상 대여 샵에서 빌려오는 때도 있지만, 백화점이나 매장에서 아직 판매하지 않은 옷을 잠시 방송 때만 착용하고 사진을 찍고 돌려주는 때도 있다. 그런 경우 새 옷이기 때문에 더 조심히 착용해야 한다. 만약 오염이 된다면 구매를 해야 하기 때문이다.

하루는 이런 일도 있었다. 여름이었다. 물놀이 공간을 잘 마련해 둔 지자체에서 야외 생방송을 진행하게 됐는데, 볕이 뜨거웠다. 이럴 것을 예견한 나는 이래저래 편할 것 같아 개인 옷을 착용했는데 남자 아나운서는 협찬 옷을 가져왔다. 하늘색 셔츠였다. 괜히 불길한 예감이 들었다. 아니나 다를까. 생방송이 시작되고 시간이 흐를수록 남자 아나운서의 하늘색 셔츠가 서서히 짙은 파란색으로 물들어가기 시작했다. 이윽고 방송을 마쳤을 땐 완벽한 청색 셔츠가 되어 있었다. 의도치 않게, 원치 않는 옷을 사야 하는 상황에 놓이기도 한다. 의상도 나름대로 방송을 빛나게 하는 소품인데, 책임은 온전히 아나운서의 몫이었다.

긴장의 연속

아주 개운하게 자고 일어난 것이 왠지 섬뜩하다. 시계를 확인해보니 방송이 5분밖에 안 남았다. 회사 가까이 살긴 했지만, 말도 안 되게 4분 만에 도착했다. 무려 1분이 남았다. 스튜디오를 향해 뛰는데, 마지막 딱 한걸음, 갑자기 다리가 움직여지질 않는다. 그렇게 속절없이 1분이 흐르는 걸 보고만 있었다. 5초, 4초, 3초, 2초....1초. ON AIR!

같은 꿈을 8년째 꾸고 있다.

새벽 4시에 일어나야 하는 방송을 몇 년 동안 진행할 때는 깊게 잠을 잔 적이 단 하루도 없다. 새벽에 몇 번을 소스라치게 놀라며 깼다. 한 번은 이런 적도 있었다. 알람이 세차게 울리길래 눈도 못 뜨고 일어나서 씻고 얼굴에 파운데이션을 바르기 시작했다. 간밤에 어떤 사건 사고가 있었는지 볼 겸, TV를 켜고 보도 채널을 틀었는데, 늘 보던 앵커가 아니었다. 이상하지만 개편이 있어서 그런가 보다 생각하고 그제야 시계를 봤다. 새벽 1시였다. 정말 무서웠다. 내가 들은 그 알람 소리의 정체는 무엇인가. 그대로 다시 잠들었다.

　실제로 늦게 일어난 적도 있다. 분명 밖이 어두워야 할 기상 시간인데 유난히 밝았고, 유난히 개운했다. 불안함이 엄습해 휴대폰을 열었지만 꺼져있었고, TV를 틀어보니 내가 곧 받아서 진행해야 할 본사 뉴스가 진행 중이었으며 오른쪽 상단에 나온 시간은 "앞으로 방송까지 정확히 20분 남았다."라는 사실을 알려줬다. 문제는 10분 남은 라디오 뉴스였다. 휴대폰을 켜면서 집을 뛰쳐나오니 부재중 통화가 30통은 넘게 와있었다. 보도국 선배에게는 원고를, 분장실에는 메이크업 도구와 자켓을 스튜디오에 갖다 달라고 부탁하고 라디오 뉴스 2분 전에 부스에 도착했다. 공기 반 소리 반 라디오 뉴스를 진행하고 무위의 상태로 TV 스튜디오 데스크에 앉았다. 핏기 하나 없는 맨얼굴로 시청자와 인사했고 리포트 하나에 눈썹을, 리포트 하나에 속눈썹을 추가하며 이윽고 뉴스를 마칠 때가 돼서야 방송용 얼굴이 완성(?!)됐다. 처음이자 마지막이었던 그날의 아찔한 기억은 악몽이 되어 이직도 날 괴롭히고 있다.

　새벽방송만 벗어나면 긴장의 끈을 좀 놓을 수 있을까 했는데 오산이었다. 하루에 라디오 뉴스가 서너 개밖에 없는 지역사와 달리 본사 라디오 뉴스는 매 정시에 있다. 담당 시간이라면 잘 잊지 않지만, 누군가가 휴가를 가서 배당이 추가로 될 때는 정말 깜빡할 때가 있다. 그래서 정시에 선배들이나 부장님께 전화가 오면 마음에 큰 돌이 쿵 하고 떨어진다. 뉴스를 깜빡하게 돼 전화를 받고 경위서를 쓰면 정말이지 수명이 3년은 준 것 같은 기분이다. 한동안은 뉴스를 하러 가서도 바들바들 떨게 되고, 전화벨 소리만 들어도 화들짝 놀란다.

순전한 내 실수로 일어나는 사고의 위험은 이 정도지만, 의도와 상관없이 놓이게 되는 아찔한 상황도 있다. 녹음이 우거진 어느 여름날, 신안군청 앞에서 특집 뉴스데스크를 진행했을 때였던 것 같다. 화려한 조명이 나를 비추는 동시에 수많은 날벌레도 날 조명했다. 그 덕에 뉴스를 하는 동안 작고 잦은 단백질 섭취(?!)도 하게 되었다. 예상 못 한 바는 아니었다. 기도했다. 먹게 돼도 좋으니 목에 걸리지만 않게 해달라고. 근데 문제는 다른 곳에서 터졌다. 스탠바이를 하는 동안 온몸이 따끔거렸는데, 나만 그런 건가 싶었다. 다른 스태프들은 미동도 안 하기에 나만 이상한가 했다. 야외 생방송이라 프롬프터 없이 앵커멘트를 외워서 진행해야 해서 그날은 평소보다 더 집중해야 했는데, 고통의 범위가 더 확대되고 점점 심해져서 정말 힘들게 방송을 마쳤다. 그렇게 끝나고 같이 방송한 남자 아나운서에게 혹시 몸이 따끔거리지 않았냐고 물어보니 그제야 아 그거 깔따구라는 벌렌데, 모기보다는 작지만 여기저기 많이 문다고 답해줬다. 그렇게 나는 그날 난생처음 깔따구라는 벌레를 알게 됐다. 대자연 속에서 방송을 진행해야 할 때는 벌레 기피제를 꼭 챙겨야 한다는 사실도.

바람이 많이 부는 날엔 원고가 다 하늘로 날아가 버리기도 한다. 겨울 축제 현장에 생방송을 하러 가서는 대기하는 동안 입이 얼어서 발음이 안 되기도, 손이 얼어서 원고를 넘기지 못하기도 한다. 아주 가끔은 상대 MC가 자신에게 할당된 멘트를 잊어버리고 도움을 원하는 눈길로 나를 쳐다봐 버릴 때도 있다. 아나운서는 이렇게 늘 긴장 속에 놓여있고 긴장해야만 한다.

아프지 않아야 하는 직업

입사 이후에 '감기에 걸리는 건 직무유기다'라는 말을 많이 듣는다. 다른 업무라면 아파도 '할 수'는 있지만, 아나운서는 목소리가 안 나오면 할 수 있는 것이 없어지기 때문이다. 결국, 다른 동료에게 내 일까지 떠맡기게 돼 민폐를 끼칠 수밖에 없다. 업무도 업무지만 행여나 감기를 옮기기만 해도 대역죄를 저지르는 것이기에 참 여러모로 민폐가 된다.

TV 방송을 매일 해야 하는 상황이라면 더 많은 위험변수가 있다. 매일 아침 남자 MC와 서서 진행하는 매거진 프로그램을 진행할 때였는데, 주말에 인대가 끊어져 깁스해야 하는 상황이 있었다. 다행히 반깁스여서 방송 전에 잠깐 풀었다가 끝나면 다시 묶을 수 있었는데, 문제는 함께 진행하는 남자 MC가 키가 너무 커서 구두를 신지 않을 수가 없는 상황이었다. 안 그래도 성치 않은 발목이고 풀지 말라는 깁스도 풀어헤쳤는데 거기에 높은 구두를 한 시간씩 신어야 했다. 아마 이때 제대로 관리를 못 한 탓인지 아직도 발목이 시리다.

또 이런 일도 있었다. 일 끝나고 회사 선배들과 저녁을 먹으러 갔는데 노가리를 잘근 잘근 씹어 먹다가 뚝 하는 소리가 났다. 앞니가 부러진 것이다. 모두가 당황했다. 당장 몇 시간 후 생방송인데 이를 어쩌지 하면서. 늦은 밤이었기에 방법은 없었고 그냥 아침 방송은 최대한 웃지 않고 진행했다. 아주 소극적으로 발음하면서 필사적으로 앞니를 가렸다.

조금 아니 많이 부끄러운 이야기지만 더 황당한 일도 있었다. 비가 부슬부슬 내리는 밤에 혼자 떡볶이를 먹겠다고 시켜서 상을 차려놓고 나무젓가락을 뜯었다. 눈앞에서 예쁘게 반으로 잘 갈라보겠다고 너무 집중한 바람에 한쪽 젓가락이 뜯기면서 내 각막을 튕기고 나갔다. 눈이 너무 시리고 눈물이 줄줄 났다. 하지만 이제 먹기 시작해야 할 떡볶이를 놓고 병원에 갈 수는 없으니 일단 시린 눈을 진정시키려 불을 끄고 눈을 감고 먹었다. 그러다 도저히 눈물이 멈추지 않아서 대학병원에 갔는데 각막이 찢어졌다고 했다. 당장 몇 시간 후 TV 뉴스가 있는데, 조명 쐬고 프롬프터도 봐야 하는데 어떻게 해야 하냐고 의사 선생님께 호들갑을 떨었는데, 그때 날 한심하게 쳐다보던 그 눈빛이 잊히지 않는다. 그러게 그걸 왜 눈앞에서 뜯었을까. 내가 별의별 경우를 다 겪은 것 같기는 하지만 항시 이런 위험(?!)들이 도사리고 있다. 그러니 자나 깨나 몸조심, 감기 조심해야 민폐 동료가 되는 길을 가지 않을 수 있다. 아! 보호 렌즈를 끼고 다음 날 방송은 무사히 진행했다.

가끔은 몸이 아니라 마음이 아플 때도 있다. 이 아픔은 남에게 민폐를 끼치는 건 아니지만 날 갉아먹는다. 무표정으로 감정을 배제하고 진행하는 뉴스가 아니고서야 방송이 시작되면 기분과 상관없이 웃는 얼굴과 목소리로 임해야 한다. 아무리 감추려 해도 간혹 귀가 예민한 청취자들은 '오늘따라 목소리가 슬프게 들린다.'라는 적중률 높은 문자를 보내기도 한다. 그럼 스스로 프로답지 못했다는 반성을 하게 된다. 이걸 들키냐면서. 동시에 내 감정을 뒤로하고 또 다른 자아가 되어 청취자들의 사연을 소개하고 공감하는 것이 참 어렵다는 생각도 하게 된다. 당장 쫓기는 스케줄에 내 감정을 충분히 돌보지 못하고 배제하고 뒷전에 두다 보면 되레 나와의 관계가 소원해지고 어색해지는 시기가 오기도 한다. 100% 일치하지는 않겠지만, 작품 속의 인물로 살아가다가 연극이 끝나고 난 후 진짜 나로 돌아왔을 때 겪게 된다는 배우들의 허무함과 비슷하다고 볼 수 있을까.

잠시 앓고 지나가는 감기는 시간이 지나면 나아지지만, 마음의 병은 중병이 된다. 당장에 드는 약도 없다. 잠시 쉬면서 돌보고 싶어도 직장인이니까 맡은 프로그램을 내려놓지 않는 이상 불가하다. 다시 맡지 못할 수도 있으니 쉬이 내려놓을 수도 없다. '참 유난이다. 별것이 다 아플 일이다. 이 일은 원래 그런 거다.' 얘기 들을까 봐 이러지도 저러지도 못하지만, 몸도 마음도 아프지 않아야 하는, 아프더라도 숨기고 숨겨야 하는 직업, 아나운서다.

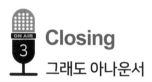

Closing
3
그래도 아나운서

내 이름이 빛나는 일

'언니가 제 이름을 불러주는데 너무 어색해서 눈물이 다 나더라고요. 저도 한때는 아나운서를 준비했었는데, 사랑하는 사람을 만나서 결혼하고 아이를 낳고 살다 보니 한동안 제 이름을 잊었었거든요. 고마워요.'

여느 때와 같이 방송을 하고 잠시 쉬는 동안 SNS를 켰다. 모르는 사람에게 메시지가 와 있기에 눌러봤더니 이런 내용이 담겨 있었다. 이렇게 사연을 소개할 때 이름을 부르며 소개를 하면, 이름을 불러줬다는 거 하나로 이렇게나 감동했다는 분들이 꽤 있다. 한동안 누구 엄마, 김 차장처럼 역할이나 직책으로만 불리다가 너무 오랜만에 누군가 내 이름 석 자를 부르는 것을 들었다면서 말이다. 그 얘기를 듣고 더 열심히 이름을 불러 드려야겠다는 생각을 했다.

반성도 했다. 아나운서로 일하는 동안 하루에도 수십 번씩 내 이름을

말하고 다른 사람들에게 내 이름이 불려서, 내가 나로 사는 것이 너무 당연해서, 모두가 그런 삶을 살고 있을 거라고 생각했기 때문이다. 마이크 앞에 앉아서 이름을 잊고 살아가는 많은 청취자에게 이름을 찾아줄 수 있는, 불러줄 수 있는 권한을 가지고 있다는 것이 얼마나 중요한 건지, 얼마나 감사할 건지 모르고 있었기 때문이다.

　내 이름과 얼굴을 내건 프로그램을 매일 진행하고, 청취자들이 내 이름을 불러주며, 뉴스를 마칠 때는 꼭 내 이름으로 마무리하는 생활. 물론 이름을 걸고 하는 일이니 그만큼의 책임도 져야하지만, 져야 할 책임이 있는 사람이라는 것은 이 조직에 꼭 필요한 사람이라는 것을 방증하기에 이 직업이 참 좋다. 내가 나여서 좋고, 나를 위해 일하는 행복한 직업, 아나운서다.

늘 새로워, 짜릿해!

똑같은 일을 매일 반복하다 보면 매너리즘이 찾아오기 마련이다. 아나운서도 매일 같은 시간 같은 프로그램을 진행하니 매너리즘에 빠지는 것에서 자유롭지 못할 거라 생각했다. 하지만, 해보니 절대 그렇지 않다. 시간만 같을 뿐 늘 새로운 일을 하기 때문이다.

사람은 늘 해야 할 일이 있어야 한다. 더 잠을 잘 필요가 있거나, 놀 필요가 있거나, 맛있는 걸 먹을 필요가 있거나, 공부할 필요가 있어야 삶에 생기를 유지할 수 있다. 아무런 할 일이 없는 상태에 오래 놓이게 되면 무기력해지기 마련이기 때문이다. 그래서 난 결핍의 상태를 즐기고 모든 것이 만족스러운 상태보다 부족한 상태에서 그것을 채우려 노력할 때 희열을 느낀다.

방송은 늘 날 결핍의 상태에 놓이게 한다. 동시에, 시간이 지나면 이 결핍이 채워질 것이라는 확신도 준다. 처음에 익숙하지 않은 포맷과 내용의 방송이 맡겨지면 두려움과 불확실성을 가득 안고 시작하지만, 시간이 지나면 그 두려움이 익숙함으로 변하리라는 것을, 눈 깜짝할 새 성장해 있으리라는 것을 알고 있다. 방송은 내게 오래 만족할 시간을, 무기력할 겨를을 주지 않는다.

일주일에 책 세 권씩을 읽어가며 저자 인터뷰를 해야 할 때가 그랬고, 가수의 이름과 곡목도 유창하게 읽는 것조차 못하는 내게 재즈 프로그램 구성과 진행이 맡겨졌을 때가 그랬다. 내용과 흐름을 따라가는 것도 벅찬 내게 시사프로그램을 진행하라는 기회가 주어졌을 때가 그랬다. 물론 맡겨졌던 모든 분야에서 완벽하지는 못했다. 하지만 확실한 건 그 전보다 성장했다는 사실이다. 어떤 직업이 이렇게 개인의 성장을 독려하겠는가.

단적으로 아나운서는 실수를 만회할 기회도 잦다는 장점이 있는 직업이다. 주어진 업무를 하면서 기대에 미치지 못하게 수행했다면, 아쉽다면, 다음에 잘하면 된다. 내일 잘하면 되고, 다음 주에 잘하면 된다. 주어진 하루하루가 곧 만회의 기회인 것이다. 오늘보다 내일은 더 잘해야지 다짐할 수 있는, 수많은 내일을 기대할 수 있는 직업, 그러면서 채워가는 직업, 아나운서다.

앉아서 세계 속으로

걷는 수고까지 하지 않아도 된다. 앉아서 세계를 만날 수 있다. 다 제작진 덕분이다. 인터뷰 프로그램을 진행하다 보면 간접적이긴 하지만 세계 곳곳을, 우리 사회 곳곳을 들여다본 많은 당사자와 만나 감동을 나눌 수 있기 때문이다. 진행자가 아니고서야 이런 사람들을 따로 만날 수 있을까? 연을 맺을 수 있는 사람들이었을까? 생각하면 기회를 준 회사와 제작진, 아나운서의 직업을 가진 내게 감사해진다.

그뿐만 아니다. 앉아서 세계와 소통할 수도 있다. 직접 찾아가 말을 걸지 않아도 마이크 앞에 앉기만 하면 세계 곳곳의 사람들에게 내 목소리가 닿는다. 가깝게는 바로 옆 건물의 청취자와 이야기를 나눌 수도 있고 멀게는 지구 반대쪽, 다른 시간, 다른 날씨에서 생활하고 있는 청취자와 메시지를 주고 받을 수도 있다. 한국이 그립고 소식이 궁금해서 방송을 듣고 있다는 청취자와 그곳이 궁금한 DJ로서 소통할 수 있다는 거다. 앉아서 세계의 청취자들과 매일 소통할 수 있는 특권은 아마 아나운서만 느낄 수 있는 것 아닐까.

아! 같은 교회 청년부를 섬기던 목사님이 브라질에서 사역하고 계시는데, 유튜브에 업로드된 프로그램에서에서 나를 봐서 정말 놀랐고 너무 잘 보고 있다며 연락을 주시기도 했다. 이 직업이 이렇게나 세계적이다.

덕업일치

하고 싶은 일을 하면서 돈도 버는 것을 덕업일치라고, 복 받은 사람이라고 모두 이야기한다. 잘하기까지 삼박자가 고루 맞으면 그야말로 천직이겠지만 아직은 3개중 2개만 일치한다. 맞다. 난 잘은 못하지만 복 받은 사람이다.

한때는 이 덕업일치의 복을, 신분 때문에, 나이 듦을 이유로 곧 잃고 말 거라는 비관에 사로잡혀 있었다. 비정규직이었고 서른 넘은 여성 아나운서였기 때문이다. 나이 많은 남자 앵커에 어리고 예쁜 여자 앵커의 샷은 2020년인 지금도 대다수 방송국에서 쉽게 볼수 있다.[21] 활발하게 활동하고 있는 나이 많은 여성 앵커가 많지 않았던 것이 내 비관적인 미래의 이유였다. 실제로 성차별

---

21) KBS가 이 공식을 깨고 여자 기자 메인 앵커와 남자 아나운서의 조합을 선보였고, JTBC 손석희 앵커가 하차하고 좀 더 젊은 남자 앵커가 뉴스룸을 맡게 됐다. 하지만 이를 제외한 대다수 방송사들은 아직도 나이 많은 남자 앵커에 어리고 예쁜 여자아나운서 조합을 유지중이다.

채용 건으로 소송하고 있는 지역 방송사의 한 간부는 진정인들이 포함된 회식 자리에서 "'남자는 늙어도 중후한 맛이 있는데 여자는 늘 예뻐야 하기 때문에 (나이든 앵커는) 안 된다'는 관점을 시청자 몇몇이 갖고 있다"[22]라며 시청자의 말을 빌려 생각을 드러내기도 했다.

하지만 다행히도 신분이 바뀌고 TV가 아닌 라디오 편성국 소속 아나운서가 되고 나니 비관적이고 한계로 느껴졌던 조건들이 아무것도 아닌 것이 되었다. 되레 나이가 든 것은 연륜과 경험의 경력으로 인정받고, 나이 들어가는 것을 감추려 점점 늘어나는 분장시간과 의상 갈아입는 데 치중하던 준비시간은 오로지 더 좋은 방송 내용을 청취자들에게 전달하기 위해 공부하는 시간이 되었기 때문이다.(분장과 환복시간이 중요치 않다는 것이 아니다. 아직 방송 실력이 부족한 내게, 더 필요한 시간들이 생겨서 좋다는 의미이다.)

또, 미리 이곳에서 시간을 쌓으며 길을 닦은, 닮고 싶고 배우고 싶은 존경할 선배들이 많다는 것도 엄청난 장점이다. 영화가 너무 좋아서 휴가는 영화제를 가거나 시사회에 참여하는데 다 써버렸고, 밤을 새워서라도 영화제에 참석하고 근무하다가 결국 영화음악 프로그램을 20년 넘게 진행하고 있는 천직 선배가 2m 전방에 있고, 음악은 행복, 시사는 보람이라며 10년 넘게 시사프로그램을 진행하는 선배가 한 공간에 있다.

---

22) 박기주, "'늙은 여자 쓰지 말라 태클 온다'... 대전MBC, 아나운서 채용 성차별", 이데일리, 2020.06.17. https://www.edaily.co.kr/news/read?newsId=02817526625802704&mediaCodeNo=257&OutLnkChk=Y

얼마 전 한 화장품 광고가 떠오른다. '아름다움은 자란다.'라는 문구를 내세운 광고는 과거의 나보다 지금의 내가 더 아름답다는 메시지를 참 세련되게 던졌다. 그 광고에는 '나이 드는 것이 설레는 일이었으면 좋겠어요.'라는 말도 덧붙이는데, 마치 내 얘기같아 참 행복했다. 적어도 나는 어제보다는 오늘이, 오늘보다는 내일이 더 기대되고 설레기 때문이다.

하고 싶은 일을 하며 돈을 버는 상태, 나는 덕업일치를 이뤘다. 설레는 미래를 맞이하며 '어떤 아나운서'가 될 건지 행복한 고민에 빠져야겠다.

나이 드는 것이 설레는 직업, 그런 아나운서여서 행복하다.

ON AIR

CBS

이지민

아나운서

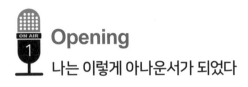

Opening

나는 이렇게 아나운서가 되었다

아나운서가 되어야겠다고 결심하다

"나, 이제 뭘 하고 살지?"

모든 것의 시작은 그냥 이 질문 하나였다. 앞으로의 시간에 나는 뭘 하면서 어떻게 살아가면 좋을까. 다만 이 중요한 질문을 초등학교 6년, 중학교 3년, 고등학교 3년, 대학교 4년 총 16년이라는 시간은 다 날려버리고 대학교 4학년 2학기가 되어서야 마주했다는 것이 치명적 단점이었다. 시험 전 벼락치기 공부보다 더 시간이 없다. 사회 진출이 코앞이라 이제 여기저기 지원서를 내야할 시기가 되어서야, 등 떠밀리듯 진정한 진로탐색을 시작한 나는 당연히 답을 찾을 수 없었다. 그리고 그 질문은 끝없는 불면의 밤으로 이어졌다. 인지상정의 결과였다.

끝도 없이 이어지는 어둠속에서 나는 내가 잘하는 것, 내가 하고 싶은 것에 대해 치열하게 고민했다. 또한, 남들이 보는 나에 대해서도 생각했다. 내가 주관적으로 생각하는 나의 모습 말고, 객관적인 지표가 필요했다. 내가 살면서 가장 칭찬을 많이 받은 분야는 무엇일까.

내 적성을 탐색하는 일에 있어 고민이 된다면,
다음과 같은 리스트에 답을 찾아보자.

▶ 내가 어떤 일에 있어서 (학교과제나 대회출전, 조별발표 포함)
남들에게 크게 칭찬받은 일은 무엇인가? 무엇이 특출해서였는가?

▶ 내가 비교적 힘들이지 않아도 쓱쓱 잘 해낼 수 있는 일이 있는가?

▶ 내가 특히나 어려워하는 일은 무엇인가?

▶ 아무리 노력해도 나는 이런 분야는 자신이 없고 어렵다고
생각되는 것이 있는가?

▶ 내가 시간가는 줄 모르고 즐겨하는 일은 무엇인가?
이 일이 직업으로는 어떻게 연결될 수 있는가?

▶ 취미가 있는가? 이와 관련된 직업은 무엇인가?

▶ 내가 이것만큼은 남들보다 자신 있다고 말할 수 있는 분야가 있는가?

▶ 같은 시간이 주어졌을 때, 내가 누구보다 빠르게 습득하여
좋은 성과를 낼 수 있는 건 뭘까?

▶ 나의 장점과 단점은 무엇인가? 나의 장점을 최대한 살릴 수 있는
직업은 무엇일까?

나는 정말 시간이 될 때면 혼자 책상에 앉아서 A4 용지 빼곡히 나에 대한 브레인스토밍을 했다. 스스로 질문을 만들고 답해보면서, 최대한 나에 대해 파악하려고 애썼다. 매일 잠을 자지 못해 새하얘진 밤들을 나는 나 자신에 대한 중요한 질문과 답들로 까맣게 색칠해나갔다. 이 과정은 괴로웠고 처절했다. 생각보다 내가 나에 대해 아는 것이 없다는 걸 깨달았다. 중간고사, 기말고사, 모의고사 점수만 보고 그때그때 눈앞에 있는 시험공부를 해치우느라 정작 인생에서 가장 중요한 질문들을 놓치고 말았다는 자책감도 크게 들었다. 그러나 나는 이미 대학교 4학년 말에 와있었다. 그 말인 즉, 지나간 시간을 후회하느라 낭비할 여유도 없다는 뜻이다. 자, 이제 얼른 무엇인가 결론내리지 않으면 안 된다. 사회진출이라는 벼랑 끝에 다다라서야, 나는 어떻게 하면 여기에서 굴러떨어지지 않고 다른 곳으로 날아갈 수 있을까 고민하기 시작했다.

'깜지'처럼 채워지는 수많은 질문과 답을 통해, 나는 오래전 잊고 있던 이름 하나가 생각났다.

아.나.운.서.

부끄럽지만 나의 장단점 체크리스트를 살짝 공유해보면, 어려서부터 나는 말을 잘한다는 칭찬을 가장 많이 듣고 자라난 거 같다. 초등학교 때부터 앞에 나서서 발표하는 것을 참 좋아해서 수업시간에 늘 손을 들고 제일 먼저 발표하는 아이였는데, 나의 발표를 들은 선생님들이 조리 있게 말을 잘 한다고 이야기를 많이 해주셨다. 중·고등학교에 가서는 개인적인 발표뿐 아니라 조별발표도 손꼽아 기다리는 아이 중 하나였는데, 우리 조 아이들을 주도해서 우리 조만의 특별한 무언가를 준비해서 반을 깜짝 놀라게 하는 것이 나의 큰 기쁨이었다.

고등학교 때 기억에 남는 발표가 있다. 헬레니즘 시대에 에피쿠로스학파(쾌락주의 학파)에 대해서 우리 조가 발표를 맡았을 때는, 그 당시 느낌을 재현하기 위해서 아이보리 색의 우리 교실 커튼을 뜯어서 몸에 둘러 그 당시 사람들의 옷(?)을 보여주면서 발표를 했다. 아이들은 발표 시작부터 우리조의 등장만으로도, 벌써 다 뒤집어지며 웃기 시작했다. 우리 조 아이들은 모두 그 커튼 옷을 둘러 입었는데, 특히 나는 그 옷을 입고 당시 최고로 유행하던 '분필뽀개기 강사'를 흉내 내며 교실 칠판에 분필을 30개쯤 던져 부숴가면서 발표를 했는데, 발표의 내용도 좋았겠지만 그러한 독특한 연출 덕에 우리 조는 발표한 조들 가운데서 최고 점수를 받았다.

또 하나, 타이타닉 호 침몰 사건에 대해 발표가 주어졌을 때, 나는 좀 색다른 시선으로 사건을 다뤄보고 싶었다. 나의 아이디어로 우리 조는 이렇게 발표를 했다. 타이타닉이라는 배가 침몰할 당시, '레이디 퍼스트'라는 명목으로 남성보다 여성을 먼저 내리게 해서 상대적으로 사망자에 남성희생자가 더 많을 수밖에 없었는데 여기에 성차별적 요소는 없는가? 단지 성별이 남성이라는 이유로 배에 남아 있다가 남성들이 희생당한 것은 과연 정당한 일인가? 우리는 이 주제를 가지고 발표를 하기로 했다. 나는 우리 조에 이것을 재판의 형식으로, 각각 재판관, 피고, 원고, 증인의 배역을 맡아 가상 재판을 진행하는 모습으로 반에 보여주자고 제안했다. 타이타닉 배에서 미처 내리지 못해 남편이 죽은 한 여성이, 배에서 그러한 '레이디퍼스트' 지시를 내린 배의 선장과 승무원들을 고소한 사건으로 모의재판을 꾸몄다.

당시 내가 다니던 집 앞 독서실에 있던 아르바이트생 오빠가 법대를 다니면서 사법고시를 준비 중이었다. 그 분께 직접 자문도 얻어, 재판과정에 디테일을 추가했고 실제 재판이 끝나면 재판장 뒤쪽에 판결문이 붙는다는 사실도 알아냈다. 우리 조별 발표가 끝난 뒤에는 실제 재판이라도 끝난 마냥 오늘의 판결문을 뒤에 붙여두겠다고 공표하고는 교실 뒤 게시판에 한동안 그 종이를 걸어두기까지 하는 파격적인(?) 형식을 취했다.

이런 발표들 때문에 아이들 사이에서 나는 늘 발표 잘하는 학생으로 인지되었다. 고등학교 2학년 때는 담임선생님이 전국의 고등학생들이 참가하는 전국토론대회에 나를 학교대표로 추천하기도 했다. (나는 그 대회에 나가지는 않았다) 대학교 때는 우리 과를 준비하는 2,000명의 학생을 앞에 두고 우리 과는 무엇을 공부하는 학과인지, 어떻게 하면 들어올 수 있는지 직접 프레젠테이션을 준비해서, 우리 과를 대표해서 발표하기도 했다.

생각해보니 늘 그랬다. 나는 늘 다른 무엇보다, 말을 잘하는 사람이었다. 그런데 대학교 때 나의 전공은 무려 숫자를 다루는 과목의 끝판왕격인 '회계학'이었다. 나의 장점과는 동떨어지고 이질적인 학문이었다. 나는 고등학교 2학년을 마치고, 캐나다로 혼자 유학을 갔다. 원래 한국에 있었으면 당연히 문과에 속해있을 나였지만, 영어를 모국어로 쓰는 아이들과 같이 공부하려니 상대적으로 영어보다는 수학성적이 월등히 좋았다. 대학과 전공 선택에 있어서 나의 원래의 장점은 사라지고, 점수만 남았던 이유기도 하다.

나는 철저히 내 점수에 맞춰서 학교와 과를 선택했다. 좋은 학교와 좋은 학과였기 때문에 망설임 없이 그 학교, 그 과를 선택했다. 회계학과는 다른 인문계열의 과들보다, 졸업 후 자격증을 취득하면 취업이 보장되는 장래가 비교적 안정적인 과였다. 그런데 결과적으로 나와 맞지 않았다. 찬찬히 한번 생각해보면 당연한 결과였지만, 나는 놀랍게도(?) 그걸 미리 생각하지 못했다.

나는 대학교 4학년 때 진로고민을 하면서, 회계사가 된 내 자신을 상상해봤다. 지금까지는 수학성적이 잘 나왔다고 치자. 내가 사회에 나가 경쟁해야 하는 사람들은 누구인가? 내가 말하기에 자신 있는 것처럼 숫자와 수학에 자신 있는 그 사람들과 일터에서 경쟁하고 함께 작업해야한다. 나는 어떻게 생활할까? 내 일에서 두각을 드러내기는커녕 반복되는 실수로 스트레스 받는 내 모습이 상상이 됐다. 물론, 아나운서로서 내가 반드시 성공하리라는 보장은 없었다. 하지만 기왕이면 어느 쪽에 내 인생을 걸어 봐야할까? 내가 평소에도 내가 잘 못한다고 여겨지는 쪽? 아니면 그래도 이것만큼은 자신 있다고 여겨지는 쪽?

아나운서를 준비해보고 싶은, 아니 아나운서가 아닌 다른 직업을 생각하고 있는 학생이라도 한번쯤은 저런 리스트를 작성해보라고 권하고 싶다. 나 자신에 대해서 객관적으로 관찰하고 장점과 단점을 꼼꼼히 따져보는 일. 필연적으로 지나간 과거를 반추해 볼 수밖에 없다.

이 과정이 도움이 되는 것은 크게 세 가지인데,

첫째 직업을 정할 때 도움이 되고
둘째 직장을 들어가기 위한 과정인, 자기소개서 작성과 면접준비에도
　　유용하며
셋째 나중에 직장에 들어가서 직장에서의 진로탐색과 자기계발을
　　하는 데에도 매우 쓸모가 있다.

나는 누구인가에 대해서 내가 객관적으로 오랜 시간을 들여 평가해 보는
일, 어떤 직업을 선택하더라도 꼭 필요하고 중요한 과정이다.

아나운서 준비, 무조건 학원을 가야한다고?

사실 이 부분에 대해서 나는 좀 조심스럽다. 왜냐하면 자칫 나의 개인적인 이야기가, 아나운서가 되려면 반드시 사설학원에 가야한다고 들릴 수 있기 때문이다. 그리고 사설학원이 아나운서 합격의 필수코스처럼 말하는 것에 대한 스스로의 반감도 크기 때문이다. 사실, 아나운싱이나 진행이라고 하는 게 그 어떤 정해진 기술이 있는 것도 아닌데 혼자 집에서 연습하는 것으로 부족해서 반드시 모두가 학원에 가서 매달 엄청나게 비싼 수강료를 지불하고 입사전에 미리 배워야만 하는 현실을 나는 부정하고 싶다. 그런데 어쨌거나 내가 이렇게까지 길게 서론을 쓸 수밖에 없는 이유는, 나 역시 결국엔 사설학원에 다녔기 때문이다.

캐나다에서 대학교 4학년을 마치고 한국에 돌아와서 본격적으로 아나운서를 준비하면서 든 나의 생각은 '아나운서 학원은 절대 가지 말자'였다. 그 당시의 나도, 지금의 나와 마찬가지로 사설 아나운서 학원에 대한 똑같은 반감을 가지고 있었다. 그래서 나는 학원을 절대로 가지 않기로, 그리고 독학해서 당당히 합격하기로 결심을 한다. 물론, 이 결심은 오래가지 못했다.

　내가 학원을 다녀야만 했던 이유는 간단하다. 나빼고 모두가 학원을 다녔기 때문이다. 무슨 말이냐 하면, 실력차이가 너무 컸다는 이야기다. 내가 학원을 다니지 않고 혼자 집에서 뉴스를 따라하고 연습하면서 과감히 다른 아나운서 지망생들과 그룹스터디부터 시작했을 때의 일이다. 당시 그룹 실기스터디는 기본적으로 뉴스 원고나 방송 원고를 가져와서 함께 스터디하는 조원들 앞에서 소리 내어 한명씩 돌아가면서 읽고 서로 모니터를 해주는 것이다. 그런데 나빼고 모든 사람들이 아나운서 학원에 다니고 있었는데, 모두 이미 현직 아나운서들처럼(그 당시 내가 느끼기에) 실기를 해내고 있었던 것이다! 나는 좌절을 느꼈다.

　만약 모두가, 아니 대부분의 아나운서 지망생들이 아나운서 학원에 가지 않고 몇몇 학생만 다닌다면 그 학생들이 조금 튈 것이다. 하지만 그 반대의 경우, 오히려 대다수가 학원에 다니므로, 학원에 다니지 않고 혼자 준비하는 사람들이 더욱 눈에 띌 것 같다는 생각을 했다. 나는 혼자서 잘 준비하고 있다고 생각했지만 당시 내 귀에는 실력 차가 너무 도드라진다고 느껴졌다. 만일 내가 끝까지 학원에 다니지 않았다면, 과연 혼자 하는 연습과 준비생들과의 스터디만으로 정규직 아나운서로 합격할 수 있었을까? 그건 지금도 잘 모르겠다.

　그 당시에는 어쨌든 그런 인생을 건 모험을 할 순 없으니, 울며 겨자 먹기로 그리고 뭔가 억울하고 진 느낌으로 아나운서 학원에 등록했다. 몇몇 학원에 상담을 갔는데, 여태까지 수많은 정규직 아나운서를 배출해냈다는 대형학원들이 있었는데 나는 그 학원이 정말 잘 가르쳐서 그 선배들이 아나운서가 되었는지, 아니면 대형학원이어서 수강생이 많으니 상대적으로 합격률이 높은 건지 알 수 없다는 생각을 했다.

그래서 그 당시 신설학원이고 소수정예를 표방하는, 그래서 상대적으로 나에게 높은 관심을 쏟아줄 것 같은 학원을 선택하여 짧게 수강하였다. 보통은 기초반, 심화반, 완성반 이런식으로 여러 단계에 걸쳐서 듣기를 권한다. 그런데 나는 오직 기초반 하나만 짧게 수강하였다. 아나운서 학원을 단기속성으로 마치고, 나는 아나운싱 실력을 높이고 싶은 것도 있지만 현직 아나운서들의 생생한 이야기를 듣고 싶은 마음이 컸다. 그래서 다시 다른 사설학원을 등록하거나 심화반을 듣는 대신, 타사에서 운영하는 아카데미의 아나운서 반을 들어가서 한 학기 수강을 했다.

이 곳은 현직 아나운서들이 돌아가면서 강의를 해준다는 장점이 있다. 반면에, 한반에 아이들이 30명가량 있기 때문에, 개개인의 아나운싱 실력을 맞춤으로 향상시키기에는 인원이 많아 한계가 있다. 또, 매번 강사가 바뀌기 때문에 수강생의 성향이나 실력을 자세히 파악하거나, 얼마큼 어떻게 성장하고 있는지 챙겨주기도 어렵다. 하지만 방송가의 생생한 이야기를 현직 아나운서로부터 들을 수 있다는 장점이 있다. 학원 선택에 있어서는 각 학원들의 장단점이 매우 분명하기 때문에 개인의 선호에 맞게 고르면 될 것 같다.

아나운서 학원을 다니고 싶지 않았지만, 결국 다니게 되었고 그리고 아나운서로 합격했다는 나의 개인적인 이야기가 자칫 반드시 아나운서 학원을 가야한다는 메시지로 읽힐까봐 두렵다.

주변에 아나운서가 된 선후배, 친구들만 보더라도 아나운서 학원에 다니지 않고 합격한 사례는 솔직하게 많지 않다. 그것은 물론 아나운서 학원들이 생기고 번성한 이후다. 학원이 없던 시절에는 모두가 학원에 가지 않았을 테니, 학원에 가서 수업을 들어야 아나운서로 합격하는 그런 암묵적 공식도 없었을 것이다. 나는 아직도 아나운서가 되기 위해 사설학원을 수강해야하는 이 구조는 문제가 있다고 생각하며, 학원을 가지 않고도 아나운서가 되는 그런 사례가 있었으면, 아니 아주 많았으면 좋겠다.

스터디를 시작하려면 무조건 경력이 있어야 한다니 그럼 어떻게 해?

나는 처음에 아나운서 학원을 가지 않고 스터디를 통해서 내 스스로 아나운싱을 배워서 실기를 통과할 작정이었다. 그래서 같은 아나운서 준비생들끼리 집단지성을 합치는 그룹모임, 즉 스터디가 필수였다. 그 당시 내가 아는 거의 모든 준비생들은 스터디를 했다. 혼자 하는 것보다 훨씬 더 많은 정보도 얻을 수 있고, 내가 지금 다른 준비생들에 비해 어느 정도 수준에 와있는지 가늠도 되며, 나보다 잘하는 친구들에게 배울 점도 많기 때문에 스터디는 여러모로 큰 도움이 된다. 스터디가 좋다는 건 알겠는데, 문제는 받아주는 곳이 없다는 것이었다.

왜냐고? 경력이 없다는 게 이유에서였다. 나는 사실 너무 황당했다. 마치 기업에 신입사원으로 들어가려는데, 회사에 다녀본 경력이 없으면 안 뽑는다는 것과 같았다. 스터디를 하고 싶은데, 스터디를 이전에 해본 경험이 없으면 스터디를 할 수 없다는 황당무계한 룰이 있었다. 그럼 스터디를 시작하기 위해 스터디 경력이 필요한데 모두들 유경험자만 찾는다면, 대체 그 스터디에 필요한

스터디경력은 어디에서 어떻게 쌓으라는 말인지?

이 말도 안 되는 진입장벽을 돌파하기위해서 나는 특단의 대책을 썼다. 내가 스터디를 만든 것이다. 스터디를 받아주는 곳이 없으면 내가 만들면 되지 뭐. 당시에는 스터디에 들어가고 싶으면 짤막한 자기소개와 함께 스터디경력을 적어, 스터디를 주도하는 스터디장에게 제출하게 되어있었다. 나는 순식간에 스터디를 위해 스터디장에게 지원서를 '내는' 입장에서, 내가 사람들에게 지원서를 '받는' 입장이 되었다.

만일 지금 스터디를 당장에 시작하고 싶은데, 경력을 요구하는 스터디들에 끼지 못해 고민인 준비생이 있다면, 더 이상 고민하지 말고 나만의 스터디를 시작하라고 이야기해주고 싶다. 내 스터디를 운영하다보면, 자연스럽게 그들이 요구하는 '경력'이라는 것이 쌓이게 되고 그 이후에는 내가 원하는 스터디에 가입하는 것도 얼마든지 가능해진다.

초반에는 필기스터디, 실기스터디에서 연습하였고 나중에 실전연습이 더 필요하다고 느껴질 때는 면접스터디까지 병행했다. 면접스터디에서 우리는 실제 카메라를 틀어놓고 면접관이 된 것처럼 날카로운 질문들을 서로에게 던졌는데 이는 면접관의 입장이 되어볼 수 있는 좋은 기회였다. 또, 실제 면접에서 어떤 질문이 나와도 별로 당황하지 않고 내 이야기를 하는데도 큰 도움이 되었던 것 같다. 혼자 집에서 공부할 때는 절대 얻을 수 없는 이점이 스터디에 분명 있는 것 같다.

자기소개서는 이렇게 작성하라

반드시 사례를 적어, 나의 주장을 뒷받침해라

매해 아나운서 자기소개서에 단골로 등장하는 질문들이 있다. 이러한 질문들은 패턴만 바뀌어 어느 방송사, 어느 때에나 늘 나오는 것들이다.

"왜 아나운서가 되고 싶은가?"

"입사동기를 적으시오"

"자신의 장단점에 대해서 서술하시오" 등이 그것이다.

이런 질문들은 추상적이고 원론적이기 때문에 사실 적어내기가 참 어렵다. 나도 이런 질문들에 답을 쓰기 위해서 컴퓨터를 켜놓고 자리에 앉았다가 몇 자 적지도 못하고 커서만 깜빡이는 채로 몇 날 밤을 그대로 그냥 날렸던(?) 기억이 난다. 결국 마감 전에 울며 겨자 먹기로 아무렇게나 자기소개서 항목을 작성했었다. 처음엔 당황됐던 이런 질문들도 자주 반복이 되자, 나중에는 방법을 터득하게 됐는데 그것이 바로 '사례와 논거 중심으로 대답하기'이다.

예를 들어보자. '왜 아나운서가 되고 싶은가?' 이 질문은 자기소개서뿐 아니라 면접에도 자주 나오는 것이다. 각자의 어떤 이유가 있겠지만, 그 이유를 뒷받침하는 논거가 반드시 필요하다. 만약 '사회에 선한 영향력을 끼치는 사람이 되고 싶어서'라고 한다면 그렇게 생각하게 된 어린 시절 나만의 특별한 사건이라든지, 그런 사람이 되고 싶어서 대학교 때부터 내가 활동해온 봉사내역이나 동아리 활동, 이런 것들을 반드시 함께 말해줘야 한다. 이 사람이 정말 선한 영향을 끼치는 사람이 되고 싶어 하고, 어떤 계기를 통해 그렇게 생각하게 되었고, 또 그걸 실천하기 위해 어떤 노력을 해왔는지, 글을 읽는 사람이 여러 사례들을 통해서 그것이 사실처럼 믿어져야 한다. 내가 어떤 사람인지, 반드시 사례와 논거를 통해 설득력을 갖춰라.

면접 시 나에게 질문해줬으면 하는 내용을 적어라

나는 사실 자기소개서 작성에서 항상 망설여지는 부분이 있었는데, 그것이 바로 '취미'와 '특기'였다. 그 두 가지 항목 앞에서 나는 늘 나 자신을 한심하게 느꼈는데, 이렇다 할 취미와 특기가 없었기 때문이다. 그런데 사실 지금도 없다. 어쨌거나 자기소개서에 취미와 특기를 뭔가 짜내기라도 해서 적어야 했으므로 나는 매번 어려움을 겪었는데 좀 생각을 달리하면 좋았을 것 같다. 거기에다가 면접관이 나에게 물어봐줬으면 하는 내용을 적는 것이다. 내가 면접 시 자신 있게 '말할 거리'가 있는 노림수를 넣어두는 것이다.

타사 아나운서 아카데미를 다닐 때 우리 반에는 아나운서 지망생이 30명

정도 있었는데, 한번은 그 회사의 현직 아나운서 선배가 오셔서 자기소개서를 쭉 첨삭해주는 시간이 있었다. 그중에서 취미와 특기 란에 정말 특이한(?)것을 적어서, 강사로 온 선배를 놀라게 한 준비생이 있었는데, 그 친구는 취미와 특기에 전부 '듣기.'라고 적었다. 책 읽기, 노래 부르기, 운동 등등 뭔가 흔히 생각하는 취미나 특기가 아니었다. 정말 귀로 듣는 '듣기'였다! 단연 그 친구의 자기소개서는 눈에 띄었고 아나운서 선배가 이게 어떤 의미냐고 물었다. 그 친구는 자기는 어려서부터 소리를 정말 잘 들었다고 하면서, 신생아 때는 귀가 너무 밝아 조그만 소리라도 나면 잠을 자지 않아서 어머니가 엄청 고생을 하셨다고 말했다. 커서도 귀가 아주 밝아서 방안에 있어도 부엌에서 어머니가 다른 누구와 이야기하는 소리가 다 들릴 정도였다고 설명하면서, 소리를 잘 듣는 것도 있지만 귀가 예민하므로 음악 듣는 것도 좋아한다고 말했다. 또, 그 친구는 이런 '듣기' 능력을 이용해서, 내 말만 하기보다 시청자와 청취자들의 이야기를 아주 잘 들어주는 훌륭한 아나운서가 되고 싶다고 말했다. 흔히 말하는 재미와 감동이 동시에 존재하는 아주 괜찮은 스토리텔링이었다.

나는 여기에서 무릎을 탁 쳤다. 취미와 특기라는 항목, 아니 어쩌면 자기소개서에 있는 모든 항목은 내가 앞으로 면접에서 '말할 거리'를 적는 곳이다. 면접 때 면접관들과 서로 소통할 수 있는 단서들을 적는 곳이 자기소개서였던 것이다. 그 뒤로 나는 자기소개서에 단순한 '사실' 그러니까 진짜 내가 무엇을 취미로 삼고 있고, 어떤 것을 특기로 내세울 만큼 잘 하는지를 쓰는 것을 멈췄다. 대신 내가 면접관에게 전달하고 싶은 것, 내가 보여주고 싶은 부분을 자기소개서에 담아서 '나에게 질문할 거리'를 자기소개서 항목을 통해 유도했다.

나의 경우, 대학 시절에 밴드에서 보컬로 활동한 경험이 있었는데, 그 부분을 '취미와 특기' 란에 적었다. 그리고 그 항목을 보고 노래를 시킬 면접관들을 생각해서 어떤 노래를 어떻게 보여줄지 미리 연습해서 대비했다. 나를 드러낼 노림수를 가졌던 것이다.

해당 방송사에 대한 이해를 바탕으로, 그 내용을 녹여라

당연한 이야기지만 많은 사람들이 놓치고 있는 부분이기도 하다. 어떤 사람들은 자기소개서를 어느 방송국에 갈 때나 그냥 똑같은 내용을 복사해서 붙이기 해버린다. 그런데 생각해보자. 만일 내가 지원자가 아니라 면접관이라면, 우리 회사의 강점, 단점에 대해서 아주 잘 이해하고 있고 어떤 분야에서 활약하며 일할 것인지 미리 생각해보고 준비되어있는 것 같은 지원자를 뽑겠는가 아니면 그냥 우리 회사 이야기가 아니라 일반적인 이야기만 하는 사람을 뽑겠는가? 이렇게 둘을 생각해보면 당연히 전지다.

그러니까 내가 지원하는 지금 이 회사에 대한 자세한 내용이, 반드시 자기소개서에 녹아들어가야 한다는 이야기다. 회사 홈페이지에 들어가서, 회사에서 일하고 있는 현직 아나운서들의 얼굴과 이름, 프로그램을 익히고 먼저 각 프로그램을 모니터해본다. 그런 다음 아침부터 저녁까지의 편성을 살펴보고, 프로그램들의 흐름을 파악한다. 이번에 새로 런칭된 프로그램이 있다면, 특히 주목해서 살펴본다. 해당회사에서 요즘 내적, 외적으로 가장 주력하고 있는 것이 뭔지 파악해보고, 내가 이 회사에 입사한다면 어떤 부분에서 활약할 수 있는지 어떤 부족한 부분을 보완 할 수 있는지 생각해본다. 사소해보이지만, 자기소개서의 항목들에 이런 것들이 들어가면 회사 관계자로서는 우리 회사에 대한 이해가 뛰어난 지원자로 느끼고 호감을 갖게 된다.

뻔한 이야기 지양하기

나는 아나운서 준비를 하면서, 많은 친구들이 이 부분을 쉽게 놓친다는 생각을 했다. 생각보다 많은 사람들이 뻔한 이야기를 많이 한다. 면접스터디를 하거나 학원에서 발표를 할 때 들어보면 누구나 할 법한 이야기를 자신만의 이야기인 듯 꽤나 진지하게(?) 하는 친구들이 있다. 아마 이 사람들은 자기소개서에도 똑같이 그렇게 적었으리라. 물론 이 글을 읽는 아나운서 지망생 분들도, 뻔한 이야기를 탈피하라는 이야기는 이미 여기저기서 많이 들어봤을 것이다. 하지만 어떤 이야기가 뻔한 것인지 잘 감이 안 올수도 있다.

다른 지원자들의 이야기를 유심히 들어볼 것을 추천한다. 아나운서가 되고 싶어 하는 이유, 아나운서로서의 앞으로의 포부 등 사람들과 대화를 나누거나, 그들의 발표를 듣는 기회가 있을 때 내가 하는 이야기와 조금이라도 겹친다면 나의 이야기를 수정해야할 때다. 또, 지루하거나 진부하게 느껴지는 스피치를 듣는다면, 어째서 그렇게 느껴지는지 진지하게 고민하고 내 스피치나 자기소개서에 그 부분을 반영하여 참신하게 바꾸어야한다. 내용이 지루한지, 전달방법이 문제인지, 그 부분을 찾아서 해결하는 것이다.

뻔하지 않은 이야기를 하는 방법은 의외로 간단하다.

가장 '나 다운 이야기'를 하는 것이다. '가장 한국적인 것이 세계적인 것이다'라는 이야기가 있다. 세계화를 하기위해서는 왠지 전 세계 사람들이 호감을 가질만한 뭔가가 있어야 할 것 같고, 그들의 취향이나 선호를 고려하고 타겟팅해야 할 것 같은데 사실 그렇지 않다는 것이다. 가장 한국적인 것, 가장 우리나라다운 것에, 다른 나라 사람들이 이질감을 느끼고 거기에서 나오는 신선함에 매료된다. 얼마 전 봉준호 감독도 아카데미 시상식 수상소감에서 이렇게 언급했다. "가장 개인적인 것이 가장 창의적인 것이다." 자신이 존경하는 마틴 스코세이지 감독의 말이라고 밝히면서 영화를 공부할 때 읽고 항상 가슴에 새겼던 문구라고 말이다. 자기소개서와 면접에서 '창의적인 이야기'를 들려줘야 하는 우리에게 방향을 제시해주는 말이기도 하다.

그러니까 자기소개서에서 우리가 써야 하는 것은 바로 가장 개인적이고 가장 나다운 이야기인 것이다. 남이 들었을 때 그럴싸한 이야기 말고, 그럴듯해 보이는 그 어떤 문구가 아닌 진짜 나의 이야기를 해야 한다는 것이다.

우리는 개개인이 정말 놀라우리만큼 다르다. 생긴 것도, 가치관도, 생각하는 방식도 모두 다르다. 그렇기 때문에 우리 내면의 목소리에 귀를 기울인다면 내가 진짜로 원하는, 진짜로 생각하는 그 무엇에 대한 이야기를 들려줄 수 있다. 여기에는 훈련이 필요하다. 우리는 흔히 진짜 '나의 이야기'를 하는 것보다, '남이 듣고 싶어 하는 이야기'를 들려주는 것에 익숙해져있기 때문이다.

기억에 남는 일화가 하나있다. 아나운서로 회사에 입사해서 기자들과 함께 수습기자 생활을 하면서 일주일동안 경찰서를 돌며 기사를 취재했다. 한 3-4일쯤 되었을 때 나와 연차가 꽤 차이 나는 기자 선배를 만났다. 그 분은 태어나 처음 가본 경찰서가 어땠는지를 내게 물었다. 나는 순간 머릿속에 떠오르는 대답을 했다.

"처음엔 경찰서라고 해서 왠지 무섭고 많이 떨렸는데, 결국 경찰서도 사람 사는 곳이더라고요. 하하하하"
그러자 그 선배가 이렇게 말했다.
"너희 동기들과 똑같은 말을 하는구나. 내가 물어본 네 친구들도 모두 그 대답을 했어."

충격이었다. 나는 부끄러움에 얼굴이 화끈 달아올랐다. 그리고 생각했다. 내가 진짜 그렇게 느낀 게 맞나? 다시 생각해보니 아니었다. 나는 별로 그렇게 그곳이 '사람 사는 곳이다'라고 느끼지도 않았던 것 같다. 만약 그 선배가 어떤 부분에서 그렇게 느꼈어? 라고 반문한다면 딱히 제시할 만한 이유나 이렇다 할 사건도 없었다. 그렇다면 나는 왜 그렇게 남들과 똑같은 이야기했을까?

그게 그럴싸해보였기 때문일 것이다. 나는 아마도 나와 나이차이가 많이 나는 그 선배의 질문에 편하게 뭔가를 말하기 어렵다고 생각해서 조금은 경직되었던 것 같다. 사회 초년생인 나는 이런 질문에 어떻게 대답해야 현명한 것인지를 우선으로 고려했던 것 같다. 나의 진짜 생각보다는, 그 질문하신 분

연배에 잘 어울릴 것 같은 그런 대답을 무의식적으로 찾았으리라. 우리 아버지가 자주 말했던, 신문에서도 자주 본 '그곳도 결국 사람 사는 곳'이라는 표현은 아마도 그런 심리에서 나왔던 것 같다.

나는 지금도 그때 생각을 하면 정말 부끄럽다. 그리고 오랜 시간 생각했다. 내가 그 경찰서에서 느낀 진짜 내 감정은 무엇이었을까? 만약 나를 포함한 열 명이 넘는 나의 동기들이, 경찰서가 어땠냐고 하는 선배의 질문에 정말 자신이 느끼는 바를 솔직하게 이야기 했다면 어땠을까. 모두가 약속이나 한 듯 그 똑같은 말을 할 수 있었을까? 나는 결코 아니라고 생각한다.

우리는 모두 다르다. 자신의 목소리에 충분히 귀를 기울이고 그것을 밖으로 표현한다면, 결코 남들과 같은 뻔한 이야기를 할 수가 없다.

그러므로 자기소개서를 쓸 때도 이 점을 기억하자.

'그럴싸해 보이는',

'멋있는',

'아나운서 같은' 그런 대답 말고,

진짜 내가 원하고 느끼는 바를 생각하고 잘 다듬어서 표현할 수 있는 그런 훈련을 하자.

면접준비

면접관의 기분으로 나의 자기소개서를 탐구하라

기본적으로 면접관은 나를 모른다. 그러므로 자기소개서는 나에 대해 알게 되는 유일한 설명서요, 또한 물어볼 단서를 찾는 질문지다. 자기소개서를 쓰는 입장에서 벗어나서 면접관이 되어 나의 자기소개서를 찬찬히 들여다보자. 자기소개서에서 내가 나에게 가상질문들을 생각해보고, 리스트를 작성해서 그에 대한 대답을 준비하는 것이다. 자기소개서를 바탕으로 한 질문들은 반드시 나오게 되어있다.

면접스터디를 통해 실전 감각을 익혀라

처음에는 나는 필기스터디와, 실기스터디만을 진행했다. 내가 시험을 준비한 첫 해에는 미국 리만브라더스 사태로 인한 경제위기 때문에 IMF 위기 이후 처음으로 지상파3사의 공채가 없었다. 때문에 나는 주로 지역의 방송사들이나 공기업에서 뽑는 아나운서 시험을 보러 다녔다. 그런데 나는 이때, 서류와 카메라테스트가 아닌 면접에서 자주 떨어지곤 했다. 면접에서 왜 떨어지는 이유를 알 수 없었다. 이대로는 안 되겠다 싶어서 면접스터디에 가입했다. 여기에서 큰 도움을 얻었다.

면접스터디는 모의 면접으로 진행된다. 서로가 서로의 면접관이 되어 날카로운 질문을 던지고, 면접의 전 과정을 그대로 녹화한다. 녹화한 영상을 집에 가서 돌려보면, 내가 대답 할 때 어떤 표정을 짓는지 알 수 있어 좋았다. 생각보다 무뚝뚝한 표정을 지을 수도 있고, 아니면 너무 시종일관 웃는 모습이어서 들뜬 사람처럼 보일 수도 있다. 그때그때 질문의 내용에 맞게, 때로는 진지하게 때로는 밝게 대답하는 것이 내 말의 진정성을 높여준다.

집에서 혼자 가상질문지를 작성하는 것은, 면접에서 말할 내용만을 준비하는 것이다. 하지만, 면접 스터디의 모의 면접에서 내 모습을 영상으로 접해보며, 말하는 내용뿐 아니라 비언어적인 표현 (몸짓, 손짓, 표정)까지도 챙길 수 있다. 이러한 것들은 꼭 면접스터디를 통해 녹화 내용을 돌려볼 때야 상세히 알 수 있다. 또 영상을 보다보면 내 답변에서 부족한 부분도 보인다. 너무 뻔한 이야기를 하지는 않는지, 이야기에 설득력은 있는지, 묻는 말의 의도를 정확히 파악하고 대답은 하고 있는지 등을 꼼꼼히 살핀다.

다른 지원자들의 답변을 듣고 내 답변을 수정하라

때로 함께 아나운서를 준비하는 동료들은 나의 최고의 교사가 되기도 한다. 다른 지원자들의 답변을 들을 때 내 답변과 겹치는 부분이 있을 것이다. 그런 부분은 과감히 수정한다. 내가 아는 사람들 몇 명안에서도 겹치는 답변은 수천 명의 지원자가 몰리는 면접장에서는 더더욱 겹칠 공산이 크다. 다른 사람들의 대답을 들으면서 지루하거나 뻔한 구석이 있다면 내 답변을 어떻게 고칠지 고민하라.

돌발질문에 대비하기위해 평소 연습하라

돌발질문은 말 그대로 돌발질문이다. 준비하지 못한 상황에서 이 사람이 어떻게 대처하는지 임기응변을 보는 것이다. 일반 기업들의 면접에서도 이런 기습적인 질문들이 나올 때가 있다. 그런데 특히나 언론사시험에서는 이런 종류의 질문이 필수코스이다. 왜냐하면 생방송을 다루는 방송사의 특성상 실제로 업무에서 이런 식으로 예상하지 못한 상황이 일어나는 일이 많기 때문이다. 인재를 뽑는데 있어서, 갑작스러운 상황에 얼마나 유연하게 잘 대처하는지 여부는 꼭 가려야하는 사안이다. 이런 특성을 잘 감안한다면, 지원자가 이런 돌발 질문들에 얼마나 잘 대비해야하는지 알 수 있을 것이다. 여기에서 말하는 돌발질문이란, 갑자기 면접관들이 요구하는 재난 속보 전달이나 현장스케치와는 다르다. 지원자가 한 번도 이 전에 생각해보지 않았던 것과 같은 예측 불허한 질문을 말한다. 예를 들어서, '외계인과 갑자기 마주쳤다. 무슨 말을 하고 싶은가?', '죽기 전에 마지막 식사로 먹고 싶은 음식은?' 혹은 '이 세상에서 가장 쓸데없는 발명품이라고 생각하는 것은?' 같은 기습적이고 다소 황당한 질문들 말이다. 놀랍게도, 임기응변이라는 것도 훈련이 된다. 어떤 사람들은 태어날 때 부터 능수능란하게 이런 상황들에 잘 대처하는 사람도 있을 테지만, 갑자기 일 어나는 일들에는 대부분의 사람들이 당황하게 마련이다. 돌발 상황에 대처하 는 법을 평소에 꾸준히 모의 기습 질문들을 통해서 훈련해두는 것이 필요하다.

갑작스러운 재난속보 전달이나, 돌발 리포팅 등을 연습하라

면접에 기습적인 질문만큼이나 자주 등장하는 것이 돌발 리포팅 요구다. 실제 아나운서는 생방송 중에 갑작스럽게 벌어지는 상황에 대해서 아무런 대본이나 준비 없이 그냥 그 현장에서 대처해야하는 경우도 많기 때문에, 실제 면접에서는 어떤 특정한 상황을 주면서 리포팅을 시켜보는 경우가 많다. 기억 에 남는 것은 어느 면접에서 나에게, 지금 강도 3.4의 지진이 서울근교에서 일 어났다고 알려주면서 이것에 대해서 속보를 전달해보라고 했었다. 또, 지금 내 가 다니고 있는 CBS 면접에서는 현장스케치(어떤 현장에 대해서 그림을 스케 치하듯 말로 그려내는 일)를 시키면서 봄꽃이 만발한 현장에 나가있다고 생각 하고 즉석 리포팅을 시켰었다. 평소 나는 속보 전달이나 돌발 리포팅에 준비를 꾸준히 해왔었기 때문에 기죽지 않고 준비된 카드를 꺼내어 잘 대처했던 기억 이 난다.

시험 당일 날,
나는 경쟁자들에게 기죽지 않기 위해 '이것만' 봤다

아나운서 시험에는 기본적으로 어마어마한 숫자의 사람들이 몰린다. 기본 2000~3000명의 지원자가 원서를 접수하는데, 여기서 지원자의 숫자보다 문제인 것은 뽑는 인원수다. 그 많은 사람들이 오는데 각 방송사에서는 남녀 각각 1-2명밖에 뽑지 않는다. 그래서 정말 엄청난 경쟁률을 기록한다. 사실 나는 고등학교 때 잠시 아나운서를 꿈꿨었는데 그때 교생실습을 왔던 선생님이 내게, 아나운서는 경쟁률이 2000대 1이라고 일러주었다. 나는 그 당시만 해도 경쟁률이라던 지 구체적인 숫자는 모르던 터였다. 잠시 머릿속으로 생각해보니, 나 말고 나머지 1999명을 이길 자신이 없었다. 그래서 바로 그 꿈을 접었던 적이 있다.

그랬던 내가 아나운서 시험장에 와있다. 그런데 겸손하려고 하는 말이 아니라 나빼고 전부 다 예쁘고 잘생기고 멋져 보인다. 심지어 옆에서 다른 지원자가 원고를 들고 연습하는 모습을 보고 있노라면, 목소리도 좋고 긴장도 하지 않으면서 능숙해 보이기까지 한다. 덜덜 떨리는 심장을 간신히 부여잡고 있는 내가,

세상에서 가장 초라하고 못나게 느껴진다.

그래서 나는 이 전략을 택했다. 일명, '난 나만 바라봐' 작전. 다른 사람들을 보면 볼수록 내 단점만 보이고 내가 한없이 작게 느껴져서 정말 나는 나만 바라봤다. 아나운서 시험장에서는 지원자들이 화장실에서도 거울을 보면서 막판 외모점검에 여념이 없다. 그런데 여기서 다른 사람들을 쳐다보다보면 또 다시 '비교의 늪'에 빠진다. 남들과 나를 비교하는데 에너지를 쓰기시작하면, 막상 이제껏 준비해온 나의 실력을 마지막으로 가다듬을 중요한 기회를 놓치게 된다. 그래서 나는 정말 다른 지원자들을 돌같이 여기며 아무도 쳐다보지 않았다. 화장실에서도, 복도에서도, 대기실에서도 정말 나는 내 자신에만 집중했다.

이 작전은 내게 큰 도움이 되었다. 아나운서 시험은 보통 카메라테스트, 2차, 3차, 4차 그리고 5차 면접까지 이뤄지기 때문에 거쳐 가야 할 단계가 매우 많은 편이다. 그때마다 이겨내야 하는 극도의 긴장감과 불안함을 나는 나를 바라보며, 나를 다독이며, 나를 응원하며 버텨냈다. 그 어느 시험장 화장실에서 손을 씻고 거울을 바라보는데, 애써 아무도 쳐다보지 않고 처음부터 끝까지 내 자신하고만 눈맞춤 하던 그날의 기억이 지금도 생생하다. 만일 이 글을 읽는 지원자 중에도 혹시 시험장에 가서 다른 2,000~3,000명의 어마어마하게 멋진 지원자들에게 기가 눌리는 경험을 한적 있다면, '난 나만 바라봐' 작전을 조심스레 추천해본다.

끝도 없이 이어지는 준비생 시절,
어떻게 나는 끝까지 버틸 수 있었나?

아나운서 준비생 때를 생각하면 나는 끝이 보이지 않는 터널의 이미지가 떠오른다. 아주 컴컴한 터널을 걷고 있는데 이미 너무 많이 와버려서, 고개를 돌려 뒤를 보아도 내가 들어온 터널 입구도 보이지 않고 그래서 되돌아 갈 수도 없고 그렇다고 앞을 봐도 출구도 보이지 않는 그런 터널. 시작도 끝도 없는 그런 막막함의 연속. 매일 그곳에서 터덜터덜 앞을 향해 걷고 있지만 이게 언제 끝날지, 얼마나 더 가야하는지 감도 오지 않아 힘에 부친다. 어쩌면 걷느라 소비하는 에너지보다, 이 터널의 끝이 어디인지 몰라 답답해서 허비하게 되는 에너지가 더 클지 모른다. 안다. 준비생들의 마음이란 그런 터널 속 나그네와 같은 것이다.

그리하여 나는 '기한'을 정했다. 내가 이 막막한 터널을 걸을 기한. 정확히는 아나운서 준비를 지속할 기한. 아마 3년 정도를 정했던 것 같다. 부모님께도 공표를 했다. 왜냐하면 이런 취업의 터널을 걷는 나를 보는 부모님은 나보다 더 막막하실 테니까. 그래서 만약 내가 3년 후까지도 아나운서가 되지 못한다면 나는 미련 없이 다른 직업을 선택하겠다고 했다.

아마 아나운서를 준비하는 많은 분들이 그런 생각을 할 것이다. 여자 아나운서가 30살 넘으면 뽑히기 힘들지 않을까? 이 준비를 언제까지 해야 하나? 이걸 준비하다가 다시 일반 직장에 원서를 넣었을 때 그때는 나이가 많아 일반직장에서도 뽑히기 어렵지 않을까?

그렇기 때문에 지금 준비하고 있는 내 나이를 잘 봐야할 것이다. 안타깝게도 우리나라는 아직도 나이나 성별, 출신대학 등이 직원채용에 영향을 주고 있는 것이 현실이다. 요즘은 기업들도 블라인드 서류전형이나 면접 등을 통해서, 지원자의 실력만을 위주로 뽑는 것으로 점점 바람직하게 변화되고는 있지만 아직도 100% 그렇다고 볼 수는 없다.

나의 지금 나이를 생각해서, 내가 몇 살까지 아나운서를 준비할지 그리고 일반직장에 원서를 낸다면 나의 전공이나 자격을 생각했을 때 언제까지 가능성이 있을지, 잘 따져봐서 아나운서 준비의 한계시한을 현실적으로 정하는 것도 하나의 방법이다.

이렇게 했을 때의 장점은 막막한 터널을 걷는 동안, 그래도 기한이 얼마나 남았는지 알게 되기 때문에 답답함을 덜 수 있다는 것이나. 그리고 또 하나, 기한이 정해져있기 때문에 그 기간 동안 후회 없이 있는 힘을 다해 최선을 다할 수 있다. 우리는 끝이 정해져 있는 것을 더 소중히 여기는 경향이 있다.

무한대로 영원히 할 수 있다는 것은 엄청난 축복인 것 같지만 인간들은 역설적으로 유한한 것들에 더욱더 최선을 다한다.

또, 자신이 정한 기한 뒤에 다른 길을 걷는 플랜B를 열어둔다고 해서 결코 비겁한 것은 아니라고 생각한다. 아나운서만이 인생의 답은 아니다. 나는 타사 아카데미에서 아나운서 준비를 했던 친구들과 지금까지도 연을 맺고 친하게 지내고 있는데, 그 친구들은 지금 다른 직장에서 각자 열심히 살고 있다. 한 기업의 CEO, 은행원, 대기업 직원 등 각자의 필드에서 전문성을 쌓고 성공적으로 커리어를 이어가고 있다. 만약 그 사람들이 아나운서에만 무조건 올인하고, 몇 년 뒤에 어떻게 할지 플랜B에 대해서 아무것도 준비하지 않았다면? 지금과 같은 안정적 삶은 기대하기 어려울지도 모른다.

아나운서 준비를 하면서, '나는 아나운서 아니면 절대 안 돼'라며 '배수의 진'을 치는 것이 아주 효과적인 전략처럼 느껴질 수도 있다. 하지만 배수의 진은 전쟁 때나 필요한 기술 아닐까. 우리가 직장을 구함에 있어서는 아나운서 준비에 최선을 다하는 것도 좋지만, 혹시나 이것이 안 되었을 때를 대비해서 몇 년을 여기에 투자하고, 그 이후에는 어떻게 할 것인지에 대해서도 현실적으로 잘 대비해두는 것이 좋다고 생각한다.

아나운서 화장과 옷, 꼭 많은 돈을 써야할까?

내가 처음 아나운서가 되고 싶다고 했을 때 우리 아버지는 반대를 했는데 그 이유는 바로 돈이었다. 아나운서가 아무나 되는 게 아니라, 돈이 많아야 준비를 할 수 있다는 것이었다. 방송국에 아나운서로 입사함에 있어서 외모경쟁력을 무시할 수 없는데, 이 세련된 외모라는 것은 그냥 만들어지는 것이 아니고 경제력이 뒷받침되어야 한다고 일러준 것이다. 마치 우리 할머니가, 매일 꾸미지도 않던 사람이 결혼식에 간다고 어느 날 옷 사 입고 화장을 해봐야 촌스러움이 다 티가 난다고 하신 것과 같은 말이랄까. 어쨌거나, 평범한 집에서 자란 나로서는 사실 기가 많이 죽는 말이었다.

하지만 지금 누군가 아나운서를 준비하면서 이 부분에 대해 질문한다면 나는 이렇게 말해주고 싶다. 돈 없으면 아나운서 될 수 없다는 말, 반은 맞고 반은 틀리다. 이 무슨 애매모호한 말이냐고 할 수도 있다. 아나운서가 되기 위해 돈이 필요한 항목은 크게 두 가지다. 아나운서 학원비, 그리고 면접에 필요한 화장과 의상비용.

첫 번째 아나운서 학원비는 정말 비싸다. 그리고 현재 아나운서 학원에 들어가지 않고 방송사에 입사하는 것은 (찾아보면 있긴 하겠지만) 내가 아는 한 아주 드문 일이다. 그러므로 이 비용은 어쩌면 배제하기 힘든 부분이다.

그러면 두 번째 화장과 의상비용. 이 부분은 본인 의지와 노력에 따라서 절약할 수 있다. 가령, 면접에 가기위해서 과거에는 무조건 메이크업샵에 가서 전문가에게 화장과 머리를 손질 받는데 요즘은 블로그나 유튜브에 뷰티관련 콘텐츠가 참 잘 되어있다. 조금의 손재주만 있다면, 아니 그렇지 않은 사람도, 쉽게 따라 해볼 수 있을 만큼 자세하고 다양한 영상과 정보가 올라와 있다. 그래서 메이크업의 경우, 물론 샵에 가서 모든 것을 전문가에게 맡기는 것도 좋겠지만, 반드시 그렇게 해야 하는 것은 아니다. '아나운서 메이크업'이라고만 영상을 찾아봐도 수십 개가 나온다. 스스로 헤어와 메이크업을 해볼 수 있는 길이 예전보다 더 열려있다고 생각한다. 그리고 의상의 경우, 나는 단벌신사였다. 여러 벌의 옷으로 그때그때 분위기를 바꿔서 시도하지 않았다. 그냥 나에게 잘 어울리는 한 벌의 옷을 사서 지역방송사부터 시작해서, 지금 내가 뽑힌 CBS 기독교 방송까지 모든 시험을 그 한 벌의 정장을 가지고 통과했다. 어느 회사를 막론하고 나의 카메라테스트 통과율은 꽤 높았기 때문에, 비싼 옷들을 화려하게 계속 준비하는 것에 부담을 느끼는 지원자가 있다면 그런 걱정은 안 해도 된다고 말해주고 싶다.

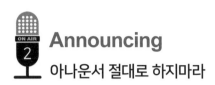

Announcing
아나운서 절대로 하지마라

공휴일에 일하는 게 멋있다고?

나는 예전에 아나운서들이 새해 첫 날이나 크리스마스 날 TV에 나와서 생중계하는 모습을 보면 그렇게 멋져 보일 수가 없었다. 다른 사람들이 새해맞이나 떡국 먹기, 크리마스날 연인과 손잡고 명동 걷기와 같은 아주 사소한 일상의 것들을 수행할 때 멋지게 일을 하는 아나운서들을 보면서 준비생 시절 반드시 나도 저렇게 일하리라 마음먹었다. 지금 생각하면 매우 잘못된 생각이었지만, 그 당시 나는 사람들의 소소한 명절맞이보다 뉴스나 방송이라는 중요한 일들을 하는 것이 멋지다는 착각을 했던 것 같다. 이 생각이 매우 틀렸다는 걸 깨닫는 데는 아주 오랜 시간이 걸리지 않았다.

사람들의 소소한 명절맞이는 결코 소소한 일이 아니다. 명절이나 공휴일은 빨간날이다. 빨간날의 의미는 나라에서 정한 휴일로, 많은 사람들이 일을 쉬면서 가족이나 친구, 혼자 시간을 보내는 날이다. 나는 결혼하기 전에는 그런 것을 잘 못 느꼈지만, 가정이 생기고 아이가 태어나다보니 이런 명절에 가족과 함께 시간을 보낸다는 것이 얼마나 의미 있고 중요한일인가 깨닫게 되었다. 단적인 예로, 어린이날 엄마가 뉴스근무여서 다른 아이들이 엄마와 대공원에 가서 신나는 시간을 보낼 때 우중충한 얼굴로 집에서 엄마만 기다리는 내 아이를 생각해보라! 어떻게 이런 일들이 사소한 일일 수 있을까? 이 일들은 결코 사소한 일이 아니었고, 이런 일상 속 작은 행복들이야말로 우리 삶을 구성하는 중요한 요소다.

아나운서가 되면, 내가 그토록 중요하게 생각했던 방송을 위해서, 그런 일상의 소소해보이지만, 절대 소소하지 않은 행복들은 과감히 내려놓아야 한다. 뉴스는 생방송이므로 시간을 가리지 않는다. 아나운서들은 토요일, 일요일 그리고 공휴일에도 돌아가면서 뉴스근무를 한다. 추석이나 설처럼 휴일이 여러 날에 걸쳐 있는 때에는 반드시 하루 정도는 내 뉴스 당직근무가 돌아오게 되어있다.

또, 우리 CBS방송국은 라디오에 특화되어 있는 회사다. 생방송이 메인인 라디오의 특성상, 우리는 토요일과 공휴일에도 주로 라디오 생방송을 한다. 뉴스 당직근무가 아닌 주말과 공휴일에도 내가 맡은 프로그램 2시간을 위해서는 반드시 일을 하러 나와야한다. 또, 나라에서 정한 휴일이 아니라 내가 따로 신청해서 하루를 쉬는 정기 휴가에도 프로그램 생방송을 위해서 또 회사에 출근한다. 매일 라디오를 듣는 청취자들이 있는데, 개인 휴가 때문에 자주 DJ가 바뀔 수 있을까? 내 프로그램이 있는 이상, 공휴일이건 개인휴가이건 아나운서는 방송국에 시간적으로 공간적으로 메인 몸이다.

아나운서 선배들도, 나도, 위장약을 달고 산다

아이 때문에 육아휴직을 했던 때가 있었다. 어느 날 집에서 약통을 열었다가 화들짝 놀란 적이 있다. 소화제가 너무 많이 남아있었던 것이다. 방송하며 회사를 다닐 때 그렇게 자주 먹어서 금방 떨어지곤 했던 소화제를 육아휴직하는 1년 동안 한 번도 먹지 않은 것이다! 생방송이라는 긴장감과 실수에 대한 두려움 때문에 늘 몸이 지나치게 딱딱하게 굳는다. 자연히 위와 같은 장기들도 긴장돼 잘 움직이지 않으니 음식물이 소화가 되지 않는다. 너뿐만이 아니라 많은 아나운서 선배들도 소화제를 달고 산다.

그런 생각이 들었다. 나 대체 이렇게까지 소화제를 먹어가면서까지 왜 회사를 다니는 거지? 집에서 있으면 약도 안 먹어도 되고, 정신적으로 훨씬 편안하고 안정된 상태인데, 난 왜 굳이 약을 싸들고 다니면서 회사를 다니는 거지? 정말 여러 가지 생각이 들었다. 집에서 아이를 키우는 일도 물론 육체적으로 정신적으로 힘든 일이다. 옛말에 애 보느니 밭 맨다고, 회사에 나가서 일하는 것이 더 편하게 느껴지는 면이 있을 정도로 아이 보는 일은 힘든 노동이다.

그럼에도 불구하고 아나운서 일의 특성인 '긴장'이라는 것을 생각해보면 아이를 키우는데 그렇게까지 몸이 굳도록 긴장할만한 일은 많이 없는 것 같다. 우리 애가 내가 만든 이유식을 안 먹을까봐 긴장이 된다던지, 남들보다 걸음마가 늦을까봐 심장이 두근두근한다던지 하는 일이 흔하지는 않으니 말이다.

아나운서로서 방송경력이 30년 되신 선배님께 한번 여쭤본 적이 있다. 아직도 생방송할 때 긴장되시냐고. "이쯤 되면 긴장이라는 건 안하게 되지~"라는 대답을 속으로 기대했었나보다. "아직도 긴장이 돼. 초보 때와는 다른 종류의 긴장이지만 그래도 긴장을 안 할 수는 없지"라는 말에 나도 모르게 너무 실망하는 마음이 들었으니 말이다. 내심 속으로 걱정했던 것 같다. 그럼 나 앞으로 20년을 더 소화제 달고 살아야하나?

나는 생방송의 긴장감으로 인한 아나운서의 몸 상태를 이렇게 비유한다. 급속냉동으로 얼었다가 다시 녹았다가 다시 얼었다가 녹은 떡을 생각해보라고. 그 떡은 아마 흐물흐물해져서 맛있게 먹기는 힘들 것이다. 퇴근해서 집에 갔을 때 내 몸이 딱 그런 떡과 같은 상태인 것 같다. 생방송에 들어갈 때 갑자기 확 긴장했다가 다시 방송 끝나고 밥 먹고 자리에 앉아있으면서 다시 풀어졌다가 다시 다음 방송에 들어가면서, 순간 확 긴장했다가 방송 끝나고 한숨 돌리면서 다시 풀어지는 떡. 그래서 애초에 식용으로 만들어졌음에도 이제 먹는 용도로는 쓰일 수 없을 만큼 풀어헤쳐진 떡! 긴장했다가 풀어졌다가가 일상인 아나운서들의 몸은 아마 나와 비슷한 그런 상태일 것이다. 그렇기 때문에 아나운서들에게 긴장 그리고 스트레스 관리는 정말 필수이다. 이걸 장기적으로 어떻게 해나가느냐에 따라 몸 건강도 정신 건강도 달라질 것이다.

생방송이 부담되어 숨쉬기가 힘들 때

그런 적이 있었다. 갑자기 라디오 5분 뉴스 생방송을 하는데 심장이 너무나 급작스럽게 뛰어서 숨이 안 쉬어졌다. 마치 100m달리기를 하고 온 사람처럼 호흡이 너무 가쁜데, 이게 마이크로 들어갈까 봐 큰 숨들을 억지로 누르면서 입으로는 계속 뉴스원고를 읽어야만했다. 거친 호흡 때문에 문장과 단어들이 내 입에서 달달달 떨려 나왔다. 심장은 스튜디오 밖으로 튀어나갈 듯 큰 소리로 뛰고 있었다. 너무 창피하고 당황스러운 순간이었다.

사실 호흡은 뉴스의 뿌리 같은 것이라, 이게 흔들리면 뉴스를 당연히 잘 할 수 없다. 아니 뉴스를 떠나서 호흡이 너무 가빠서 숨을 쉴 수 없다면 일상생활에서도 당연히 뭔가를 잘 수행하기는 어렵지 않은가. 호흡은 뉴스뿐 아니라 생명의 근간이니까. 그런데 그 날, 나는 생명의 위협을 받을 만큼 숨쉬기가 어려웠다. 이것이 TV에서만 보던 공황장애인가하는 생각마저 들었다.

지금 생각해보면 정신과에 갔어야 맞는 상황이었는데, 공황장애와 같은 정신적 문제라는 것을 인정하고 싶지 않았던 나는 내과를 찾아갔다. 진료실에서 나는 얼마 전에 긴장되는 상황에서 갑자기 너무 숨이 안 쉬어지고 심장이 빨리 뛰었다고 말했다. 그러자 의사는, 그게 정상이라면서 원래 사람이 긴장하면 숨이 안 쉬어지고 심장이 빨리 뛴다고 했다. 전혀 그 상황에 대한 이해가 없었다. 실망스런 발걸음으로 집으로 터덜터덜 돌아왔다. 가장 두려운 것은 내가 이렇게 절망적인 상황임에도 불구하고 그 다음날도, 그 다음날도 나에게 계속 라디오 뉴스 배당이 있을 거라는 사실이었다.

다급하게 아버지에게 전화를 걸었다. 난 이제 큰일이고, 뉴스도 못하고 아나운서 생명도 끝이라고 절박하게 말했다. 이 같은 고민을 회사 사람들에게 털어놓을 수도 없다고 말했다. 누군가 나의 이런 상황을 한명이라도 알게 된다면 나는 다시는 마이크 앞에 서기조차 두려울 거 같았다. 내가 늘 카메라 앞에서 당당하고, 남의 이목을 즐길 줄 아는 배포 큰 사람이라고 생각했는데 결국 사람들의 시선이 두려워 이렇게 무너지는가 하고 너무 속상했다. 나 자신에 대한 실망도 컸다. 당황해서 어쩔 줄 모르는 나에게 아빠는 의사보다 더 큰 조언을 해주었다. 이건 지금 육체적 문제가 아니고 정신적 문제라고 하면서, 일단 약국에 가서 우황청심환을 사라고 했다. 주로 수험생들이 시험 전에, 아니면 연주자들이 콩쿠르 직전 먹어서 긴장을 완화한다는 바로 그 약이었다.

아빠는 그 약을 사서 책상 안에 넣어두고 있으면 심리적으로 안정이 될 거라고 말해줬다. '또 방송하다가 떨리면 언제든 그 약을 먹으면 돼'라는 생각이 내 마음을 편하게 해줄 거라고 말이다. 아직도 내 책상에는 그때 사서 뜯지 않은 우황청심환 두 개가 그대로 있다. 놀랍게도 언제든 내가 내 긴장을 약으로 낮출 수 있다는 그 자신감으로 그 이후로는 뉴스울렁증은 다시 발생하지 않았다. 그 일이 있은 뒤로 어느덧 5년도 넘는 시간이 지났지만 아직도 책상 속 그 약들은 나를 지켜주는 그 무엇이 되었다.

실수가 용납되지 않는 생방송, 방송하는 나를 지켜보는 회사 내 수많은 아나운서 선후배들과 엔지니어 스태프들, 방송을 듣는 수많은 청취자들. 가끔은 이런 모든 걸 생각하면 다시금 숨도 못 쉴 만큼의 긴장감이 생긴다. 생각해보면 이 모든 것에도 불구하고 긴장하지 않는 것이 더 이상하다. 긴장하지 않는 것을 목표로 하는 게 아니라, 방송일이 항상 긴장이 됨에도 어떻게 내가 헤쳐 나갈 것인가가 중요해지는 이유다.

출퇴근이 정확한 직업이라 좋은데 이상하게 출퇴근이 없다

아나운서는 비교적 출퇴근 시간이 정확한 직업이다. '저녁이 있는 삶' 그리고 '워라밸(일과 삶의 균형)'을 중시하는 요즘 같은 때에 정말 장점이라고 할 수 있다. 그런데 이상하게도 출퇴근이 정확하고 야근할 일이 없는데도, 집에 가서 퇴근한 기분이 안 든다. 왜냐고? 바로 내 프로그램 준비 때문이다.

특히나 시사프로그램을 맡은 경우, 거의 24시간 프로그램과 함께 깨어있다고 보면 된다. 뉴스는 시간을 가리지 않는다. 그래서 아무 때나 크고 작은 사건이 터지는데, 프로그램을 기획하는 피디도 마찬가지요 진행자도 늘 시선이 뉴스에 향해있다. 피디는 사건의 중요도에 따라 당장 다음날의 혹은 그날의 아이템을 바꿔야하기 때문에 그렇다. 진행자는 사건을 이해하고 있어야, 게스트와 대화도 나누고 질문도 제대로 할 수 있기 때문에 긴장해서 뉴스를 챙긴다. 이미 퇴근한 시간에도 마찬가지이고, 이는 공휴일이나 주말에도 그렇다. 회사를 떠나있는 시간에도 늘 뉴스를 챙기며 프로그램을 생각한다.

예전에 일주일에 한번 주말에 하는 인터뷰 프로그램을 맡은 적이 있었다. 〈우리가 사는 세상〉이라는 한 시간짜리 프로그램이었는데 보통 3명의 출연자가 나와서 자신의 이야기를 풀어가는 형태였다. 나의 일주일은 이 프로그램 준비를 바탕으로 짜여 돌아갔다. 출연자가 누구인지 결정되면 인터넷에서 이 사람에 대한 정보를 찾고, 인터뷰들을 읽어보고, 출연한 다른 방송들을 찾아보면서, 서점에 가서 출연자가 출판한 책을 사서 읽었다. 출연자에 대한 정보와 이 사람의 생각에 대한 충분한 이해가 있어야 방송의 질이 높아진다. 또한 그것이 출연자에 대한 최소한의 예의이기도 하다. 거꾸로 내가 누군가의 방송에 나갔는데, 진행자가 내가 누구인지도 모르고 내가 쓴 글이나 책에 대한 이해도 전혀 없으면 어떤 기분이 들겠는가? 그 프로그램에서는 좋은 이야기도 별로 풀어놓고 싶지 않을 것이다. 그래서 아나운서는 뉴스나 시사, 인터뷰 프로그램을 맡으면 그 준비를 위해 출퇴근시간을 제외한 다른 시간에도 늘 준비를 한다. 아나운서는 그래서 출퇴근이 정확하지만 출퇴근이 정해져 있지 않다.

내 자신의 감정을 통제하는 일이 일상화된 이유

아나운서 입사 5년차 때의 일이다. 태어나서 처음으로 PT(퍼스널트레이닝)를 받게 되었다. 트레이너 선생님이 내게 재미있는 이야기를 해주셨다. 내 표정을 읽기가 참 어렵다는 것이었다. 보통 트레이너 선생님들은 운동하는 사람의 표정을 보고, '아 이정도면 한계구나 그만 해야겠다' 아니면, '아직 끝이 아니구나, 몇 개 더 시켜봐야겠다' 이런 것을 결정하는데, 나의 경우에는 얼굴만 봐서는 도저히(?) 지금 상태가 어떤지 모르겠다는 것이었다. 그러니까 나는 너무 우습게도, 몸이 힘들어서 얼굴을 찡그리는 게 당연한 그 순간에도 얼굴에는 살짝 미스코리아 미소를 띠면서 힘든 운동을 버티고 있었던 것이었다. 그 말을 듣고 나서 운동하고 있는 동안 전신거울로 보니 내 표정이 참 우스웠다. 더 이상 아령을 쥐고 있지도 못할 것 같은 순간 혹은 스쿼트를 하다가 다리에 힘이 빠져 더 이상은 하지 못할 그런 임계점에서도 나는 얼굴을 한껏 구기는 대신 옅은 미소를 유지하고 있었다. 아나운서로 일한지 5년. 나는 어느새 어떠한 상황에서도 '평정심'을 유지하는 사람으로 바뀌어 있었던 것이다.

평정심. 아나운서로 방송국 시험을 준비하던 그 어느 해, 한 방송국의 논술 기출문제가 딱 저 한 단어였다. 나는 그 해에 시험을 치르지 않아, 직접 평정심에 대해서 글을 써볼 기회는 없었다. 그런데 이상하게도 그 후 몇 년 동안 나는 평정심이라는 단어가 마음에 내내 남아있었다. 나라면 어떤 이야기를 썼을까? 아나운서 준비생 때부터 내 마음 한구석에 남아있던 그 단어에 대해서, 지금 나는 여기에 이야기를 써보려고 한다.

뉴스를 함에 있어서 평정심은 당연히 지켜야하는 것이고, 그래서 때로 다름 아닌, 그 부분이 정말 힘이 든다. 뉴스를 하면서 흥분을, 슬픔을, 분노를 참고 평정심을 지키기가 참 어려운 때가 있다.

흥분을 참기 어려운 경우는 대부분의 속보상황이다. 속보란 무엇인가? 국민들이 지금 현재 꼭 알아야하는 화재나 지진과 같은 재난속보, 유명 정치가의 자살이나 북한의 갑작스러운 미사일 공격과 같은 시급한 뉴스들을 말한다. 그러한 뉴스들은 촉각을 다투는 일이기 때문에, 내가 즐거운 분위기의 라디오 음악방송 DJ를 맡고 있는 상황에서도, 아니면 이미 다른 뉴스를 생방송으로 하고 있는 상황에서도 반드시 '지금 당장' 전해야하는 뉴스들이다. 나는 생방송으로 스튜디오에서 방송을 진행 중인데, 멀리서부터 다급히 보도국에서부터 기자선배가 쿵쾅쿵쾅 달려오기 시작하면 나의 심장도 쿵쾅대기 시작한다. 기사를 들고 달려오는 사람의 얼굴도 상기되어 벌겋다. 뉴스의 내용도 심각하니, 또 이 뉴스가 지금 당장 제대로 잘 방송되어야한다는 압박감이 있어서 그렇다. 떨리는 손으로 전해주는 그 뉴스 기사를 전달받는 나로서도 당연히 이 상황

자체가 긴장이 된다.

그렇다고 해도, 뉴스를 전달하는 사람이 너무 흥분되거나 떨리는 목소리로 말을 하면 청취자들은 더욱 그 사건을 충격적으로 느낄 수 있기 때문에 아나운서는 이때 최대한 '평정심'을 유지해야한다. 화재상황에서 생존률을 결정하는 것은 얼마나 사람들이 침착하게 출구를 찾을 수 있느냐에 달렸다고 들었다. 사람들이 내가 전달하는 속보를 듣고, 아나운서로서 내가 미처 감추지 못한 떨림을 느껴서 그들도 감정적으로 흥분하면 안 된다. 그들이 차분하게 대처하지 못할 것이다. 그러니 아나운서는 속마음을 감추고 짐짓 아무렇지도 않은 척 감정을 배제하고 사실만 전달하는 것이다.

때론 슬픔을 감추는 것이 너무 괴로울 때도 있다. 대표적인 것이 바로 세월호 참사 뉴스(2014.4.16)를 전할 때다. 나는 아직도 세월호 참사가 일어났던 그 날의 기억이 생생하다. 나는 당시 5년차 아나운서였다. 그 사건은 내가 지금껏 접한 여타의 사건사고와는 정말 달랐다. 내가 그때까지 뉴스에서 전달했던 사건들은 대부분 과거형이었다. "~에서 ~사고가 일어나 ~명이 사망했습니다"처럼, 이미 일어난 사건을 전달하는 일이었다. 그러나 세월호는 달랐다. 온 국민이 지켜보는 가운데서 배가 서서히 가라앉았고, 뒤집혔다. 그리고 그 안에는 수백 명의 아이들이 갇혀있었다. 국민들 모두가 생중계로 아이들이 바닷물에 사장되는 것을 지켜보아야만 하는 충격적인 사건이었다. 그리고 그 사건을 시시각각 뉴스로 전해야하는 것이 나는 참으로 괴로웠다. 내가 그때 휴직 중이거나 아나운서가 아니었으면 좋겠다고 계속 생각했을 만큼 나는 사망자와

실종자를 매 시간 전하는 일이 심적으로 많이 괴로웠다. 떨리는 목소리와 눈물을 참아가며 아무렇지 않은 척, 매일 들려오는 절망적인 소식들에도 괜찮은 척하는 것이 정말 힘들었다. 매일 속으로 피눈물이 나는 느낌이었다. 나는 준비생때, 아나운서가 되어서 중요하고 대단한 뉴스들을 전달하고 싶다고 늘 생각해왔었는데, 이런 사건에서 정작 나는 도망가고 싶을 만큼 온몸으로 괴로워했으니 참으로 묘한 일이었다.

때로는 뉴스를 하면서 차오르는 분노로 힘들 때도 있다. 바로 얼마 전에 일어난 사건이다. 충남 천안에서 계모가 아이를 학대해 아이가 숨지는 일이 발생했다. 아이는 9살이었는데, 훈육을 핑계로 아이를 여행용 가방 안에 7시간동안이나 가두었다. 계모는 아이를 가방에 두고 외출을 하기도 했으며 숨을 못 쉬겠다는 아이의 말을 무시하고 가방 안에 헤어드라이기로 뜨거운 바람을 불어넣고 가방위에 올라가 뛰기까지 했다. 아이는 병원으로 옮겨질 때 이미 심정지 상태였고, 병원으로 옮겨진지 이틀 만에 결국 숨을 거뒀다. 앵커인 나는 저녁 종합뉴스에서 이 소식을 며칠간 다뤘다. 스튜디오에서 뉴스를 할 때에도 물론 분노를 느꼈는데, 그렇다고 뉴스를 하면서 마구 화를 낼 수는 없는 노릇이었다. 목소리에만 살짝 분노를 담아 적당하게 뉴스를 전달했다. 퇴근 후 차를 몰아 집에 돌아오는데, 갑자기 나도 모르게 아이생각이 나면서 눈물이 마구 흘러내렸다. 참을 수 없는 분노가 올라왔다. 그때 깨달았다. 나는 인지하지 못했지만, 아무렇지 않은 척 뉴스를 전달하는 과정에서 억지로 눌러놓았던 엄청난 화가 내 안에 있었다는 것. 집에 가는 길에 차를 세워 휴대폰을 꺼내들고 그때의 감정을 다 쏟아서 글로 적었다. 그러고 나니 마음이 좀 가라앉았다.

뉴스를 전달하는 아나운서에게 평정심이란 무엇일까. 반드시 필요한 것이고, 그래서 괴로운 것이기도 하다. 아나운서로, 뉴스전달자로 10년을 살아온 내게 이제는 몸에 습관처럼 배어버린 평정심. 그래서 누구나 얼굴을 찡그리고 괴로운 소리를 입으로 내는 것이 자연스러운 헬스장에서조차 내가 내려놓지 않는 평정심. 내가 평정심을 유지하려고 노력하는 이유는 단 하나, 뉴스를 듣는 사람들을 위한 나의 최대한의 배려.

아파도 슬퍼도 생방송

생방송이라는 단어가 가지는 무게감이 있다. 녹음이나 녹화가 아니고 '생'으로 시청자, 청취자들과 만난다는 약속. 그래서 그것을 지키기 위해 출연자들은 부단히 노력한다. 가끔 TV에 연예인들이 나와 병원에서 링거를 맞았다가도 다시 나와서 방송을 했다던가, 가족이나 가까운 친척의 장례가 있는데도 출연을 했다던가 하는 이야기가 그런 노력에서 나오는 것이다. 나는 아나운서 지망생 시절, TV로 이런 사람들의 책임감 있는 모습을 지켜보는 입장이었고 존경스럽다고 생각했다.

그런데 막상 내 입장이 되어보니, 어떠한 상황에서도 생방송 출연의 약속을 지켜나간다는 것은 실로 대단한 일이었다. 왜냐하면 '어떠한 상황에서도'는 꽤 많은 일들을 포함하고 있기 때문이다. 나의 몸이 아주 힘들고 아플 때, 아픈 티를 내지 않고 웃는 얼굴로 괜찮은 모습을 보여야 한다. 힘든 일이 생겨 심리적으로 굉장히 처지고 다운되어 있을 때, 말 한마디 하고 싶지 않은데 두 시간 가까이 유쾌한 듯 방송해야 하는 상황도 벌어진다. 또 가까운 사람들의 죽음을 맞게 되었을 때. 내가 심리적으로 안정되어 마이크 앞에 기쁘게 설 수 있을 때까지, 언제까지고 오롯이 나 혼자만의 시간을 갖고 싶지만 생방송이라는 정해진 약속이 있을 때, 무기한 그 시간을 연기하기도 어렵다.

몸이 안 좋은데 생방송을 한 기억은 많은데, 한번은 장 수술로 일주일동안 입원을 했는데 내 목소리가 메인이고 내가 주인인 프로그램을 대타에게 너무 오래 맡겨둘 수 없어서, 충분한 안정을 취하라는 의사의 권고에도 불구하고 잠깐씩 나와서 프로그램을 녹음하고 들어갔던 것이 떠오른다. 나의 이름을 내건 프로그램을 한다는 일은 멋진 일이고, 그래서 그만큼의 책임이 따르는 일이다.

또 한 번은 한 후배 아나운서의 휴가로, 내가 새벽 시사프로그램을 대타로 일주일동안 맡았을 때의 일이었다. 새벽에 4시에 일어나서 새벽6시 생방송을 소화해야하는 상황이었다. 일찍 일어난 날이기에 집에 와서 낮잠을 청했는데 자고 일어났더니 몸이 너무 안 좋았다. 구토가 계속되었고, 두통도 너무 심했다. 나는 겨우 기어가듯이 대학병원 응급실에 도착했다. 응급실은 다들 알다시피 침대개수의 여유가 없기 때문에 나는 앉아있기도 힘든 몸 상태에서 대기실 좁은 의자에 쭈그려 앉아 겨우 수액을 맞게 되었다. 그런데 그 시간에도 편히 쉴 수 있는 게 아니었다. 당장 다음날 새벽 6시에, 시사프로그램 진행이 기다리고 있었다. 그 프로그램은 보통 저녁에 팀원들이 모여서 다음날 다룰 아이템 회의를 했다. 그 회의를 바탕으로 아이템을 정해서 다음날 새벽까지 출연진, 피디, 진행자가 다음날 방송을 준비하는 형태다. 이 회의의 내용을 따라잡지 못하면 그 다음날 방송에서 갈피를 잡지 못한다. 그래서 나는 응급실 의자에서 링거를 맞으면서 한 손으로는 휴대폰을 잡고 다음날 방송을 준비하고 있었다. 내 몸이 아프고 힘들어도 쉽게 내려놓지 못하는 것이 생방송이라는 것을 몸으로 느꼈다.

슬픔에 있어서도 마찬가지다. 나는 캐나다에 다녀와서 외할아버지 댁에서 지냈다. 당시 내가 살던 집은 특이해서, 부모님 집과 외가가 바로 옆집으로 붙어 있는 구조였다. 그래서 나는 부모님 집 대신 옆집인, 외할아버지 집에 살았다. 외할아버지는 내가 힘들까봐 매일 아침 직접 차를 몰아 나를 회사에 데려다주었다. 그러던 할아버지가 어느 날 성당에서 돌아오시다가, 길거리에서 쓰려져 돌아가셨다. 어디가 특별히 아픈 곳이 있는 것도 아니었다. 너무나 충격적이었다. 외할아버지는 새벽에 쓰러지셨는데, 그것도 우리에게 바로 연락이 온 것도 아니고, 쓰러지고 나서 병원에 누군가 연락을 했고 그 후 경찰이 오후에 우리 집에 찾아오는 형태로 우리는 외할아버지의 죽음을 맞았다. 아무런 마음의 준비도 하지 못한 채로.

당시 나는 매일 12시에 하는 라디오 팝 음악방송을 맡고 있었다. 매우 신나고 발랄한 콘셉트의 방송이었다. 다행히 주말을 끼고 있어서, 이틀을 할아버지 장례식장에서 보내고 다시 월요일 생방송으로 출근했다. 몸은 회사에 갔지만, 당연히 마음은 장례식장에 자리하고 있었다. 생방송이 시작되었고, 간신히 떨리는 목소리로 오프닝을 하고 멘트를 이어나갔다. 중간 중간 아무런 이유 없이 눈물이 흘러나왔다. 그날은 멘트보다도 정말 많은 음악이 나갔던 걸로 기억한다. 어떻게 방송을 마쳤는지 기억이 나지 않을 정도로 정신없이 생방송

2시간을 보낸 기억이 난다. TV속 이야기가 내 이야기가 되는 순간이었다. 외할아버지의 죽음은 내게 큰 충격이었고, 내가 아나운서와 생방송의 숙명에 대해서 다시 한 번 생각하게 되는 계기가 되었다. 나 뿐 아니라, 선배들도 인생에서 크고 작은 일들을 계속 겪어나가면서 꿋꿋하게, 그리고 묵묵히 생방송을 이어나가는 모습을 종종 목격한다. 그런 모습들을 곁에서 지켜보면 그들의 책임감이, 그리고 사명감이라 부를 수 있는 우직한 마음이 존경스럽다.

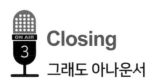

Closing
그래도 아나운서

나 자신을 계발하는 것에 돈을 받는 직업

누군가 나에게 아나운서로서 가장 만족스러운 것이 뭐냐고 하면 나는 단연 이것을 말하고 싶다. 나 자신을 계발하는 것이 나의 일에 도움이 되는 직업, 그래서 나는 아나운서를 사랑한다.

영화를 보는 것, 책을 읽는 것, 인터넷을 서핑하는 것, 드라마를 보는 것, 음악을 듣는 것, 사람들을 만나 대화 나누는 것, 미술관에 가서 전시를 관람하는 것 등등, 이런 모든 활동이 나와 내 방송에 도움이 된다.

방송은 기본적으로 사람들과의 소통을 기본으로 하는 것이어서, 지금 이 시대에 많은 사람들의 사랑을 받는 콘텐츠들을 알아야 한다. 아니, 아는 것만으로 그치지 않고 그것을 함께 느끼고 호흡할 줄 알아야한다. 그래서 지금 화제가 되고 있는 영화나 드라마를 놓치지 않고 챙겨본다. 사람들이 어디에서 기뻐하고 슬퍼하는지, 지금 누구를 선호하고 왜 그러한지 공감하려 애쓴다. 물론 이 과정에서 나도 기본적으로 콘텐츠를 소비하면서 즐겁다. 즐거우면서 내게 도움이 되는 일이라니! 물론 때로는 나의 즐거움을 위해서 이런 문화적 향유를 누리는 것이 아니라, 정말 내 직업에 도움이 되기 위해 의무적으로 공부하듯이 찾아보기도 한다.

예전에 이런 글을 읽은 적이 있다. 정확한 문구가 기억나지 않지만 뉘앙스를 최대한 전달해본다. "글쓰기를 못하는 이유는 지식의 빈곤이다." 이 말은 나에게 큰 자극을 주었다. 글쓰기나 말하기를 잘 못하겠다고 하면, 보통 우리는 글쓰기나 말하기의 기술이 없어서라고 생각하는데 그게 아니라 인풋(Input)이 없기 때문에 당연히 아웃풋(Output)이 없다는 신랄한 이야기를 한 것이다. 아나운서는 기본적으로 하루에 많은 말과 글을 쏟아내야 하는 직업이다. 라디오에서 청취자 사연을 읽고 멘트를 하거나, 인터뷰에서 누군가를 만나 이야기를 서로 나누거나, 아니면 잡지에 글을 싣거나 내 안에 있는 무언가를 계속 말과 글로 내보내야 한다. 이때 만약 채워지는 것이 없다면? 금방 내 안에 있는 모든 것들이 소진되고 말 것이다. 우물에 충분한 물이 있어야, 계속해서 퍼낼 것이 아닌가? 물이 다 떨어져가는 우물에서 쥐어짜내듯 퍼오는 말과 글은 양적으로나 질적으로나 수준 이하일 것이다.

아나운서들에게 자기계발이란 필수불가결의 것이다. 그래서 늘 멈추지 않고 노력해야하는 직업이다. 이러한 직업적 숙명은 나를 힘들게 하는 것이 아니라 오히려 나를 만족스럽게 한다. 나의 좌우명은 '어제보다 나은 오늘'이다.

다른 누구를 목표로 삼는 것이 아니라 나는 늘 오늘의 나를 어제의 나와 비교한다. 나는 어제보다 오늘 더 앞으로 나아가고 싶다. 그런데 아나운서는 억지로라도 나를 발전하게 한다. 그리고 심지어 내가 나를 계발하는 그 일에 돈까지 준다. 이렇게 멋진 직업이라니. 가끔 이 부분을 생각하면 나는 내가 아나운서 하길 정말 잘했다는 생각이 든다.

사랑을(?) 전하는 직업

어떤 직업은 필연적으로 다른 사람을 공격해야한다. 비록 그것이 정당한 공격일지라도 말이다. 가령 비리를 캔다거나 다른 사람의 잘못을 가려야 한다거나 하는 일말이다. 물론 그런 일들도 우리 사회에 꼭 필요한 중요한 일들이다. 어쨌거나 아나운서라는 직업은 그와는 정반대편에 서있다. 기본적으로 늘 사랑을(?) 전하는 일이다. 라디오에서 사람들이 자신의 이야기를 상담으로 적어 보냈을 때 아나운서는 그 사람을 비난하거나 잘잘못을 따지는 대신, 이야기를 충분히 들어주고 공감하고 응원의 마음을 보낸다. 인터뷰를 할 때도 마찬가지다. 누군가의 인생에 대한 이야기를 듣고, 배울 점을 찾고, 다른 누군가에게 도움이 될 만한 교훈을 전해준다. 아나운서 일의 기본에는 그러한 바탕이 깔려있다.

라디오를 진행하게 되면, 사람들 일상의 소소한 사연들을 많이 접하게 된다. 오랜 기다림 끝에 취업에 성공해 기뻐하거나, 딸의 결혼식을 일주일 앞두고 마음이 싱숭생숭하다는 이야기들도 있다. 아침에 급하게 출근하다가 콩을

와르르 모두 쏟아서 난감했다거나, 버스 타다가 넘어져서 창피했다는 사연들도 온다. 때로는 사랑하는 사람과 헤어져 괴로워하는 사연이 오기도 하고, 어머니의 기일이라 어머니가 보고 싶다는 그리움의 메시지가 오기도 한다. 아나운서는 사람들의 이야기를 듣고, 그들의 마음을 헤아리고, 위로해준다. 사람들의 마음을 어루만지려고 애쓴다. 하루 한 시간에서 두 시간 꽉 채워서 사람들과 마음으로 소통한다.

누군가를 축하하고, 위로하고, 응원하는 것이 나의 매일의 과제라고 생각하면 참 행복하다. 얼마 전에 본 영화 〈아메리칸 셰프〉가 생각난다. 아버지와 초등학생정도의 어린 아들은 푸드트럭에서 샌드위치를 파는 일을 한다. 어느 날 아들은 이렇게 말한다. 돈을 내지 않은 사람들에게 주는 거니, 어차피 조금 탄 샌드위치를 줘도 상관없다고. 그러자 아버지는 정색한다. 푸드트럭 밖으로 불러내서 눈을 똑바로 쳐다보고 이렇게 말한다. "내 직업은 셰프야. 음식을 통해서 사람들을 위로하지. 나는 그것이 행복해. 자, 그럼 이 탄 샌드위치를 저 사람들에게 줘야할까?" 그러자 아들이 "아닙니다, 셰프."라고 처음으로 셰프라는 단어를 써서 존경을 표하며 대답한다. 자기 직업에 대한 아버지의 진심이 느껴지는 대목이었다.

이 대사를 보며 나는 나의 직업을 떠올렸다. 셰프는 음식을 통해 사람들을 위로하고, 아나운서는 방송을 통해 사람들을 위로한다. 각자의 방식은 다르지만 궁극적인 목적은 외롭고 지친 사람들의 마음을 어루만지는 것이다. 가끔 그런 생각을 한다. 누가 라디오에 사연을 보내는 걸까? 친구도, 가족도, 친척도 아닌 그 어느 진행자에게 손수 편지를 쓰고, 문자를 보내고, 게시판에 직접 들어가서 글을 남기며 자신의 이야기를 털어놓는 사람들은 누굴까? 누군가에게 이야기를 들려주고 공감 받고 위로와 축하를 받고 싶어 하는 어느 외로운 이일 것이다. 그러나 우리 모두는 일면 외롭지 않은 가. 서로가 서로의 버팀목이 되어야만 살아갈 힘을 얻는 것이 인간이고, 그런 일환으로 우리는 일면식도 없는 DJ에게 나의 이야기를 스스럼없이 털어놓는다.

재미있는 것은 사연을 통해 당사자만 위로받는 것이 아니라 진행자도 마음에 위안을 얻는다는 것이다. 진행자가 자신의 삶에만 빠져 일희일비 하는 것이 아니라 다른 사람들의 이야기에 흠뻑 젖어 공감함으로써 얻는 기쁨이 있다. 그것은 일종의 나 자신으로부터의 해방, 자유로움이기도 하다. 누구나 삶에서 자기 자신이 가장 소중하고, 그래서 다른 모든 것을 제쳐두고 오로지 나의 일과 내 감정에 몰두하게 된다. 때로 그것은 그 자체로 매우 지치고 피곤한 일이다. 다른 사람들의 삶에 눈을 돌리고 그 사람들의 마음을 헤아리는 노력을 하면, 한편으로 나 자신으로부터는 상대적으로 자유로워진다. 그렇게 한 숨 돌리고 나서 다시 나의 삶을 돌아봤을 때, 나의 시선은 훨씬 더 여유롭고 조화롭다.

정체하지 않고 늘 배워야하는 직업

방송국은 보통 봄과 가을 두 번의 개편 철을 맞이한다. 개편 후에 아나운서들은 기존에 하던 프로그램을 그대로 맡게 되는 경우도 있지만, 새로운 프로그램을 진행하게 되는 경우도 있다. 기존까지 하던 프로그램과 전혀 다른 콘셉트의 방송을 맡게 되거나 아니면 전혀 새로운 음악 장르의 라디오 방송을 맡게 되기도 한다. CBS방송국의 경우 주로 라디오를 중심으로 돌아가는데, 나는 과거에 정오에 하는 올드팝 음악방송을 맡다가 갑자기 새벽에 하는 찬송, 찬양 음악 프로그램을 맡게 되었는데 그러다가 갑자기 Jazz 음악프로그램을 맡게 되었다. 개편을 거치면 이런 식의 큰 변화가 생기게 된다.

입사 전에도 팝음악을 좋아했지만, 올드팝에 대해서는 잘 아는 편이 아니었다. 음악은, 음학(學)이 아니라 음악(樂)이어서, 학습하는 게 아니라 즐겨야 한다고 하지만 어쩔 도리가 없었다. 음악을 공부해야만 했다. 그 당시 아나운서부에 올드팝을 연구(?)하는 모임이 있었다. 그 모임에 참가해서 일주일에 한 번씩 비틀즈, 아바, 마이클잭슨과 같은 유명 팝 아티스트들의 업적들을 공부하고 함께 그때 그 음악들을 찾아 들었다. 또, 평소의 나라면 절대 듣지 않을 것 같은 '죽기 전에 꼭 들어야하는 올드팝 500선' 이런 앨범도 따로 찾아들으면서 올드팝 프로그램을 준비했다. 물론 올드팝에 대한 이해를 돕는데 가장 도움이 된 건, 2년여 동안 실제 올드팝 프로그램을 진행하면서 올드팝을 좋아하는 청취자들과 소통하고 함께 매일 음악을 들은 일이었다. 프로그램을 진행하다 보면 자연스레 그 음악장르에 대해 잘 알게 된다는 장점이 있다.

그렇게 조금 익숙해질 무렵 나는 다시 찬송, 찬양 프로그램을 맡게 되었다. 역시나 서점으로 향했다. 아나운서들은 라디오 방송에서 곡과 곡이 나가는 사이의 비는 시간을 자연스럽게 이어주는 '브릿지(bridge)' 멘트를 자주 하게 된다. 이때 나의 개인적인 감상을 말할 수도 있지만 곡에 대한 정보 같은 것을 같이 이야기 해주면 청취자들의 신뢰도 높아지고 프로그램도 더 내용이 풍성해진다. 그래서 이번에는 찬송 곡에 대한 배경을 설명해주는 책을 사서 프로그램을 준비했다. 그 날 방송에 나갈 곡들을 미리 받아보아서, 이 곡이 만들어진 배경과 가사에 숨겨진 의미 등을 방송 전에 미리 준비했다. 그렇게 1년의 시간이 지나 조금 찬송, 찬양 프로그램에 대해 알게 될 무렵, 이번 개편부터 나는 Jazz라는 장르를 맡게 되었다.

사실 클래식 음악만큼이나, 재즈음악은 좀 어렵다는 일반적인 인식이 있다. 재즈 안에서도 장르가 여러 개로 나뉘고, 같은 곡이라고 하더라도 연주자에 따라 전혀 다른 곡처럼 느껴지기도 한다. 밴드 구성도 늘 다채롭다. 청취자들에게 Jazz곡들에 대한 배경이나 연주자들에 대한 정보를 전부 다 일러 줄 필요는 없지만 진행자가 어느 정도는 잘 알고 있으면, 음악을 소개할 때 큰 도움이 된다. 그래서 지금은 방송준비로 Jazz에 대한 책을 읽고 음악들을 찾아듣고 있다.

예전에 한 아나운서 선배가 이야기하셨다. 방송 전에 150%정도 준비해가고, 실제 방송에서는 70% 정도만 보여줘야 한다고 말이다. 더 이상 준비할 수 없을 만큼 최선을 다해서 준비하고, 본방송에서는 힘을 빼고 자연스럽게 분위기에 묻어가면 더없이 좋다는 것이었다. 그 말씀을 기억하며 내가 맡은 방송에 모자람 없이, 아니 넘치게 준비하려 한다.

이렇듯 아나운서는 자신이 맡는 프로그램에 따라 늘 준비하고 배우는 직업이다. 정체되어서는 안 되고 늘 준비하고 또 준비해야한다. 예전에 한 다큐멘터리를 봤는데, 우리가 나이 들면 시간이 빨리 간다고 느끼는 과학적 이유를 다뤘다. 우리는 한번 해본 것에 대해서는 익숙하기 때문에 같은 시간을 들이더라도 상대적으로 더 시간이 빨리 간다고 느낀다고 한다. 새로운 길을 가는 것보다 매일 다니는 익숙한 길로 갈 때 더 시간이 적게 걸린다고 우리 뇌는 착각하는 것이다. 그래서 사람이 나이가 들수록 새로운 자극이 없고, 인생에 별 새로울 것도 없어서 젊었을 때 보다 시간이 화살같이 빠르게 간다고 느낀단다. 그런 의미에서, 나는 아나운서 직업이 내게 주는 반강제적(?) 배움의 길이 좋다. 해를 거듭할수록 새로운 것이 줄어들 수밖에 없는 인생길에서 내가 끊임없이 뭔가를 배우고 반드시 새로운 것을 접해나가야만 한다는 것이 내게는 큰 기쁨이다.

아주 중요한 뉴스들을 전달하는 사명의식이 있는 직업

가끔 나는 이런 생각을 한다. 뉴스를 전달하는 나는 아무것도 아니지만 내가 전달하는 뉴스는 아주 중요하다. 그런 생각을 하면 생방송으로 뉴스를 하느라 느껴지는 긴장감으로 힘든 시간도, 뉴스 속보 때문에 집에 가지 못하고 회사에서 대기하며 다음 소식을 기다리는 그 시간도 모두 가치 있는 희생이 된다. 나는 아무것도 아니다. 그러나 내가 지금 전달하는 이 생생한 뉴스만큼은 반드시 많은 사람이 알아야하는 중요한 정보를 담고 있다.

우리 때에는 편성국에 입사하는 피디나 아나운서들도 모두 기자들과 같이 경찰서를 돌면서 수습기자를 경험했다. 나와 내 아나운서 동기도 일주일동안 기자들과 같이 경찰서에 가서 밤을 새면서 경찰들에게 간밤에 일어난 사건들에 대해서 캐어묻고, 담당 선배 기자에게 보고하는 일을 했다. 거기에서 나는 머리를 한 대 얻어맞는 듯한 아주 중요한 질문 하나를 받았다. 짐짓 기자인척, 경찰들에게 다가가 지난 밤 중요 사건들에 대해서 묻고 있는 내게 누가 이렇게 말했다. "내가 그걸 당신한테 왜 알려줘야 합니까?" 그 경찰은 아마 업무 중에 옆에서 자꾸 질문하는 초보기자(인척 하는 아나운서)가 귀찮았던 모양이었다. 아주 짜증 섞인 목소리로 그 질문을 던졌다.

나는 사실 답을 몰랐다. 그야말로 무슨 심부름꾼처럼 경찰서가서 물어보라고 시키니까 가서 그대로 했을 뿐이었다. 의외의 날카로운 질문에 말문이 막힌 나는, 그날 밤 담당선배에게 보고를 하면서 낮에 있었던 그 질문을 했다. 선배는 그 질문은 너무나 중요하다고 말해주면서 이렇게 대답했다. "국민의 알권리를 위해서야. 기자는 한 개인으로 거기 가서 경찰에게 질문하는 것이 아니라, 국민들을 대변해서, 그들의 알권리를 위해서, 무슨 일이 있었는지 경찰에게 물을 권리가 있는 것이고 경찰은 그렇기 때문에 거기에 답해줄 의무가 있어."

국민의 알권리. 언론사 시험을 준비하면서 수 없이 들어왔던 그 단어가 시사상식책에서 발을 달고 뛰쳐나와 다시금 내 머리에 박혔다. 아, 그것을 위해서 기자들이 경찰서를 발로 뛰며 사건을 캐고 있구나. 그렇게 취재해온 사건을 내가 아나운서로 마이크 앞에서 전달하는 거구나. 그 모든 것은 국민들의 알권리를 위해서. 언론에 종사하는 우리는 그렇게 사람들의 권익을 대변하기 위해 뉴스를 만들고, 준비하고, 전달하는 것이었다. 여기서 말하는 알권리는 단순 '알고 싶은' 권리와는 다르다. 간혹 연예인들의 사생활과 같은 가십거리를 과도하게 취재하면서 국민의 알권리를 내세우는 기자나 언론사들도 있다. 알권리는 '알고 싶은' 권리가 아니고 '알아야만 하는' 권리이고, 내가 여기에서 말하고 싶은 알권리는 후자에 해당한다는 것을 밝혀두고 싶다.

국민이라면 누구나 알아야만 하는 그런 정보들과 소식들을 위해서 우리는
뉴스를 만든다. 그런 사명의식을 생각하면 마음이 벅차다. 하루에도 몇 번씩
때로는 기계적으로 전달하는 뉴스가 아주 큰 의미로 다가온다. 아나운서 절대
로 하지 말라는, 앞에 적은 모든 글들이 상쇄될 만큼, 나의 일이 보람 있게 느껴
진다.

무대에 오르기 전 긴장감이 참 큰데, 긴장을 이겨냈다는 뿌듯함이 더 크다

아나운서들은 무대 행사의 진행을 맡는 경우가 많다. 크고 작은 무대에 진행자로 서게 된다. 무대에 서서 수많은 사람들의 이목을 견뎌내면서 일을 해낸다는 것은 누구에게나 긴장이 되는 일이다. 나도 그렇다. 무대에 서기 전에는 긴장이 되고 떨린다. 심지어 도망가고 싶고 안 하고 싶다. 몇 년 전 어느 행사장에서의 기억이 난다. 행사 몇 시간 전에 건물 주차장에 도착했는데 그대로 위에 올라가는 대신 그냥 차에 남아서 회사 아나운서 선배에게 전화를 걸었다. 주 내용은 집에 가고 싶다는 것(?)이었다. 내가 이 행사를 맡는다고 수락하다니, 그건 정말 나의 실수였다고 말하면서, 오늘 행사가 사람이 많고 너무 떨려서 그냥 안 하고 가고 싶다고 말했다. 선배는 호탕하게 웃으면서, 자기도 그런 적이 여러 번 있었다면서 걱정하지 말고 잘 다녀오라고 했다. 다행히 그날 행사도 무사히 잘 끝났다.

모든 것을 포기하고 도망가고 싶을 만큼 두렵고 떨리는 일이 바로 무대에 서는 일인 것 같다. 나의 일거수일투족이 낱낱이 드러나는 듯 한 뜨거운 핀(pin)조명이 내 머리위로 쏟아지고, 사람들의 시선이 한 순간 모두 나로 향한다. 사람들은 밑에서 박수를 보내지만, 조명과 박수의 무게를 누구보다 잘 알고 있는 것이 무대 위에 서는 사람들이다. 무대에서의 실수는 용납되지 않기에, 박수가 손가락질로 변하는 것도 순식간이다. 그래서 늘 무대는 긴장의 연속이다.

그런데 이 모든 것에도 불구하고 늘 행사의 섭외를 기다리고, 흔쾌히 수락하여 무대에 서는 것. 이유는 바로 이 모든 것을 이겨냈을 때의 뿌듯함 때문 아닐까. 긴장감의 무게가 크면 클수록, 그 모든 걸 이겨내고 끝까지 잘 해냈다고 하는 성취감도 크다. 예전에 한 친구가 내게 말하길 자기는 갈증이 나면 그냥 물을 마시지 않는다고 했다. 갈증나는 순간을 참고 참아 한 번에 시원하게 벌컥벌컥 물을 들이키기 위해서라고 말했다. 목마름이 클수록, 기다림과 인내가 길수록, 물을 마시는 순간의 짜릿함이 배가 된다고 했다. 행사가 끝나고 집에 돌아가는 나의 기분이 그렇다. 그토록 긴장되던 모든 것을 끝낸 아주 후련한 기분. 긴장했다가 풀어져 지쳤을 내 자신을 잘 다독이며 집으로 향한다. 그런데 조금은 시원섭섭한 기분이다. 모든 것이 잘 끝나서 후련하면서도 무대 위의 흥분이 가라앉지 않아 조금은 서운한 그런 마음이랄까. 그래서 또 다시금 다음 행사를 기약하며 발걸음을 옮긴다.

방송이라는 쫄깃함, 한번 맛보면 멈출 수 없는 중독성

예전에 나는 캐나다에서 대학교 4학년 때 아나운서가 되기로 작정한 후에, 무조건 캐나다 토론토에 있는 한인방송, 아리랑TV로 쳐들어(?)갔다. 무보수로도 좋으니 무조건 일을 시켜달라고 졸랐다. 거기에서 나는 인턴으로 일을 하며 일주일에 한 번씩 한인뉴스를 전했는데, 설비가 열악하여 프롬프터(대본이 나오는 자막카메라)가 달려있지 않아서 나는 무조건 매회 모든 리포팅을 외워서 해야 했다. 다른 친구들이 당연히 프롬프터를 기대하고 주어진 원고를 기반으로 뉴스를 연습하는 상황에서, 나의 원고를 미리 외워가는 훈련은 훗날 많은 도움이 되었던 것 같다.

아리랑TV에서 아나운서로 계신 분은 한국에서 방송을 하다가 캐나다로 와서도 계속 방송국에서 일하시는 분이었다. 그분이 내게 말씀해주시길, 방송이란 중독이어서 한번 맛보면(?) 끊을 수가 없다는 것이었다. 농담처럼 던진 말이었는데 나중에 방송국에 입사하고 나서야 그 말이 뭔지 알게 되었다.

방송은 중독이다. 요즘엔 그 말을 신뢰하게 되었다. 한번 방송 맛을 알게 되면 참 끊기가 힘들다. 어떤 부분이 그러냐하면, 아이러니하게도 아나운서여서 힘든 부분 때문에 또한 즐겁다. 생방송을 주로 하기 때문에 아나운서들은 방송 전에 긴장되고, 흥분되며 그래서 한편으로 많이 설렌다. 말하자면 짜릿함이 있는 것이다. 우리가 롤러코스터를 타는 이유와 비슷하다랄까. 대기 줄에 서서 얼마나 무서울까 긴장하면서도, 막상 기구에 탔을 때의 스릴과 흥분을 잊지 못해 다시 또 타고 싶어지는 그런 심리. 생방송을 하기 때문에 긴장되고, 몸이 얼고 그래서 소화도 잘 안 되어 위장약을 달고 살지만 그 짜릿함이 좋아서 그것이 없는 밋밋한 삶으로 돌아가지 않는다.

아나운서들은 방송이 아닌, 무대 진행을 할 때도 많다. 수많은 사람들의 시선이 나로 향한다. 부담되고 떨린다. 하지만 한편으론 객석에서 나오는 함성과 박수소리가 귓가에 맴돈다. 무대가 두렵고 긴장되지만 또다시 그 곳에 서고 싶다. 아나운서에 대한 이 책을 쓰면서, '아나운서 절대로 하지마라'와 '그래도 아나운서'가 참 맞닿아있다는 생각을 했다. 동전의 양면 같다.
아나운서여서 힘들 수밖에 없는 부분들이 있지만,
역설적으로는 그것들로 인하여 짜릿한 즐거움을
느끼며 오늘도 아나운서로 살아간다.

ON AIR

CBS

백원경

아나운서

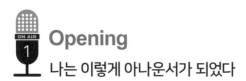

Opening

나는 이렇게 아나운서가 되었다

[내 안의 씨앗을 찾아서]

자기 목소리를 들으며 즐거워하던 아이

'어린 시절'하면 떠오르는 장면이 있다.

집집마다 하나쯤은 있었던 휴대용 카세트 플레이어에 마이크를 연결하고 공 테이프를 넣고, 녹음버튼을 누른다. 손에 들린 동화책을 펼쳐서 읽기 시작한다. 지문은 또박또박 그리고 인물들의 대사는 실감나게. 녹음된 테이프를 앞으로 돌려 내 목소리로 녹음된 동화를 듣고 또 듣는다. 몇 살쯤이었을까? 책에 그림이 많고 내용이 어렵지 않았으니, 많아 봤자 초등학교 일 이학년쯤 됐던 것 같다. 누구에게 들려주지도 않았고, 들어주는 사람도 없었지만 아무도 없는 방 안에서 그렇게 놀다 보면 시간 가는 줄 몰랐다.

내 목소리로 녹음된 동화를 듣는 게 좋았다. 엄마가 방문판매 아주머니의 권유에 못 이겨 구입한 전집은 가정용 싸구려 마이크를 든 소녀의 원고가 되었다. 그렇게 녹음했던 책들 중에 아직까지도 기억나는 이야기는 '잔 다르크'. 처형장의 불길 속에서 내뱉는 독백을 진지하게 녹음하던 장면을 떠올리면 혼자 부끄러워져서 볼이 달아오른다. 방송이 뭔지도, 아나운서라는 직업도 잘 몰랐지만 마이크와 가까워진 건 그때부터가 아니었나 싶다.

마이크 앞에서면 절로 미소를 띄게 된다

첫 방송

처음 '방송의 맛'을 본건 중학교 때다. 점심시간 방송을 위한 오프닝을 쓰고, 노래를 고르고...지금 생각해보면 음악프로그램DJ나 다름없었다. 시끌시끌한 점심시간, 교실의 오래된 스피커를 통해 나오는 방송을 누가 주의 깊게 들었을까 마는 나른한 오후를 깨우는 힘찬 시그널에 맞춰 원고를 읽어 내려가던 중학생 소녀의 가슴은 설렘으로 가득했다. 학창시절 워크맨을 끼고 다니던 라디오키드도 아니었고 특별히 음악을 좋아하는 감성소녀가 아니있음에도 그 시절의 노래들이 남아있는 건 모두 당시 방송반 활동 덕분이다. 꽤 엄격했던 당시 동아리의 분위기를 견디지 못하고 1년도 안 되어 문학반으로 옮기고 말았지만, 'ON AIR'에 빨간 불이 들어올 때의 기분 좋은 긴장감은 내내 좋은 느낌으로 남았다.

칭찬은 꿈이 되어

요새는 PPT나 동영상 등 뉴미디어를 활용하면서 교실풍경이 많이 달라졌지만 내가 중, 고등학교에 다닐 때만 해도 수업시간엔 책과 칠판뿐이었다. 특히나 국어나 사회과 수업의 경우는 선생님이 지정한 부분을 누군가 소리 내어 읽고 나서, 선생님이 내용을 풀어주거나 보충설명을 해주는 식으로 수업이 진행됐다. 어느 날 출석부 순서대로였는지, 앉은 자리 순서였는지 내 차례가 되었고 평소처럼 지문을 읽어 내렸다. 그런데 그날따라 선생님이 "원경이가 읽으니까 내용이 잘 들리네. 목소리도 좋고 발음도 또렷하고."라고 칭찬을 해주셨다. 그리고 그 한 마디가 흘러가지 않고 가슴에 콕 박혔다.

그날부터 주변 친구들에겐 가능한 피하고 싶은 일이었던 '수업시간에 책 읽기'가 내겐 기다려지는 일이 되었다. 정말 잘 해선지, 내가 즐겨 하는 티가 나서 그랬는지는 모르겠지만 그 이후 수업시간에 내 이름이 자주 불려 졌고, 점점 자신감이 생겼다. 그 전까지는 목소리가 좋다는 생각을 해 본 적이 없었다. 발성이 약하고 '아나운서' 하면 떠오르는 낭랑한 소리도 아니기에 사실 지금도 목소리에는 자신이 없는 편이다. 그런데도 수업시간에 그런 칭찬을 듣고, 주변 친구들도 인정해주니 나도 내가 달리 보였다. 딸을 TV에 내보내려고 만 4살도 안 된 나를 데리고 오디션을 보러 갔었다는, 종종 내 어릴 적을 회상하며 들려주시는 엄마의 이야기와 혼자 좌석버스를 갈아타고 여의도에 있는 연기학원에 다니던 초등학교 시절의 기억이 문득 떠올랐다. '텔레비전에 내가 나왔으면 정말 좋겠네.' 하는, 노랫말처럼 막연한 꿈과 내가 가진 작은 재능이 만나 현실화된 모습으로 그려졌다. 그때부터 '아나운서가 되면 어떨까?' 하고 진지하게 진로를 탐색하기 시작했던 것 같다.

나의 작은 방송국, 영상제작센터

아나운서가 되고 싶다는 마음은 있었지만 솔직히 나에겐 너무 먼 세계, 딴 나라의 이야기였다. 대학에만 들어가면 꽃 길이 펼쳐지는 줄 알았는데, 꽃 길 대신 팍팍한 현실이 기다리고 있었다. IMF경제위기 전후로 급격히 어려워진 가정형편 탓에 대학입학과 동시에 학비며 용돈은 스스로 마련 해야 하는 상황이었다. 당장 과외자리를 구했고, 설문조사나 행사도우미 등 학교 안에서 할 수 있는 아르바이트가 있으면 꼼꼼하게 챙겼다. 그렇게 시간을 쪼개어 살다 보니, 대학생활의 낭만을 누리고 즐길 여유가 별로 없었던 것 같다. 그 핑계로 공부도 건성으로 했고 자연스레 성적도 좋지 않았다. 어학연수나 교환학생 같은 기회는 나의 것이 아니라고 지레 포기하고 그저 눈앞의 현실, 당장 나의 생활비와 등록금을 마련하는 데만 급급했다. 배낭여행조차 내겐 생각지도 못할 일이었다. 이제와 돌이켜보면 그 때 좀 더 도전하고 노력했더라면 길이 열렸을지 모르는데... 생각을 현실에만 가두었던 것이 후회가 된다. 아쉽게도 그렇게 대학생으로서 누릴 수 있는 다양한 경험과 기회를 놓쳤지만, 그래도 동아리 활동만큼은 제대로 한 것 같다. '영상제작센터'라 불리던 학내 방송국에서 활동한 경험이 진로를 찾아가는데 무척 도움이 되었기 때문이다.

영상제작센터(YVAC)는 학내 인터넷 뉴스를 만들고 영화나 다큐멘터리를 만들어서 정기적으로 영상제도 열고 학교 축제나 큰 행사가 있을 때 촬영해서 기록을 남기는 등의 일을 하는 학교 기관 겸 동아리였다. 직접 취재하고 카메라로 촬영하고 편집해서 뉴스도 만들어보고, 서툴고 거친 결과물이었지만 다큐멘터리도 만들어 영상제 때 상영하기도 했다. 또 학내 행사 중계에도 참여하면서 방송의 여러 측면들을 경험할 수 있었다. 작은 방송국 안에서 프로듀서도 되어보고 기자도 되어보고 아나운서도 되어보며, 내가 뭘 잘하고 못하는지도 알 수 있는 기회가 되었다. 기획과 취재는 재미있는데 영상편집은 영 어렵고 타고난 감각도 부족하다는 것을 뼈아프게 깨달았다. 방송국에 지원한다면 PD가 아니라 방송기자나 아나운서가 좋겠다고 선택지를 좁혀갔다. 무엇보다도 이 방송 동아리는 하루하루, 그리고 한 학기 한 학기 쉽지 않게 넘어가던 나에게 꿈꾸고 숨 쉴 수 있는 통로가 되어주었다. 그리고 자기소개서에 쓸만한 다양한 경험을 하지 못했음에도 확실한 나만의 이야기를 할 수 있도록 해준 고마운 시간이기도 하다.

우물쭈물하다가 내 이렇게 될 줄 알았지. 졸업반이 되다

4학년이 되고 보니, 우물쭈물 시간만 보냈구나 싶고 막막하기만 했다. 사실 그 전까진 뭐든 할 수 있고 될 수 있을 것 같은 막연한 자신감이 있었다. 그런데 막상 원서를 쓰려고 보니 학점도 좋지 않고, 기본중의 기본이라는 토익 점수도 없고, 이렇다 할 경험이나 경력도 쌓지 못했고… 내세울 것 하나 없는 졸업반이 었다. 서류로 나를 평가하자니 초라하기 그지 없었다. 대충 방송국에서 일하고 싶다, 방송기자나 아나운서가 되면 좋겠다는 막연한 생각만 있었지 어디부터 무엇을 어떻게 준비 해야 하는 건지 감이 잡히지 않았다. 방송국은 저 멀리 닿을 수 없는 곳에 있는 것 같고, 일반 기업에 원서를 쓰려고 봐도 그다지 경쟁력 있는 지원자가 아니라는 게 객관적인 현실. 일단 졸업부터 미루고 보자는 생각에 4학년 1학기를 마치고 1년 휴학을 결정했다. 그리고 그때부터 1년간 본격적으로 취업준비, 시험준비에 들어갔다.

학원에 다녀야 하나요?

아나운서 지망생들로부터 많이 듣는 질문 중에 하나가 의외로 '학원에 다녀야 하나요?'다. 누가 '학원공화국' 아니랄까 봐, 중고생도 아니고 다 큰 성인이 취업준비를 하면서도 학원에 의지하려 하다니 씁쓸하다, 한심하다 여기는 사람도 있겠지만 시험 준비에 처음 발을 내딛던 시기엔 나도 사실 그 고민이 컸던 것 같다. 과연 내가 아나운서 시험에 도전해도 될는지 그만한 재능이 있는지 궁금하기도 했고, '어디서부터, 무엇을, 어떻게'에 대한 답도 학원에 가면 쉽게 찾을 수 있지 않을까 하는 기대도 있었다. 하지만 당장 용돈벌이가 급했던 내게 꽤 비싼 학원비도 부담이었고 그만한 가치가 있는지도 의문이었다. 이제 와서 생각해보면 고민거리도 아닌 고민을 오래 했다. 주변에 속 시원히 답을 주는 사람이 없었고 마음은 조급했기에 결국 수업기간이 2달 정도로 짧아서 수업료가 비교적 저렴하고 기본기를 충실하게 다져준다는 학원을 골라 등록을 했다.

15년이 다 된 오랜 기억을 더듬어보면 수업은 주로 뉴스 원고를 읽으면서 발음이나 발성연습을 하거나 억양이나 톤을 교정하는 식으로 진행됐고, 특강

형식으로 헤어 메이크업 등 이미지와 관련한 부분에 조언을 해주었다. 그래서 얼마나 도움이 되었을까? 학원을 통해 내가 가장 크게 얻은 것은 준비가 전혀 되어있지 않음을 절감한 것이었다.

다시 그때로 돌아간다면 또 학원에 등록할까? 지금의 나라면 굳이 큰 비용을 들이지 않는 쪽을 택할 것 같다. 보통 공채시험에서 뉴스원고 읽기가 1차 관문이다 보니 학원에서도 그 부분에 중점을 두는데, 사실 뉴스라는 것이 정답이 없다. 발성과 발음도 단기간에 실력이 느는 종목이 아니다. 그리고 시험과정이나 준비에 필요한 것들, 갖춰야 할 자격이나 조건 등은 인터넷을 검색하거나 책 몇 권 만 찾아봐도 금방 알 수 있다. 또 최종관문을 통과하는 키는 결코 학원에서 얻을 수 없다. 학원에서 만들어진 천편일률적인 스타일은 오히려 감점요인이 될 수도 있다. 따라서 처음부터 끝까지 학원에 의존하는 건 비용도 비용이지만 그리 효과적인 방법이 아니라고 생각한다. 학원에 등록하겠다면 어느 정도 준비가 된 상태에서 카메라 테스트 연습을 하고 점검을 받는 것을 목표로 하거나 채용 정보를 얻거나 채용상황을 파악하고 방송 경험을 할 수 있는 통로로 이용하는 것이 가성비를 높이는 방법이 아닐까 싶다.

언론고시?!

    요즘은 어떤지 모르겠지만, 그 땐 방송국이나 신문사 공채시험을 언론고시라 불렀다. 사법고시, 외무고시, 행정고시야 국가고시가 맞지만 국가고시도 아니고 표준화된 시험이나 정해진 범위도 없는 개별 회사의 시험에 왜 우습게도 '고시'라는 말을 붙였을까? 아마도 그건 입사를 희망하는 사람들에 비해 정규직 공개채용 정원이 무척 적기 때문일 것이다. 대단한 권력이나 명예가 따라오는 것도 아니고 연봉이 무척 높다거나 공무원처럼 신분이 보장되는 자리도 아닌데 경쟁률만 놓고 보면 그 어느 직장보다도 높은 게 사실이다. 그러니 무작정 꿈만 좇다가는 그야말로 '고시폐인'이 되기 딱 좋다. 그렇다고 지레 포기하고 후회할 일도 아니다. 다만, 자신만의 기준과 원칙과 기준을 정하고 시작하기를 권하고 싶다. 14년 전 내가 방송국 입사를 꿈꿀 때와 비교하면 TV채널도 훨씬 다양해지고 종합편성채널도 생긴 만큼 방송국에서 일할 기회는 훨씬 많아졌고, 공채라고 하면 당연히 신입을 선호하는 분위기도 거의 사라진 것 같다. 게다가 온라인상에서 스스로 채널을 만들어 개인방송으로 승부를 걸 수도 있다. '고시'만 바라보기 보다는 어디에서든지 경력을 쌓고 나만의 커리어를 개척해

나가는 것도 한 방법이다. 그러니 어디까지 얼마나 도전할 것인가는 자신이 꿈꾸는 아나운서상과 감당할 수 있는 수준에서 미리 정해둘 필요가 있다. 쓸 수 있는 시간과 에너지는 한계가 있으니 말이다.

　처음엔 나도 '아나운서가 아니면 안돼'라는 간절함과 '나는 할 수 있어!'라는 막연한 자신감을 가지고 있었다. 그런데 시험 삼아 지원했던 S사 공채 3차 면접에서 첫 탈락을 맛본 후, 현실을 직시했다. 그리고 일명 '언론고시'에 본격적으로 임하며 마음 속으로 미리 정해둔 것이 있었다. 첫째는 지상파 방송국 공채와 뉴스전문채널 앵커 채용까지만 지원하겠다고 대략의 지원범위를 정한 것이고, 둘째는 최대 2년간만 도전하겠다고 시간의 제한을 둔 것이다. 그렇게 마음 속으로 한계를 짓고 시작한 데는 나름의 이유가 있었는데, 가장 큰 이유는 사실 당시의 내 상황이었다. 경제적인 이유로 두 세 둔데 과외 아르바이트를 꾸준히 하면서 취업준비를 병행 하다 보니 시간도 부족했고 지쳐있었다. 아나운서가 되고 싶은 열망이 컸지만, 동시에 정신적 경제적으로 안정적인 직장에 정착하고 싶은 마음도 컸다. 불안정한 상황이 지속된다면 견디기 힘들 것 같았다. 당시에 종합편성채널은 생기기 전이었지만 전문 케이블 채널은 많이 있었기에 시험 삼아 또는 다음 단계로 가는 통로로, 경험을 쌓는다는 생각으로 여기저기 지원해 보는 지망생들이 많았다. 하지만 나로서는 불안한 고용상황을 감당하며 도전할 여유가 없었던 것이다. 같은 이유로 지역방송국에 시험을 보러 가는 것이 시간적, 경제적으로 큰 부담이었고 혹시나 합격을 한다고 해도 혼자 삶을 꾸려갈 엄두가 나지 않아 일찌감치 마음을 접었다. 그래서 방송국 공채를 준비하면서 동시에 일반 기업에도 지원서를 냈다. 물론 공부나 준비과정은 온전히 '아나운서'에 초점을 맞췄는데, 다행히 시사상식이나 논술, 작문 같은 필기시험을 위한 공부나 카메라 테스트와 아나운서 면접 시험 준비가 일반 기업의 입사시험에도 도움이 됐다. 2년간이라고 기한을 정한 건, 첫 해 시험에서 모두 떨어진다고 바로 포기하면 후회가 많이 남을 것 같고 그렇다고 계속 치르면서 점수가 올라가고 합격이 보장되는 종류의 시험은 아니기에 제한을 둘 필요가 있겠다는 생각에서였다. 졸업 후에 일반 다른 일을 하게 된다고 해도 틈틈이 준비해서 꼭 다시 한 번은 도전해보리라 다짐을 했었다.

방송을 하게 해주는 곳이라면 어디든지 지원하고, 될 때까지 해봐야 하는 것 아닌가? 처음부터 그렇게 제한을 두고 시작하다니 누군가는 그만큼 간절하지 않았던 거라고 탓할지도 모르겠다. 하지만 안정된 환경도 당신의 나에겐 절실했기에 현실적으로 타협을 한 결과이기도 했고, 또 한 편으로는 내가 가진 다양한 가능성을 긍정하는 선택이었다. 잠깐 학원을 다닐 때의 일이다. 과정이 끝날 때쯤 일종의 '이미지 메이킹' 수업이 있었다. 카메라에 비친 화면을 보면서 코칭을 해주는 시간이었는데, 그 때 들었던 이야기 중에 딱 한가지만 기억이 난다. "원경씨는 이미지가 깔끔하고 좋은데, 콧대만 조금 높이면 화면에 더 예쁘게 나올 것 같아." 전직 아나운서였던 강사의 조언이었는데, 시험을 준비하면서 나만의 기준을 세우는 데 큰 역할을 했다. 그의 말은 일리가 있었고, 나를 위한 진심 어린 조언이었을 것이다. 내 코는 동글동글하게 생겼다. 화면에 잘 받으려면 코가 높은 편이 훨씬 낫다는 건 누구나 아는 사실. 고민이 됐다. 그때까지 내 코에 불만을 가져본 적이 없었고, 솔직히 그냥 내 얼굴이 좋았다. 특별히 미인이라거나, 어디 부족한 부분이 없어서가 아니라 그냥 오랫동안 봐온 얼굴, 내 얼굴이니까. 성형외과에는 가지 않았다. 내가 지금 가지고 있는 것을 가지고 최선을 다해보기로 했다. 그래도 안 되는 것이라면, 노력하고 연습해서 되는 것이 아닌 나 자신을 바꿔야 하는 것이라면 내 것이 아닌 거라는 생각이 들었기 때문이다. '성형수술'에 대한 이야기로 오해하는 사람이 없기를 바란다. 얼마든지 개인의 선택에 달린 문제고, 만족감이 높아지고 자신감이 회복되는 등 긍정적인 면도 많다고 생각한다. 다만, 내가 꿈꾸는 일이 내가 생각하는 나의 장점을 부정하게 하고, 오히려 자존감을 해친다면 꿈을 이룬다고 해도 행복할 수 없겠다는 판단을 한 것이다. 그리고 당시 교회 청년부에서 신앙생활을 열심히 하던 나는 '아나운서가 되고 싶어'가 아니라 '나는 이거 아니면 안 돼'라고 하는 건 나를 만드신 분 앞에 무척 교만한 태도라는 생각도 했던 것 같다. 열심히 노력하고 준비하되 내가 가진 다양한 재능이 있고 여러 가능성이 열려있다고 믿었던 것은 매번 긴장되고 불안하고 불합격 소식을 들을 때마다 작아지던 그 때, 마음을 다잡는데 큰 도움이 되었다. 또 그렇게 나 자신을 믿어주며 편안한 마음으로 준비하니, 시험장에서도 한결 여유로워지고 자연스럽게 나를 어필할 수 있었다. 기적처럼 아나운서라는 이름을 갖게 되었지만, 만약 그러지 못했다고 해도 후회 없는 선택과 도전이었다고 생각한다.

스터디 그룹

　스터디그룹으로 비슷한 처지의 사람들과 모여, 같이 공부하고 연습한 시간이 시험을 치르는데 많이 도움이 되었다. 필기시험은 필기시험대로, 카메라테스트와 면접은 또 그것대로 혼자 준비하려고 생각하면 막막하고 게을러지기 쉽다. 어디서부터 어떻게 해야 할 지 정보가 별로 없었던 나는 남들이 한다는 대로 일단 언론고시카페 '아랑'에 가입하고 스터디그룹에 가입하는 것을 시작으로 준비에 들어갔다. 보통 1차 관문인 서류나, 음성테스트 후에 필기시험 있고 그 후에야 자신의 강점을 드러낼 수 있는 면접을 치를 수 있으니 필기시험을 무시할 수 없었다. 기본적인 필기시험은 직종간의 큰 차이가 없기 때문에 필기시험만을 위한 스터디는 기자시험을 준비하는 사람들과 주로 같이 했다. 시사상식, 교양, 작문, 논술 같은 것들이 범위도 애매하고 단기간에 되는 것은 아니지만 그렇다고 아무 준비 없이 치를 수는 없는 법이다. 맞춤법이나 표준어도 시험을 본다고 생각하고 다시 공부하니 그렇게 새로울 수가 없었다. 그 부분은 자신이 있다고 생각했는데, 공부하면서 깨달은 건 확실히 알고 있는 게 거의 없다는 사실이었다. 시사, 교양 상식의 경우는 평소에 뉴스를 챙겨보고 다방면에 관심을 가지고 있다면 그것만으로도 충분하겠지만 여러 명이 모여서 정리를 하면서 놓친 것들도 챙기게 되고 내가 부족한 부분을 보완할 수 있다. 작문이나 논술도 일단 많이 써 보는 게 중요한데 혼자서 하려면 굉장한 의지가 아니고서는 힘들다. 또 서로의 글을 읽어보고 다른 사람의 생각을 들어보는 것도 무척 도움이 된다. 회사마다 출제경향이나 범위는 조금씩 다르지만 기본적으로 준비되어야 하는 부분이 있기 때문에 시험 준비 초반에는 필기시험 스터디에 시간 투자를 많이 했다.

아나운서 지망생만으로 구성된 스터디는 합격할 때까지 꾸준히 했다. 1차 관문인 음성테스트, 카메라 테스트를 위해 뉴스원고를 읽고 서로 평가를 해보는 과정은 필수였다. 모두가 아마추어이기에 서로의 평가나 조언이 정답이라고는 할 수는 없지만(사실 정답이 어디에 있을까?), 사람을 앞에 두고 원고를 읽어보는 것 자체로 좋은 연습이 되었다. 어느 시험을 치르든지 필수로 준비하는 자기소개도 여러 번 해보면서 다듬었다. 카메라 테스트를 통과하고 심층면접을 본다고 가정하고 주제를 뽑아 3분 스피치 하기, 질문에 대답하기 등 여러 가지 방법으로 말하기 연습을 하기도 했다. 역시나 다른 사람들의 뉴스리딩이나 스피치 내용을 듣고 나의 그것과 비교해보는 것이 실전을 앞두고 도움이 됐다. 채용정보나 시험 경향 등의 정보를 공유하는 것은 물론이고, 서로의 고민을 나누고 격려해주는 시간은 더 큰 도움이었다. 처한 상황도 다르고, 목표도 조금씩은 달랐지만 비슷한 꿈을 가지고 걸어가는 동지가 있다는 것이 얼마나 의지가 되던지! 그렇게 그 시절을 같이 보낸 이들 중에 몇몇은 지금까지도 종종 연락하며 서로의 삶을 응원하는 인생친구가 되었다.

돌아보면 스터디그룹으로 사람들을 만나고 같이 준비하는 게 나에겐 잘 맞는 방법이었던 것 같다. 그리고 그렇게 만나고 헤어진 사람들 중에 방송기자나 아나운서로 활동하는 사람들이 여럿 있는걸 보면, 좋은 사람들을 만나는 운도 따랐던 것이 아닌가 싶다.

영어가 고민인 그대에게

　아나운서 시험인데, 시험을 준비하면서 영어가 은근히 부담이었다. 방송은 우리말로 하는데도 서류심사가 먼저 있는 경우 보통 영어점수를 쓰게 되어 있으니 아무래도 신경이 쓰였다. 요즘 방송에 종종 영어를 유창하게 하는 아나운서들이 나오곤 하니, 아나운서 지망생들 입장에선 더욱 부담이 되지 않을까 싶다. 하지만 영어는 서류심사가 있는 회사의 경우 정해진 기본 점수만 넘기면 충분하다고 본다. 영어를 유창하게 사용해서 통역이 가능하다면야 여러모로 활용할 수 있는 기회가 있겠지만, 영어실력이 당락에 영향을 주는 요인도 아니고 영어시험 점수가 높을수록 가산점이 주어지는 것도 아니다. 사실 나도 당시엔 그래도 점수가 높을수록 좋지 않을까 하는 생각에 시험을 몇 번나 치러가며 토익 점수를 높여놓았었다. 영어시험점수와는 별개로 영어로 말을 하려면 꿀 먹은 벙어리가 되는 나였지만 누가 알겠는가? 서류에 당당하게 점수를 써내고 영어란 친구는 언제나 그랬듯 까맣게 잊고 지냈다. 그런데 최종 면접에서 이 친구가 내 발목을 잡을 줄이야. 서류를 죽 훑어보던 한 면접관이(입사해보니 TV 본부장이셨다.) "영어점수가 좋은데, 그럼 영어로 자기소개를 한 번 해 보지."

라고 한 것이다. 전혀 예상치 못했던 상황이었다. 영어를 입 밖으로 내뱉어 본 것이 언제인지, 중학생보다 못한 실력으로 떠듬떠듬 해보다가 결국 포기하고 말았다. 그 전까지만 해도 고개를 끄덕이며 흐뭇한 미소를 띄우고 있던 면접관들의 얼굴에 실소가 번지는걸 보며, 이걸로 끝이구나 싶었다. 실력과 상관없이 괜히 점수만 높여 놓은 탓에 망신만 당하는구나 싶어 어찌나 부끄럽던지, 표정관리는 안되고 식은 땀은 줄줄 흐르고… 그 때를 생각하면 지금도 아찔해진다. 허릴 찔린다는 말의 의미를 아프게 깨닫고, 좋은 경험이었다고 애써 스스로를 위로했다. 하지만 놀랍게도 영어 때문에 망쳐버렸다고 생각한 그 시험을 통과해 아나운서가 되어있다. 당시엔 어떻게 그럴 수 있었는지 의아하기만 했는데, 방송국에 들어와 몇 번의 공채과정을 지켜보니 이해가 된다.

아나운서로서의 가능성을 그려볼 때, 영어는 중요한 고려 대상이 아닌 것이다. 요즘은 당시 내 점수와는 비교도 안될 만큼 지원자들의 영어시험 점수가 높다. 실제로 영어에 능통한 지원자들도 꽤 많다. 뭐든 못히는 것보디야 잘 하는 게 좋겠지만, 본인의 특기로 내세울 것이 아니라면 굳이 시간과 에너지를 투자할 필요는 없어 보인다. 영어를 비롯해 다른 부수적인 스펙을 높이기보다는 아나운서로서의 기본기를 다지고 자신만의 강점을 다듬는데 시간을 할애하기를 권하고 싶다.

인연

4학년 1학기가 끝나고 여름방학기간 중에 CBS노컷뉴스의 대학생인턴기자로 활동했었다. 방송기자나 아나운서로 지원을 해야겠다고 진로를 좁힌 상황에서 기자들의 생활을 경험해보자는 의도였다. 말 그대로 인턴이기에 직접 기자업무를 한다기 보다는 현직 선배들의 강연을 듣고 취재 현장을 체험하는 것이 주된 활동이었는데, 그렇게 기자 생활을 간접적으로 체험하면서 그 문화나 생활패턴이 나와는 잘 맞지 않겠다는 생각이 들었다. 그것만으로도 유용한 경험이었다고 할 텐데, 짧은 경력보다 더 소중한 것을 얻었다. 솔직히 그 전까지는 CBS라는 방송국을 잘 알지 못했었다. 라디오 보다 인터넷과 더 가까웠던 내겐 '노컷뉴스'라는 이름이 더 익숙했으니까. 그런데 짧은 인턴기자 생활을 통해 CBS라는 회사를 경험하고 자연스럽게 애정을 가지게 됐다. 사람을 중시하는 곳이라고 느껴졌고, 기독교 정신에 바탕을 두고 건전한 가치를 추구하는 것도 나의 가치관과 잘 맞는다는 생각이 들었기 때문이다. 인연은 때론 이렇게 운명처럼 찾아오는 것 같다.

도전과 체념사이

운칠기삼(運七技三). 결국 운이 따라주지 않으면 안 된다는 말인데, 아나운서 지망생이라면 한번쯤 떠올리게 되는 말이 아닐까 싶다. 정답이 없는 시험, 날이 갈수록 더 보이지 않는 것 같은 길이니까. 누군가는 쉽게 꿈을 이루는 것 같고, 누군가는 모든 조건을 다 갖춘 것 같은데도 도전만 수십번이고... 세상 어떤 일이라도 노력한대로 보상이 따른다는 보장은 없다고 하나, 이 시험은 정말 모르겠다 싶다. 그래서 자신감이 넘치다가도 한 두 번 낙방하고 나면 쉽게 체념하게 되는 것 같다. 워낙 문이 좁은데다 방송국마다 기준도 조금씩 다르고 원하는 인재상도 매년 조금씩 달라지고 면접관마다 각자 가진 기준도 다를 테니 어느 누구도 이렇게 하면 된다고 자신 있게 말해줄 수 없다. 하지만 분명한 건, 최종면접까지 오른 지망생들을 보면 하나같이 오랜 시간 꿈꾸고 노력해 온 사람들이고 어느 방송사에 가든 잘 해낼 수 있는 사람들, 그 중에 누가 최종합격을 한다고 하든 이의를 제기할 수 없을 만큼 준비된 사람들이란 거다. 그러니 겸손하게 하늘의 뜻을 기다리는 건 최선의 노력을 기울인 다음의 일이다.

대부분의 공채 시험에서 공통적으로 요하는 뉴스리딩이나 스피치에 어느 정도 자신감이 생겼다면, 지원하는 방송국에 대해 파악하고 그 안에서 성장하는 나의 모습을 그려보기를 권하고 싶다. 자신 있게 나를 보여줄 만반의 준비를 했다면 그 다음 할 일은 시험을 치르고 있는 회사에 애정을 가지고 있음을 구체적으로 어필하는 것이다. 그제서야 '운칠기삼'이라고들 하는 최종면접에서 후회 없이 마음을 내려놓을 수 있지 않을까.

운일까 운명일까

세 번 정도 탈락의 아픔을 겪고 나서 도전한 CBS공채시험. 당시에 1차 관문이 음성테스트였는데, 한 두 문장에 당락이 결정되는 무시무시한 첫 통과의례지만 이전의 경험으로 옆의 다른 지망생들을 의식하지 않고 집중할 수 있었다. 첫 카메라테스트 때 나를 주눅들게 만드는 연예인 버금갈 정도로 눈에 띄게 화려하고 예쁜 사람들은 차수가 올라갈 수록 잘 보이지 않게 되는걸 몇 번 경험하며, 미모로만 승부하는 시험은 아니라는 깨달음을 얻었던 것이다. 이후 필기, 카메라테스트, 심층면접을 통과할 때까지만 해도 사실 최종합격까지는 꿈꾸지도 못했고 경력도 없는 내가 여기까지 온 것 만도 감지덕지라는 생각이었다. 그런데 심층면접을 통과해 합숙면접을 하면서 이번 시험은 될 수 도 있겠다, 해 볼만 하겠다는 생각이 처음 들었다. 합숙을 하며 같이 시험을 치르는 사람들과 이야기를 나누다 보니, 모두 열정이 넘쳤고 어디에 가서도 인정받을만한 실력도 갖추고 있었지만 CBS라는 회사를 잘 모르는 것 같았기 때문이다. 반면에 나는 인턴기자 경험으로 CBS에 이미 애정을 가지고 있는 상태, 최종면접에서 경쟁자들과 차별화 할 수 있는 지점을 발견한 것이다. 프로그램들을 모니터링하며 CBS가 어떤 방송을 하는지를 먼저 파악하고, 최종면접에서는 프로그램과 진행자 이름 등을 언급하며 회사에 대한 애정을 어필했다. 그 전략이 통했는지 아니면 진심이 전해진 것인지, 운인지 운명인지 모르겠지만 결국 최종합격을 했다. 내 인생 최고의 순간을 꼽으라면 카페에 앉아있다가 전화로 합격통지를 받았던 그 때, 터질 듯 두근거리는 심장을 진정시키며 한동안 머물러 있었던 그 순간을 빼놓을 수 없을 것이다. 나는 이렇게 CBS아나운서가 되었다.

입사원서에 붙였던 증명사진이자 지금 사원증 사진 /
CBS TV뉴스 앵커 시절

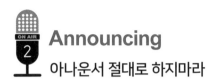

Announcing
아나운서 절대로 하지마라

화려한 생활, 자유로운 삶을 꿈꾼다면?

"라디오DJ는 하루에 2시간만 사는 사람인 줄 알았어."

타 직종의 입사동기가 신입사원 연수기간에 했던 이야기다. 그 당시까지 라디오를 별로 듣지 않았던 나는 그게 무슨 뜻인지 의아하기만 했는데, 지금 생각해보면 청취자가 DJ와 함께 호흡하는 시간은 방송시간뿐이니 그렇게 느껴질수도 있겠다 싶다. 그래서 신비롭게 느껴지고 마음껏 상상의 나래를 펼칠 수 있는 건 라디오의 매력이기도 하다. 하지만 목소리로만 잠시 만나는 그 사람도 당연히 24시간을 사는 보통 사람이고 생활인이듯, 아나운서는 하루 8시간 근무에 출퇴근이 정해진 직장인이다. TV에 보이는 시간, 라디오에 목소리가 나오는 시간을 제외하고는 그들의 삶을 상상하기 어렵지만, 실제로는 여느 직장인과 크게 다를 바가 없다. 보이게 보이지 않게, 일을 하고 있는 것이다. 헤어, 메이크업을 하고 뉴스나 방송 원고를 보고 때로는 원고를 직접 쓰기도 하고 라디오가 주력 매체인 우리 방송국의 경우 일인제작진행자가 많은데 그런 경우는 기획과 선곡도 하고… 아나운서들이 활동 영역을 넓혀가고 있는 요즘은 팟캐스트를 녹음하거나 유튜브 영상을 편집하는 일로 시간을 쓰는 동료들도 있다. 그 외에 뉴스 배당을 하고 월간근무표를 짠다거나 협회비를 관리하는 등의 소소한 사무도 빼놓을 수 없겠다. 이렇게 주 업무가 방송이라는 것 말고는 여느 직장인과 크게 다르지 않은 생활이다.

주 52시간 근무제의 적용을 받는 직장인으로, 정해진 시간에 출근하고 퇴근하는 규칙적인 생활을 한다는 점은 장점이라고 볼 수도 있겠다. 하지만 그 정해진 시간이 맡은 방송에 따라 제각각 이기 때문에 개인의 생활을 그에 맞춰야 하는 고충이 있다. 예를 들어 아침방송을 맡아 오전 6시에 출근해서 오후 3시에 퇴근 하는 사람은 새벽 4시 반이면 일어나서 출근 준비를 해야 하니, 평일엔 저녁 약속을 잡기 어렵다. 연인과의 여유로운 저녁 데이트, 친구들과 퇴근 후 맥주 한잔도 부담스러운 일이 된다. 결혼을 했다면 배우자와 생활 패턴이 맞지 않아 겪는 어려움도 있고, 아이가 있다면 아침마다 유치원에 가는 아이를 챙겨주지 못하는 게 늘 마음에 걸리는 일이 될 수도 있다. 나 같은 경우는 밤 방송을 오래 했는데 저녁 TV뉴스를 할 때는 친구들과의 저녁모임에 한 번도 참석하지 못하는 게 아쉬웠고, 심야 라디오를 진행하는 지금은 두 아이의 엄마로서 매일 밤 아이들을 씻기고 재우는 일을 못하는 게 가장 마음에 걸린다. 방송하는 시간만큼은 모든걸 잊고 하루에 2시간만 사는 사람처럼 청취자들과 호흡하지만, 새벽1시가 되어서야 집에 들어가 잠든 아이들의 얼굴을 볼 땐 마음이 아리다. 물론, 그 시간까지 아이들이 깨어있는 날엔 그냥 그대로 전쟁이라 자는 모습을 보는 편이 훨씬 낫긴 하지만. 주말 생방송을 맡은 경우엔 또 어떤가? 친한

친구의 결혼식이나 친지들의 중요한 행사에 참석 할 수 없고, 늘 미안한 입장이 되어야 한다.

유연근무제를 도입하는 회사가 늘어나고 있다고 한다. 출퇴근 시간을 조정하거나, 주 40시간 내에서 근무 시간을 자유롭게 사용한다면 일과 개인생활을 조화시키는데 큰 도움이 되는 제도다. 갑작스럽게 아이를 돌봐야 하는 상황이 생기거나 금요일 오후부터 주말 여행을 계획하는 경우는 말할 것도 없겠다. 하지만 방송국에 유연근무제가 도입된다고 해도 아나운서의 경우는 이 제도를 활용하는데 한계가 있을 수 밖에 없다. 의외로 자유로움과는 거리가 먼, 꾸준함과 규칙적인 생활을 요하는 직업이다.

아나운서를 꿈꾸던 대학생 시절에 K방송국 아나운서실에 견학을 간 적이 있는데, 그때 TV에서 보는 것과는 너무나 다른 방송국 모습에 적잖이 충격을 받았던 기억이 있다. 화사한 조명과 반질반질한 데스크가 눈에 들어오는 뉴스 스튜디오와 달리 아나운서실은 그냥 오래된 사무실이었고, 한 쪽 벽엔 커다란 화이트 보드에 라디오 뉴스 배당이 붙어있었다. 그리고 한 켠에서 몇몇 사람들이 모여서 종이컵에 커피를 마시며 케이크를 나눠먹고 있었는데 커다란 화이트보드와 오래된 소파 때문인지 마치 부동산에 온 것 같은 느낌이 들기도 했고, 타임머신을 타고 과거로 간 기분마저 들었다. 목소리는 어디에선가 들어본 듯도 한데, 다들 맨 얼굴에 편안한 옷차림으로 있으니 언뜻 누군지 알아보기도 어려웠다. '방송국은 어떤 곳일까? 아나운서들은 평소에 어떻게 생활을 할까?' 하며 기대와 호기심을 가득 안고 갔던 나는 조금은 실망했던 것 같다. 하지만 그 덕에 아나운서가 되고 나서 놀라거나 실망할 일은 없었다.

'아나운서' 하면 떠오르는 이미지가 있다. 결점 하나 보이지 않는 깔끔한 메이크업에 볼륨 있게 손질한 헤어스타일, 단정하면서도 고급스러워 보이는 의상으로 표현되는 절제된 화려함. 나도 사진에서, 그리고 TV에서 보이는 그런 아나운서의 모습을 아나운서의 전부로 생각했었다. 게다가 방송에서 연예인들과 어울리는 모습을 보면 일종의 연예인처럼 생각되는 것도 사실이다. 하지만, 몇몇 예능 프로그램 등을 통해 이제는 많이 알려진 대로, 방송국에 소속된 아나운서는 월급 받는 직장인이고 TV출연료는 만원 이 만원 수준이다. 생활하기 어려울 만큼은 아니지만, 그렇다고 매번 고급 브랜드의 옷을 사 입거나 명품가방을 고민 없이 살 수 있을 만큼 수입이 많지는 않다. 특별히 메이크업을 받거나 협찬의상을 입었을 때가 아니고서는 여느 직장인과 다를 바 없는 모습이다. 그래서 가끔 촬영이 있거나 행사가 있는 날이면, "어머, 아나운서 같으세요!" 하고 우리끼리 농담을 하기도 한다. 개편을 앞두고 프로필 촬영이 있던 날엔 모처럼 풀 메이크업하고 차려 입는 날이니 서로서로 사진도 찍어주고 같이 사진도 많이 찍자고 '단톡방'에서 이야기가 오고 갈 정도니, 밖으로 보이는 모습이 일상이 아니라는 건 더 이상 설명할 필요가 없겠다.

한창 공채시험을 준비하던 때, 한 스터디 모임에서 면접 예상 질문 중 하나로 '왜 아나운서가 되고 싶은지'이야기를 하던 중에 한 친구가 이렇게 말했다. "솔직히 말하면 난 예쁘게 꾸미고 사람들 앞에 서는 게 좋아." 뭔가 그럴듯한 답을 고심하던 나는 한 대 얻어맞은 느낌이었다. 이렇게도 솔직한 대답이라니!

면접에서 그대로 이야기하지는 않겠지만, 자신의 욕구를 정직하게 들여다본 그녀의 용기 있는 발언에, 과연 나는 왜 아나운서가 되고 싶은 건지 나의 속마음을 돌아보게 됐던 기억이다. 아나운서가 되겠다고 하면 처음엔 누구나 화면에 비춰지는 모습, 아나운서 프로필 사진에서 보이는 모습을 꿈꾸게 마련이니까. 대학시절 아나운서를 꿈꾸던 한 선배는 늘 단정한 아나운서 단발에 깔끔한 정장차림으로 캠퍼스를 누비기도 했다. 그만큼 간절히 닮고 싶다는 뜻 아니었을까? 하지만 누구나 그렇듯 보여지는 모습이 전부는 아니다. 어쩌면 보이지 않는 평범한 일상, 반복되는 일과가 더 크고 중요한 부분일 수 있다. 화려한 생활과 자유로운 삶을 꿈꾼다면 '아나운서'는 당신이 원하는 직업이 아닐 가능성이 높다.

징검다리 연휴에 긴 휴가를 가고 싶다면?

휴일은 휴일답게 쉬고 싶고, 긴 명절 연휴나 징검다리 연휴에 가끔은 멀리 여행을 가고 싶다면 일찌감치 다른 직업을 찾는 게 좋겠다. 휴일에도 방송은 계속 되기에 모든 휴일을 온전히 쉰다는 건 아나운서로 사는 한 불가능하다. 특히 라디오방송의 경우는 매일 방송이 기본이라 휴일에도 생방송을 하는 경우가 많다. 운 좋게 방송을 미리 녹음하거나 녹화하는 경우에도 라디오뉴스는 평소와 같이 방송되기 때문에 순번을 정해 돌아가는 뉴스 당직에 걸릴 수 있다. 추석이나 설 명절 같은 긴 연휴엔 어느 하루 이틀은 꼭 내 차례가 되기 마련이다. 같은 이유로 징검다리 연휴를 만들어 해외여행을 계획하는 것도 거의 불가능에 가깝다. 근무는 그렇다 치고 연휴에 며칠이라도 쉬려고 하면 내가 맡은 프로그램을 녹음해 두어야 하는데, 거기에 들어가는 노력이 또 만만치가 않다. 그래서 아나운서가 된 이후 나는 길게 이어지는 휴일이 그리 반갑지 않다.

그게 무슨 문제냐고, 남들 놀 때 일해도 괜찮으니 입사만하면 좋겠다고 할지도 모르겠다. 하지만 정말 그럴까? 방학이 학교생활의 이유가 될 수 없듯이 휴가나 휴일을 직장이나 직업 선택의 이유로 들 수는 없겠지만 중요한 고려 사항임에는 틀림없다. '워라밸' 시대가 아닌가! 별거 아니라고 생각했던 그 남자, 그 여자의 어떤 특성이 결혼 후 잦은 부부싸움의 원인이 되는 것처럼, 사소해 보이던 문제가 살아가면서 때론 삶의 질을 결정하는 핵심 요소가 되기도 하는 것이다. 보통 직장인들이라면 새해 달력을 받자마자 달력을 마지막 장까지 넘기며 그 해의 휴일을 세어보게 마련이다. 그 중에 징검다리 연휴가 있으면 그렇게 반가울 수가 없다. 동그라미를 쳐두고 휴가계획도 세워 본다. 휴가원을 낼 때 약간의 부담과 눈치가 필요하겠지만, 징검다리 연휴가 내 것이 된다는 건 다람쥐 쳇바퀴 돌듯 사는 직장인에겐 '작은 로또' 같은 것. 그런 작은 행복을 포기하는 선택을 후회하게 되진 않을 지 늦기 전에 고민해볼 일이다.

나도 처음엔 그랬다. 휴가나 휴일 같은 것은 고려 대상도 아니었다. 방송을 하고 싶었고 아나운서가 되기만 하면 세상 부러울 것이 없을 것 같았다. 하지만 사람이 마음이란 어찌나 간사한지, 새 달력을 받고 누군가는 미소를 감추지 못할 긴 휴일에 한숨 짓는 입장이 되고 보니 가끔 아쉬울 때가 있다. 가족들과 시간을 맞춰 여행을 가기도 어렵고, 명절을 온전히 같이 보낼 수도 없다. 크리스마스 시즌은 또 어떤가? 나에게 크리스마스 이브의 로맨틱한 디너나 화려한 파티는 다른 세상의 이야기다. 입사 후 매년 크리스마스엔 거의 늘 회사에서 보냈다. TV뉴스를 할 땐 뉴스를 맡고 있으니 당연한 일이려니 했고, '올댓재즈'를 진행할 땐 크리스마스 시즌이 재즈방송으로선 장시로 치면 '대목'이나 다름 없으니 각종 재즈 캐롤을 준비해 특집을 하거나 야외 스튜디오에서 생방송을 하는 등 이벤트를 했다. 그리고 크리스천 음악 프로그램을 진행하는 지금이야 더

크리스마스 이브, 야외 스튜디오에서 특집방송 후

설명할 필요도 없겠다. 연휴를 맞아 최대인파가 몰렸다는 인천공항의 소식은 영영 남의 이야기가 되고, 적막한 사무실과 꽉 막힌 스튜디오에서 매년 같은 크리스마스를 보내도 정말 괜찮겠는가?

관심있는 분야, 하고 싶은 일만 하고 싶다면?

수습기간이 끝나고 라디오 뉴스에 투입된 후 내게 처음 주어진 일은 당시 DMB로 송출되던 연예프로그램의 리포터였다. 방송국 입사를 준비하면서도 사실 TV를 많이 보지 않고 연예인에 별로 관심도 없던 터라 원고마다 얼마나 생소하던지, 요즘 말로 영혼 없이 입에 붙지 않는 내용을 읽어 내리며 유체이탈을 경험했다. 또 연예인 취재를 한다고 나가서는 끼 없는 나를 탓하며 꾸역꾸역 카메라 앞에서 이보다 너 어색할 수는 없는 인터뷰를 했었다. 그 때를 떠올리면 지금도 얼굴이 화끈거린다. 그 다음에 주어진 일은 새벽2시에서 4시 심야 라디오 프로그램. 차분한 분위기의 기독교음악 프로그램이었는데, 사정상 제작과 진행을 모두 해야 했다. 뭐가 뭔지도 모르고 제작에 투입되어 좌충우돌하며 어떻게든 만들어내긴 했는데, 서툴기도 했고 주말까지 매일 나가는 방송을 만들려니 시간이 무척 많이 걸렸다. 녹음 스튜디오 안에 들어가서 몇 시간을 보내는 것도 답답한 일이었지만 워낙 듣기가 힘든 시간대이다 보니 피드백을 해주는 사람이 없어 더욱 지쳤다. 내가 과연 잘 하고 있는 건지도 모르겠고, 앞으로 어떻게 발전시켜야 하는 건지 길도 보이지 않았다. 마치 시일에 맞춰 물건을 납품하는 기분으로 방송을 하니 재미는 없고 좌절감만 커져갔다. 기적처럼 꿈을 이뤘다고 생각했는데 꿈을 사는 일이 꿈처럼 아름답지만은 않았던 것이다. 그렇게 입사 초기 삼 사 년이 내겐 슬럼프였던 것 같다. 나와 잘 어울리는 그리고 재미있는 방송을 하고 싶은데 내겐 그런 기회가 오지 않을 것 같고, 사실 그럴만한 역량도 없는 것 같고…아나운서라는 직업이 정말 내게 맞는 지, 계속 이렇게 사는 게 맞는지 고민하면서 괴로워하면서 보냈었다. 아나운서가 되었다고 해서 모두 하고 싶은 방송, 관심이 있는 분야의 프로그램을 맡을 수 있는 것은 아니다. 관심분야를 어필하고 능력을 인정받기 위해 노력이야 하겠지만 그렇다고 해서 기회가 주어진다는 보장은 없다. 보이든 보이지 않든, 어떤 프로그램이든지 맡겨진 일을 해내는 것이 기본이다. 유튜브 크리에이터라면 자신이 관심 있는 주제로 구독자들과 소통할 테고, 녹음장비만 있으면 누구나 팟캐스트 방송을 만들 수 있고, 나만의 능력과 매력으로 인플루언서가 될 수도 있는 시대이기에 과연 '아나운서'여야만 하는 이유가 있는지 진지하게 생각해볼 일이다.

전문가가 되고 싶다면?

방송국에 소속되어 뉴스 앵커, 스포츠 캐스터, MC, 라디오DJ 등 다양한 모습으로 방송을 진행하는 사람을 보통 아나운서라고 부른다. 그런데 이런 아나운서라는 직종이 있는 나라는 한국, 중국, 일본뿐이라고 한다. 다른 외국의 경우엔 앵커, 디제이, 스포츠 캐스터 등은 서로 다른 영역에서 그만의 전문성을 가지고 일한다. 그렇기에 어떤 방송이 맡겨져도 해내야 하는 '아나운서'라는 이름으로 살면서 정체성에 혼란을 느끼고 방향성에 대한 고민을 하게 되는 건 어쩌면 자연스러운 결과인 것 같다. 어떤 종류의 프로그램이라도 진행할 수 있어야 하니 다방면에 관심을 갖고 지식을 갖춰야 하는데 그러다 보니 어느 한 분야의 전문가가 되기는 무척 어렵다. 그렇다고 방송진행전문가라고 하기도 민망하다. 방송진행이 아나운서만의 영역은 아니기 때문이다. 개그맨, 가수, 배우, 운동선수 등 누구나 능력만 있으면 할 수 있는 일이고, TV나 라디오 프로그램을 봐도 아나운서가 아닌 진행자가 훨씬 많은 것이 현실이다. 기자나 PD가 뉴스앵커를 맡거나 시사프로그램을 진행하는 것도 흔한 일이다. 어떤 프로그램을 맡든, 또 어떤 진행자와 경쟁을 하든 인지도에서 혹은 전문성에서 밀린다는 생각에 위축될 때가 많다. 과연 아나운서라는 직종에 미래가 있을까? 아나운서 시험을 준비할 때부터 가졌던 의문은 14년차 아나운서로 살고 있는 지금 더 큰 물음표로 다가온다.

한 장르의 프로그램을 오래 맡으면서 전문적인 지식이 쌓이거나, 자신이 좋아하고 잘 하는 분야의 프로그램을 맡으면서 전문성이 돋보이는 진행으로 독보적인 영역을 개척할 수도 있다. 하지만 그런 경우, 오히려 '아나운서'라는 이름이 전문가로 대우받고 성장하는데 걸림돌이 되기도 한다. 오래 전 한 선배가 했던 말이 기억에 남는다. 어떤 분야에 관심을 갖고 처음 배워갈 때는 아나운서라는 직업이 여러모로 도움이 되겠지만, 후에 진짜 전문 분야에서 활동하려고 하면 되려 아나운서라는 이름이 짐이 될 수도 있다는 얘기였다. 당시에는 그 말의 뜻을 이해하기 어려웠는데, 이제는 조금 알 것 같다. 방송이라는 통로로 관심분야에 쉽게 접근할 수 있고 전문가들을 만날 기회도 얻을 수 있지만, 정작 스스로 전문가로 대우 받을 만큼 성장하고 나서는 '아나운서'라는 직업이 편견으로 작용하여 평가절하될 수도 있는 것이다. 또 탁월한 진행능력이나 재능으로 인지도가 높아진 경우엔 '아나운서'라는 이름의 굴레에 갇혀 기회를 놓치거나 자유를 제한 받는다고 느낄 수도 있다. 방송국 아나운서들의 프리랜서 선언이 이어지는 것도 이런 이유가 아닐까?

채널이 많아지고 프로그램이 다양해지면서 연예계에 종사하는 사람들뿐 아니라 변호사, 의사, 육아전문가, 작사가 등을 비롯해서 다양한 직종의 사람들을 방송에서 만나는 일이 많아졌다. 전문가로서 조언을 하는 역할 뿐 아니라 예능 프로그램에 출연하기도 하고, 인지도가 생기면 MC나 DJ로 활약하기도 한다. 본업보다 방송인으로 인식될 만큼 방송에 자주 보이는 경우도 있다. 능력과 기회가 닿으면 누구나 방송인이 될 수 있다는 얘기, 꼭 아나운서가 아니어도 방송으로 가는 다양한 길이 있다는 뜻이다. 이런 시대와 환경의 변화에 따라 아나운서들도 1인 제작진행자로 변모하거나 스포츠 중계 등 자기만의 영역을 구축하거나 팟캐스트나 유튜브 등 뉴미디어로 활동 영역을 넓히는 등 나름대로 적응하고 발전하기 위해 노력하고 있다. 아나운서는 살아남을 수 있을까? 아나운서로서의 정체성과 이 직업의 장래성에 대한 고민은 계속되고 있다.

체력이 약하다면?

아나운서로서 소원을 한 가지만 말하라면, 나는 '지치지 않는 체력'이라고 답하겠다. 아나운서에게 체력이 그렇게 절실한가? 아나운서의 일이란 카메라 앞에서 마이크 앞에서 우아하게 하는 일, 육체적으로 힘들 일 없는 고상한 직업이라고 생각하는 사람들이 많다. 심지어 가족들 조차 알아주지 않아서 서러울 때가 있으니 이해는 된다. 하지만 실상을 보면 체력만큼 중요한 것도 없다. 일단 보기보다 에너지 소모가 많다. 방송하는 시간만큼은 초긴장 상태인데다가 내내 말을 한다는 것, 그것도 사람들 앞에서 실시간으로 평가 받는 다는 건 꽤 밀도 높은 정신적, 육체적 에너지를 필요로 한다. 게다가 방송시간에 맞춰 생활을 하다 보니 신체리듬을 거슬러 생활하는 경우가 비일비재하다. 예를 들어 이른 아침에 방송을 하는 경우, 매일 새벽같이 일어나야 한다는 부담으로 편히 잠을 잘 수가 없다. 피할 수 없는 저녁일정으로 생활 리듬이 무너지면 며칠을 고생하고, 꿈 같은 아침잠을 포기한 대가로 위장장애를 얻기도 한다. 건강을 유지하기 어려운 생활패턴이고 체력이 받쳐주지 않으면 지속하기 힘든 일이다. 그래서 아침방송을 수년씩 하는 동료들을 보면 존경스러운 마음까지 든다.

나는 주로 밤에 방송을 많이 했는데, 그러다 보니 밤낮이 바뀐 생활이 길어졌다. TV뉴스를 할 때는 보통 밤10시에 퇴근을 했었고, 음악FM에서 '올 댓 재즈' 진행하며 새벽 2시까지 생방송을 할 때는 집에 들어가면 새벽3시. 바로 잠들면 좋은데 각성상태가 한동안 지속되다 보니 새벽 동이 틀 때가 되어서야 잠이 들었다. 그래서 그런지 잠을 자도 자도 피로가 풀리지 않아 늘 몽롱 했고, 면역력이 떨어져서 감기에 한 번 걸리면 잘 낫지 않아 고생하기도 했다. 여전히 밤 시간대를 벗어나지 못하고 있는데, 매일 자정까지 생방송을 하고 퇴근하는 생활을 3년 넘게 이어오고 있다. 집에 가서 바로 잠들면 좋겠지만 역시나 쉽지 않다. 제작, 진행을 맡아 2시간 생방송을 마치고 퇴근하면 역시 그 긴장이 가라앉지 않아 새벽3시가 되어서야 겨우 잠이 든다. 두 아이의 엄마가 된 지금은 예전처럼 오전 내내 잘 수 도 없는 상황이니 늘 잠이 모자라다. 컨디션 관리가 쉽지 않다. 불규칙적인 생활과 잠을 쫓으려 마시는 커피 때문인지 종종 역류성 식도염 증세로 소리가 잘 나오지 않아서 방송 중에 진땀을 흘리곤 한다. 그래서 더 더욱 짬을 내어 운동도 하고 잘 챙겨먹고 틈틈이 눈을 붙이며 건강을 유지하려고 애쓰고 있다.

진행자의 체력은 방송의 질과도 직결된다. 다른 일과 마찬가지로, 몸이 힘들면 의욕적으로 방송에 임하기 힘들고 그 날의 몸 상태는 목소리로 그대로 드러나기에 숨길 수가 없다. 어디 가서 직업이 아나운서라고 하면, 특별한 목 관리 방법이 있는 지 묻는 분들이 종종 있다. 그럴 때마다 속 시원한 대답을 내놓지 못한다. 적어도 내 생각엔 목 관리만 따로 하는 방법, 목소리 유지만을 위한 비법이란 없기 때문이다. 몸 상태가 좋아야 건강한 목소리를 낼 수 있다. 속이

울렁거리고 정신이 아찔했던 어느 날, 아무렇지 않은 척 하고 아슬아슬하게 방송을 마쳤는데 다음날 한 청취자가 보낸 사연을 보고 깜짝 놀란 적이 있다.

'어제 아프신 것 같아서 많이 걱정했는데요... 괜찮으신지요? 응원의 기도 보내드려요!'

아니 어떻게 눈치를 챘을까? 아무도 모를 거라고 생각했는데, 심지어 가족들 조차도 모르고 있던 그날의 컨디션을 한 애청자는 느끼고 조용히 걱정해주고 있었던 거다. 놀라고 부끄러웠던 한편 고맙기도 하고 힘이 나기도 했다. 오래오래 이렇게 방송하고 싶은데, 건강한 목소리로 기분 좋은 에너지를 전하고 싶은데... 그러니 꿈에도 소원은 '체력'이라는 말은 농담이 아니다.

나를 들키고 싶지 않다면?

나를 드러내고 싶지 않고 알려지고 싶지 않은 아나운서란 형용모순이라고 하겠다. 기본적으로 사람들 앞에 서야 하는 직업, 나를 보여줘야 하는 일이니까. 하지만 드러내는 것과 들키는 것은 전혀 다른 이야기이고, 아나운서로서 정돈된 모습만 보여줄 수 있다고 생각하면 큰 오해다. 아무리 표준어와 표준 발음을 공부하고 훈련해도 나도 모르게 평소의 말버릇이 튀어나오듯이 방송을 통해서 그 사람의 평소 생각과 태도, 가치관이 은연중에 드러난다. 진행이 조금 서툴러도 진심이 느껴지면 그 자체로 매력이 있고, 아무리 듣기 좋은 목소리라도 성의 없는 태도는 금방 표가 난다. 집을 보여주는 일이라면 미리 청소하고 정리하고 꾸며서 의도한 대로 할 수 있지만, 나를 보여주는 일은 그렇게 마음 먹은 대로 되지 않는다. 메이크업으로 결점을 가리듯 완벽하게 포장하는 것이 불가능하다. 그래서 보여주고 싶은 모습만, 준비된 만큼만, 최선의 상태만을 허용하는 완벽주의적인 성향이 있다면 감당해야 하는 시선이 생각보다 힘들게 느껴질 것이다.

앞서 이야기 했듯이 쌓인 피로 조차 목소리에 그대로 묻어나는데, 감정은 말할 것도 없다. 말의 내용보다 스쳐 지나는 표정이나 순간적인 반응으로 상대의 진심을 알아채는 것과 마찬가지로 사람들은 목소리나 표정변화로 드러나는 진행자의 감정을 민감하게 파악한다. 심지어 어느 날은 깜짝 놀란 일이 있고 나서 라디오 뉴스를 했는데 가쁜 호흡에 놀란 청취자들이 항의전화를 한 일도 있었다. 한동안 뉴스 부스에 들어갈 때마다 두려움을 느낄 만큼 부끄러웠던 기억이다.

나른한 오후를 깨우는 신나는 음악과 함께 즐겁게 방송을 진행해야 하는데 내 마음이 지옥일 때는 또 어떨까. 감정을, 기분을 숨기는 일도 고역이고 숨겨도 숨겨지지 않는 나의 상태를 들킬까 전전긍긍하는 시간은 상상만해도 식은땀이 난다. 그럴 땐 기분과 감정은 적당히 숨기고 할 수 있는 일, 나를 속속들이 보이지 않아도 되는 일, 때로는 결과로만 승부를 보는 일을 하는 것이 마음은 편하지 않을까 하는 생각이 든다.

관심은 나의 힘?!

사람들의 반응에, 관심에 일희일비 할 수 밖에 없는 건 방송인의 숙명인 듯하다. 청취율, 시청률처럼 숫자로 나타나는 성과뿐 아니라 애청자들의 직접적인 반응은 관심은 방송하는 사람들에게 고용량 카페인이 들어간 에너지 음료와도 같다. 지쳐있다가도 한마디 응원 문자에 의욕을 되찾기도 하고, 제작진의 의도를 알아채고 반응해주면 거기서 또 힘을 얻는다. 동시에, 이런 저런 반갑지 않은 평가도 피할 수 없다. 때로는 모욕적인 '얼평(얼굴평가)'의 대상이 되기도 한다. 관심과 반응은 동력이 되지만, 때로는 부담이고 상처라는걸 염두에 두는게 좋다.

특히 라디오 방송을 진행하다 보면 청취자들의 반응에 실시간으로 영향을 받게 된다. 좋은 사연이나 신청곡은 양질의 프로그램을 만드는데 도움이 될 뿐 아니라 진행자에게도 힘이 된다. 반면, 익명이 보장 되는 소통의 창구 이다 보니 무례한 말이나 가감 없이 악평을 퍼붓는 사람도 있다. 어쩌다 저지른 실수나 잘 못 나간 말에 뭇매를 맞을 수도 있다. 방송 중에 실시간으로 만나고 소화해야 하는 청취자들의 이야기 중에는 버거운 것도 있고, 상처를 주려는 의도로 전해진 것들도 있기에 평정심 유지는 늘 도전과제가 된다. 흔들리지 않고 그날의 방송을 해내야 하고, 아무 일도 없었다는 듯이 다음날도 그 자리를 지켜야 한다. 사람을 직접 대면하는 직업이 아닌데도, 그럴 땐 그야말로 감정노동을 하고 있다고 느낀다. 근거 없는 비난이나 밑도 끝도 없는 분풀이는 '쿨'하게 넘기려고 하지만 나의 의지와 상관없이 감정은 상하고 때로는 상처를 받기도 한다. 아무렇지 않은 듯 하루를 잘 보내고 잠자리에 누웠는데, 난데없이 눈물이 주르르 흐르는 날도 있다. 아무리 해도 익숙해 지지 않는 일 중 하나가 바로 '미움을 받는 일'이라는걸 절감하게 된다. 시간이 지나도 익숙해지지 않을 이 감정을 감수할 수 있겠는가. 아나운서로 살기 위해 체력만큼이나 필요한 것이 바로 단단한 마음이다.

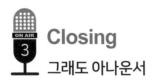

Closing
그래도 아나운서

여전히 재미있는 일

어느 날 한 친구가 "요즘 일은 어때?" 하고 묻길래 "재미있어!" 라고 무심코 대답했더니 너무 깜짝 놀라서 내가 더 깜짝 놀랐던 적이 있다. 믿기지 않는다는 눈치였다. 별 뜻 없이 안부 겸 던지는 이 질문에 재미있다고 대답한 사람은 처음이라고 했다. 대부 분은 "힘들어.", "그냥 하는 거지 뭐", "일을 재미로 하나?" 라고 한다고… 일을 하며 재미를 느끼는 사람이 흔치 않다는 걸 그때 알았다.

입사 14년차가 되었지만 난 여전히 이 일이, 방송이 재미있다. 멀찌감치 떨어져서 보면 같은 방송에 비슷한 일과가 반복되는 것 같지만, 하루도 같은 날이 없다. 매일 매일이 새롭다. 그래서 나의 능력 부족을 절감하며 괴로운 날은 있어도, 지루하거나 질린다는 생각을 한 적은 없다. 마이크 앞에 서는 일은 늘 긴장되면서도 기대되는 일이다. 기분 좋은 긴장은 일상의 활력이 된다. 여느 직장인들처럼 주말을 기다리지만 출근하는 발걸음이 가볍기에 월요병이 없고,

꿀 같은 휴가를 보내고서도 다시 방송에 복귀하는 날이면 설레고 즐겁다.

　심지어 직장에서 나는 콧노래를 부르며 다니는 사람이다. 한 동료가 집에서도 그렇게 노래를 부르며 다니냐고 물어보기에 그제야 깨달았다. 출근해서는 나도 모르게 노래를 흥얼거린다는 것을. 한 편으론 민망하면서도 내가 이 일을 진심으로 즐기고 있구나 느꼈다. 방송을 하면서 겪는 어려움도 있고 직장생활에서 오는 스트레스도 없다 할 수 없지만, 그럼에도 불구하고 일터에서 노래가 절로 나온다는 건 기적 같은 일이 아닌가.

함께 살아가며, 살 맛 나게

아나운서가 된 이후, 항상 뉴스에 귀 기울이며 산다. 라디오 저녁종합뉴스도 꽤 오래 진행했었고, 그렇지 않더라도 매일매일 뉴스를 전해야 하는 입장이다 보니 늘 관심을 가지게 된다. 라디오뉴스를 한다면 보통 10-15분 전에 뉴스원고를 받고, 뉴스부스에 들어가서 미리 읽어보고 준비를 하는데 그날의 주요 뉴스들을 대충 알고 있으면 원고내용 파악도 빨리 할 수 있고, 실수도 줄일 수 있다. 내용파악이 되어 있고, 어려운 숫자나 용어들을 한번 더 체크한 상태에서 자신감 있게 뉴스를 하면 당연히 전달력도 높아진다. 그러니 늘 뉴스에 귀 기울이게 되고, 출근길에는 오늘의 주요 뉴스들을 챙겨보는 게 일상이다. 시사 프로그램을 맡는다면 더 말할 것도 없을 것이다. 주말 시사프로그램을 진행하던 시기엔 일주일 동안 있었던 주요 이슈들을 주말에 다루다 보니, 더 관심 있게 매일 뉴스를 챙겨봐야 했고 그러다 보니 대체휴일로 평일에 쉬는 날도 온전히 쉬는 날이라 할 수 없었다. 생방송을 하는 주말 내내 들어오는 소식에 곤두서 있던 것은 물론이다.

전파를 통해 보이지 않는 사람들과 소통하는 일, 대화하는 일이 방송이기에 사람들의 관심사라면 뭐든지 어느 정도는 알려고 노력한다. 요즘 인기 있는 영화나 드라마, 베스트셀러가 된 책, 유행어 등도 어느 정도 알고 있어야 대화가 된다. 예를 들어 한창 화제가 되고 있는 드라마를 전혀 모른다고 하면 인기 있는 OST를 들으며 적당한 감상을 덧붙이기도, 드라마를 언급하는 청취자의 사연에 공감하기도 힘들다. 그래서 화제가 되는 영화나 책이 있으면 챙겨보고, 드라마나 예능 프로그램을 다 보기 힘들다면 관련 기사나 짧은 영상이라도 찾아보는 편이다. 스포츠도 마찬가지다. 스포츠에 특별히 관심도 없고, 상식도 부족한 탓에 생방송 중에 굉장히 당황했던 기억이 있다. 퀴즈 프로그램의 대타로 들어간 날, 아마도 그 때가 프로야구 시즌이었나 보다. 남성 진행자와 둘이 진행을 하던 중, 전화연결로 청취자와 이야기를 나누다가 예상치 않게 야구를 주제로 대화가 흘러갔다. 짐짓 아는 체를 하며 무사히 넘어가나 했는데, 갑자기 옆에 있던 남성 진행자가

"백원경 아나운서는 어느 팀을 응원하세요?"라고 묻는 거다. 몇 초간 정적이 흐르고 겨우 나온 말이

"아, 저는 모든 팀을 응원합니다." 라는 황당한 대답이었다. 모든 팀을 응원한다는 건, 스포츠에서 특히나 프로야구에서는 있을 수가 없는 일. 무관심을 넘어 나의 무지가 드러나는 순간이었고, 화기애애하던 분위기에 단숨에 찬물을 끼얹는 실수였다. 옆에 있던 진행자는

"하하하, 백원경 아나운서는 야구를 별로 안 좋아하시는 군요." 하고 웃어 넘겼지만, 나에겐 그 사건이 하나의 트라우마로 남았다. 스포츠팬은 아니라도 기본적인 상식과 관심은 가져야겠다는 교훈을 얻은 작은 사건이다.

아나운서라면 바깥을 향해 늘 안테나를 펼쳐놓아야 한다고 생각한다. 세상 돌아가는 이야기와 사람 사는 이야기에 귀 기울이고 그 안에 스며들어가야 하는 일, 그래서 사는 맛이 나는 직업이 아나운서다.

일과 생활이 하나가 되는 삶

일과 삶이 하나가 되다니, 아나운서 절대로 하지 말아야 할 이유가 아닌가? 하고 의아해할 사람도 있을 것이다. 일과 개인생활이 분리되는 삶이 바람직한 것으로 여겨지고 그에 맞춰 생활패턴이 바뀌는 요즘이지만 아나운서가 된 이후 나의 생활, 나의 삶은 방송을 떼어놓고 생각할 수가 없게 되었다.

라디오 DJ로 제작, 진행을 맡아서 하는 지금은 청취자들과 대화의 소재가 될 수 있는 것들에 늘 눈과 귀를 열어둔다. 뉴스나 사람들의 관심사는 물론이고, 날씨도 중요하다. 언제나 좋은 이야깃감이 되는 것과 동시에 선곡을 할 때 큰 변수가 되기 때문이다. 날씨는 일상생활의 풍경을 바꾸고 감정에도 영향을 주기 때문에 햇볕이 쨍 하고 맑은 날의 첫 곡과 그날의 흐름, 비가 내리는 날의 음악들은 같은 방송이라도 결이 다를 수 밖에 없다. 자칫 잘못하면 듣고 있는 사람들과 매우 동떨어진 방송을 하게 될 수도 있으니, 출근길 하늘을 살피는 것은 물론이고 일기예보를 챙겨보며 각 지역은 또 어떻게 다른지, 눈이 많이 오면 얼마나 왔는지, 더위는 예년과 비교해서 어느 정도인지… 출근을 했든 안 했든 늘 살피게 된다.

　신발 만드는 사람의 눈엔 사람들의 신발만 보인다고 하는데, 라디오 오프닝 멘트를 직접 쓰고 있는 나는 일상의 모든 것들이 오프닝으로 보인다. 앞서 이야기 했듯이 날씨는 언제나 중요하고도 좋은 주제, 그러다 보니 계절의 변화도 민감하게 느끼며 산다. 봄바람과 가을바람은 어떻게 다른지, 부쩍 해가 짧아져서 겨울의 보폭이 넓어졌음을 느끼기도 하고, 아이스 아메리카노를 주문하며 여름이 시작되었음을 실감하기도 하고… 길가에 핀 개나리, 장미, 코스모스가 전하는 말도 들린다. 지나는 사람들의 표정이나 행동도 예사로 보이지 않는다.

　한번은 지하철에서 마주 앉아 가는 소녀들이 눈에 띄었다. 교복을 입은 걸 보니 중고생 정도 되었는데 옆에 앉아 가지 않고 마주보고 가는 것이 이상했다. 자세히 보니 수어로 대화를 하고 있었고, 그 또래의 소녀들이 그렇듯 무엇이 그리 재미있는지 얼굴에는 웃음이 떠나지 않았다. 지나가는 표정과 손짓 하나라도 놓칠까 서로를 유심히 바라보며 쉴 새 없이 이야기를 나누는데, 과연 나는 언제 저렇게 누군가와 집중해서 대화를 나눴던가 돌아보게 됐고 그날 방송에선 청취자들과 '진정한 대화'에 대한 이야길 꽃피웠다. 그런가 하면 기록적인 폭염으로 잠 못 드는 밤엔 손 쉽게 얻을 수 있는 작고 시원하고 달콤한 '한 여름의 소확행' 아이스크림을 주제로 시간 가는 줄 모르고 수다를 떨기도 한다.

　일상에서는 물론이고 휴가를 떠나서도 일 생각을 떼어낼 수 없는 삶. 균형과 조화를 생각할 겨를도 없이 일이 생활에 들어와 있는 삶. 그 일이 방송이 아니었다면 형벌처럼 여겨졌을지도 모르겠다. 하지만 삶의 작은 사건 조차도 의미가 되어 다가오고, 삶의 구석구석을 지나치지 않고 누군가와 공감하며 하루하루 풍성한 이야기가 되는 일이기에 나는 축복이라고 느낀다.

내 안에 새로운 세계가 생기는 일

입사 전까지만 해도 나에게 아나운서란 지적인 이미지의 뉴스 앵커나 시사 프로그램 진행자였다. 라디오 키드도 아니었고, 이전까지 음악에도 별 관심이 없는 메마른 감성의 소유자인데다 관심 분야도 다양하지 않았던 탓에 아나운서의 다양한 모습을 상상하지 못했던 것 같다. 돌이켜보면 한마디로 준비가 덜 되어 있었고 자질도 부족했다. 덮어놓고 아나운서가 되고 싶다는 꿈만 컸던 것 같다. 그런 상태로 덜컥 아나운서가 되고 보니 혼란스러운 게 당연했다. 사실 진정한 의미의 뉴스 앵커나 무게 있는 시사 프로그램 진행자가 되기에 나의 배경지식이나 실력, 경력은 한참 부족했고 진심으로 내가 원하는 일이 그것인지도 사실 분명하지 않았다. 그리고 음악이나 교양 프로그램에서 기회는 더 많아 보였다. 문제는 나의 내면세계가 빈약하고 자신 있게 내세울 것도 없다는 것이었다. 하지만 내가 가진 것만으로 하는 일은 아니라는 걸 시간이 가면서 깨닫게 됐다. 방송을 위해서 배우고, 방송을 하면서 새롭게 알게 되는 것들로 나의 세계는 점점 자라나고 있다.

한창 동료 아나운서들과 함께 그룹 스터디를 한 적이 있었다. 다름 아닌 대중음악 스터디. CBS의 주력 매체는 라디오, 음악과 떼려야 뗄 수 없는 관계인데 어느 정도 지식을 갖추자는 의미였다. 몇몇이 모여 시대별로 인기 있었던 대중가요들과 주요 가수와 작곡가의 노래를 정리하기도 했고, '팝 스터디' 그룹을 만들어 책 한 권을 정해 역시 시대별로 중요한 팝 아티스트와 곡들을 정리 하고 각자 좋아하는 한 곡을 정해 에세이를 써서 서로 발표를 하기도 했다. 음악을 어떻게 공부하듯이 배우겠나 싶기도 하지만 나 같은 사람에겐 꽤 도움이 됐다. 주로 선곡 되는 가수나 노래 제목을 낯설지 않게 보고 자연스럽게 발음할 수 있는 것 만으로도 큰 성과인데, 찾아 듣다 보니 좋아하게 되고 그 노래를 좋아하는 사람들의 마음과 그 시대의 감성도 어느 정도 이해할 수 있게 되었으니 말이다. 거기에 더해 건조하게 보낸 학창시절의 빈 구석이 채워지는 느낌이었다. '음악' 이라는 새로운 세계가 내 안에 만들어진 것이다.

약 5년 정도 진행했던 음악FM의 '올 댓 재즈'라는 프로그램은 내 안에 '재즈'라는 세계를 만들어 준 프로그램이다. 입사한지 3년이 지났지만 방송의 즐거움은 찾지 못하고 고민만 깊어지던 시기, '재즈'에는 문외환 이었지만 돌파구를 찾는 마음으로 겁 없이 해보겠다고 손을 들었었다. 새벽 2시에서 4시에 방송되는 녹음프로그램. 원래 맡고 있던 1인 제작 녹음방송과 채널만 다를 뿐이었지만 장르가 새로우니 뭔가 다른 걸 할 수 있을지 모른다는 기대였다. 그런데 막상 진행자로 배당이 되자, 걱정이 앞섰다. 그야말로 재즈의 '재'자도 모르는 나였기에. 그런데 나와는 달리 어렸을 때부터 라디오를 즐겨 듣던 남동생은 알고 보니 고등학교시절 CBS라디오 애청자였고 특히 재즈프로그램을 좋아해서 공개방송까지 찾아가곤 했었다는 거다. 그래서 '올 댓 재즈'를 맡게 되었다는 소식을 전하니 무척 반가워하면서 자신이 모은 음반 중에 몇 개를 들어보라고 권해주었다. 그 중에 처음 들어본 앨범이 Pat Metheny Group의 [Offramp]다. 재즈 팬이라면 모를 수가 없는 명반인데 나는 도대체 어느 부분에서 감동 해야 하는 지 감을 잡을 수 없어 괴로워하다가 스르르 잠이 들었다. 재즈는 숙면을 위한 음악인가? 모두가 잠들어 있는 시간에 방송되지만 동생이 즐겨 듣던 방송의 DJ가 되다니 신기하기도 하고 음악FM 역사와 함께한 매력 있는 프로그램이라는 생각에 조금 들떠 있었는데, 상황이 이렇게 되고 보니 막막했다. 어쩌겠나, 많이 듣는 수 밖에. 모범생 기질을 발휘해서 관련 책들을 열심히 찾아 읽고, 듣다가 잠들기를 반복했다. 프로그램 안의 코너도 나에겐 배움의 시간이 되었다. 재즈평론가와 함께 재즈의 악기들, 구성, 주요 뮤지션들의 이야기를 나누고 명곡들을 같이 들으며 재즈를 듣는 재미를 알게 됐다.

알면 보이고, 사랑하게 된다고 했던가. 시간이 흐르면서 정말 이 음악이 좋아졌다. 처음엔 노력이었는데, 언제부턴가 음반을 찾아 듣고 공연을 찾아 다니게 된 것이다. 연주가 들리고, 그 맛을 알게 되면서 음악을 들으며 위로 받고, 음악을 들으며 논다는 것이 남의 이야기가 아니게 되었다. 누가 시킨 것도 아닌데 주말에 재즈 페스티벌에 찾아가고 휴가기간엔 뉴욕의 유명 재즈클럽들을 다니고 와서 기사로 써 내기도 했다. 공연을 보러 가서 연주자에게 직접 명함을 주며 섭외를 한 적도 있다. 그런가 하면 방송을 들으며 재즈를 좋아하게 되었다거나 음반을 샀다거나 재즈 공연을 즐기게 되었다는 청취자의 사연을 받으면 힘이 불끈 솟는, 나도 모르게 일종의 사명감까지 느끼는 DJ가 되어있었다. 다른 보상이 없어도 좋았다. 어느새 프로그램이 새로운 취미가 되었고, 나는 즐기고 있었을 뿐이니까.

차에서 운전할 때 늘 음악을 듣고, 틈만 나면 헤드폰을 끼는 지금의 나는 내가 원하는 일만, 잘 할 수 있을 것 같고 관심 있는 일만 했다면 상상할 수 없는 모습이다. 이렇게 배우고 성장하며, 내 안에 새로운 세계가 생기는 건 아나운서로 살며 가장 놀랍고 고마운 일 중 하나다.

'올댓재즈' 공개방송. 재즈가수 웅산씨와 함께

사람이 남는다

다양한 분야의 사람들을 만날 기회가 많다는 점은 아나운서라는 직업이 가진 큰 장점 중 하나다. 입사해서 처음 인터뷰 프로그램을 진행할 때는 뉴스에만 보던 사람들과 직접 만나고 대화를 나눌 수 있다는 게 무척 신기하고 또 설렜다. 너무 긴장한 나머지 진행자로서 내 역할을 잘 해내지 못한 부끄러운 기억도 있지만, 새로운 사람을 만나는 건 언제나 좋은 경험이 되고 나를 성장시키는 일이다.

방송국에 있으니 다양한 분야의 책의 저자를 만날 기회가 종종 생기는데, 어릴 때부터 책을 참 좋아했던 내겐 생각지도 못한 행운이다. 저자와의 만남은 그 자체로 진한 여운을 남기기도 하고, 인터뷰를 준비하면서 다양한 분야의 책을 접하고 자료들을 찾아보며 배우는 것들이 많다. 또 방송을 통해 나에겐 생소한 영역에서 활동하는 사람들을 만날 기회도 갖게 된다. CBS TV에서 한 교양 프로그램을 진행하면서는 패션 큐레이터의 강의를 통해 이전까지는 몰랐던 분야의 지식을 조금이나마 맛볼 수 있었고, 같이 방송을 하며 개인적인 친분을 갖게 되어 관심분야가 넓어지는 경험을 했다. 주말 시사프로그램을 진행할 때는 당시의 나로서는 처음 듣는 직업이었던 '출판평론가' 한 분이 고정으로 출연을 했었다. 그 때 같이 방송에서 다뤘던 내용은 다 잊혀졌지만, 방송을 마치고 방송국 앞의 도넛가게에 앉아 커피를 마시며 수다삼매경에 빠졌던 날들은 내내 좋은 추억으로 남아있다.

음악 프로그램을 진행하면서도 만남은 계속된다. 음악 전문가와 같이 하는 코너를 통해 청취자의 입장이 되어 전문지식을 배우기도 하고, 한 분야의 전문가가 된 그의 노력과 열정 자체가 또 하나의 가르침으로 다가올 때도 있다. 그런가 하면 뮤지션과 만날 기회도 생기게 마련인데, 자부심을 가지고 자기만의 길을 만들어가는 모습을 보며 존경심을 느끼고 유명인이 되어서도 한결같이 겸손한 모습에 감명을 받기도 한다. 곡이 만들어진 이야기를 들으며 감상의 깊이가 깊어지는 것은 물론이다.

어떤 출연자와는 꾸준히 정기적으로 만나 방송을 함께 하면서 우정이 생기고, 나이와 성별을 떠나 오랜 친구 같은 사이가 되기도 한다. 지금 맡고 있는 프로그램의 주말 코너였던 '가스펠 북카페'는 매달 주제를 정해 책 이야기를 나누는 코너로, 고정 게스트가 함께 진행을 했었다. 2주에 한번씩, 2주치 분량을 한꺼번에 녹음하느라 시간도 오래 걸렸고 책을 주제로 하다보니 준비도 만만치 않지만 녹음에 들어가면 시간 가는 줄을 몰랐다. 방송내용뿐 아니라 사는 얘기, 공감하는 주제로 이어지는 대화가 즐거워서 그 코너가 방송된 약 2년 동안 녹음하는 날이 늘 기다려졌었다. 분명히 시간과 에너지를 많이 썼는데도 지적, 정서적으로 재충전이 되어 녹음을 마치고 나면 오히려 생기가 돌았던 행복한 기억이다. 그 출연자와 같이 하는 방송은 막을 내렸지만, 이후에도 인연이 이어져서 지금도 종종 소식을 주고 받으며 서로를 응원하는 사이가 되었다. 그러고 보면 아나운서는 만남의 직업이 아닌가 싶다. 지금까지 그랬듯 앞으로도 아나운서로 큰 부자가 되거나 대단한 명예나 인기를 얻을 기회는 없겠지만 그보다 귀한 사람이 남는 일이다. 배움으로 추억으로 또 좋은 인연으로.

필름포럼 대표 성현목사님과 함께한 오픈스튜디오 현장

어제 보다 더 좋은 나

백선생으로 불리는 사업가이자 방송인 백종원 씨가 한 인터뷰에서 이런 말을 했다.

"방송 하면서 좋은 게 방송을 하면 어쩔 수 없이 선한 척하고 공익을 위하는 척 하고 남을 배려하는 척을 할 수 밖에 없어요. 사람들은 척 하는 제 모습을 보고 좋아한단 말이 예요. 그러면 생활에서도 척을 안 할 수가 없어요. 척을 하다 보니 그게 내 삶이 됐어요."

_OSEN '골목식당' 100회 인터뷰 중

처음에는 척이었지만 시간이 지나다 보면 사람이 변한다고, 그래서 척을 하는 건 중요하다는 이야기에 무척 공감이 됐다. 척을 한다는 건 보통 부정적인 의미지만, 그의 말대로 일단 척이라도 하는 게 중요할지 모른다. 그게 나의 생활을 바꾸고, 결국 나란 사람을 바꿀 수도 있으니 말이다.

방송을 하면서 나도 역시 척을 하지 않을 수 없고, 그러면서 목소리뿐 아니라 나라는 사람도 변해간다. 입사 후 처음 만났던 심야 라디오 프로그램은 말괄량이 같은 성격에 말도 빠르고 쉽게 흥분하는 나와 잘 맞지 않는 것 같았지만 느린 속도, 잔잔한 목소리로 말을 하려고 노력하다 보니 아나운서로서의 목소리와 톤을 가다듬는데 도움이 되었다. 이제와 돌이켜보면 무척 답답했던 그 시간들이 훈련의 과정이었구나 싶다. 또 예전엔 '감성'이란 단어 와는 거리가 먼 사람, 따뜻하기보단 냉정한 이미지였는데 청취자들의 사연에 공감하며 다정한 척, 감성 충만한 척 하다 보니 이제 정말 그런 사람이 되어가는 것 같다.

　처음 음악프로그램을 진행할 때만 해도 지인들로부터 안 어울린다는 말을 종종 들었었다. 본인들이 알고 있는 나의 모습과 너무 달라서였을 것이다. 뉴스나 인터뷰, 시사프로그램은 괜찮은데 음악 프로그램을 진행하는 건 너무 어색해서 못 듣겠다는 친구도 있었다. 하지만 지금은 그런 시절이 있었다는 게 오히려 믿기지 않는다. 얼마 전 방송 시작과 동시에 한 청취자로부터 '원경님과 함께 감성 충전하는 시간입니다' 라는 사연을 받고 기분이 참 묘했다. 따로 알리지 않고 대놓고 광고하지 않아도 '감성적인 크리스천 음악 프로그램'이라는 기획의도대로 자리잡아 가고 있다는 뜻, DJ에게서 그런 분위기를 느낀다는 말로 들렸기 때문이다. 사람은 변하지 않는다는데, 아나운서가 되기 전과 후를 비교해보면 나란 사람은 참 많이 변해있다.

　'척'과 함께 나를 변화시키고 성장시키는 건 소통이다. 아나운서가 만남의 직업이라면 다른 누구보다도 청취자, 시청자와의 만남을 빼놓을 수 없을 것이다. 특히 라디오 디제이는 청취자들의 이야기를 음악과 함께 엮어내는 사람. 매일 청취자들과 나누는 이야기로 나를 돌아보기도 하고 삶의 지혜를 얻기도 하고 때로는 내가 위로를 받기도 한다. 다양한 분야에서 일하는 사람들, 뉴스에서만 보던 사람들을 만나고 그 만남을 통해 배우고 넓어지는 것만큼이나 매일 매일 일상을 나누는 청취자들과의 소통이 나를 깨어있게 하고 성장하게 한다. 그렇게 어제와 조금 다른 나, 더 좋은 내가 되어 간다.

추억과 현실이 재료가 되는 일

라디오를 진행하면서 실시간으로 청취자들과 소통하는 즐거움이 크다. 매일 청취자들과 이야기를 주고 받으며 나를 드러낼 수 밖에 없고, 드러날 수 밖에 없는 일이라는 것이 사실 부담이라기보다는 매력이다. 이별을 하고 나면, 깊은 감정의 골을 경험하며 감성의 폭이 확연히 넓어진다. 처량한 멜로디가 가슴을 울리고, 구질구질하게 느껴지던 가사가 내 이야기가 되어 콕콕 박히는 경험을 누구나 한번쯤은 해봤을 것이다. 그렇게 플레이리스드가 늘어가고 비 내리는 밤 노래가 가슴에 스미는 경험을 하면서 '인생에 이런 맛이 있다니, 이별이 나쁘지만은 않구나.' 했던 기억이 난다. 결혼을 하고 아이 엄마가 된 후 챙겨야 할 것이 많아지고 주어진 하루는 더 빠듯해졌지만, 매일 들어오는 사연에 공감할 수 있는 폭이 확연히 넓어지고 관심사도 많아졌다. 딸이자 누나, 누군가의 친구, 그리고 한 남자의 아내이자 며느리 거기에 엄마라는 이름이 더해지니 공감되는 이야기와 감정들이 기하급수적으로 늘어난 느낌이다. 육아휴직기간의 경험으로 전업주부의 어려움도 이해가 되고 워킹맘의 사연은 지금의 내 이야기고 결혼해서도 친정엄마의 절대적인 도움을 받는 딸의 빚진 마음과 갈수록 더해지는 육아고민, 그리고 아들 둘을 키우는 엄마로서 이제는 며느리뿐 아니라 훗날 나의 이름이 될 시어머니의 입장 조차 이해가 되니 말이다. 공감할 수 있는 소재가 늘어가면서 방송이 더 재미있어졌다. 방송은 겉보기엔 꿈 같은 일 같지만 그 안에 들어가보면 팍팍한 현실과 풀리지 않는 인생의 숙제들, 사소하고 누추한 이야기가 오가는 소통의 장이기에 오늘의 나를 그대로 가지고 마이크 앞에 선다.

음악은 언제나 추억을 불러오는 좋은 장치다. 그 시절의 아련한 기억들이 특정한 멜로디와 리듬, 가사와 함께 떠오르곤 한다. 그러니 라디오 방송, 특히나 음악프로그램을 진행하면서는 누군가의 추억을 만나고 또 나의 추억을 되살리는 것이 일상이다. 요즘 '레트로 열풍'이라 할 정도로 그 때 그 시절의 음악이나 유행을 돌이켜보는 프로그램들이 많은데, 특별히 뭔가를 하지 않아도 라디오는 음악을 통해 추억을 소환시킨다. 만 3년째 맡고 있는 '가스펠아워'도 마찬가지다. 복음성가, 찬송가, CCM 등 기독교음악을 전문으로 하는 장르음악 프로그램인데도 역시 음악을 중심으로 하는 만큼, 자기 인생에서 그 음악이 흘렀던 시기 혹은 그 노래가 도움이 되었던 기억들을 추억하는 청취자들이 많다. 마음껏 '라떼'를 이야기 해도 좋은 시간인 것이다. 그런 이야기들은 동시대를 산 청취자들의 공감을 불러오는 건 물론이고, 진행자에게는 곡에 대한 감상의 폭을 넓혀주고 잘 모르던 시대를 이해할 수 있도록 돕는 역할도 한다.

나의 경우, 교회는 어렸을 때부터 다녔지만 특별히 음악을 좋아하거나 찾아 듣지는 않았기 때문에 '과연 내가 잘 할 수 있을까? 할 이야기가 있을까?'

하는 의문이 있었는데, 방송을 진행해가면서 꽤 많은 추억들을 발견하게 된다. 교회학교 시절 부르던 노래들과 함께 그 때의 기억들이 새록새록 생각이 나는 것이다. 그 시절의 친구들과 나에게 영향을 주었던 사람들과 그 때의 나의 상황과 생각과 감정들… 그럴 때면 내 인생에 잊혀진 기억들을 되찾는 기분이다. 그리고 그런 보물 같은 기억들을 청취자들과 나누며 추억의 창고는 매일 더 풍성해진다.

이렇게 내가 가지고 있고 겪고 있는 일들과 감정들이 재료가 되고 그래서 더 마음을 쏟게 되는 일, 하루하루의 삶이 이야기가 되는 일, 오랜 친구처럼 정이 드는 일이 내겐 방송이고 라디오다.

입사 후, 처음으로 프로그램을 위해 촬영한 사진.
사진 속의 음반은 모두 동생 협찬

아나운서로 사는 보람

CBS TV뉴스와 음악FM '올 댓 재즈'를 진행할 때의 일이다. CBS TV는 종교채널이라 기독교계 소식을 전하는 뉴스였는데 시청자들의 반응이나 이 뉴스가 사회에 얼마나 영향을 미치는 있는 지 마음에 와 닿지 않아 답답했고, 라디오는 녹음방송에 방송시간이 새벽2시에서 4시이다 보니 역시나 청취자 반응도 별로 없고 소통할 수 있는 통로도 제한적이어서 의욕이 떨어지고 지쳐있던 시기였다.

어느 날 회식이 늦어져 택시를 타고 귀가하는데 라디오 채널이 다른 방송에 맞춰져 있었다. 고민은 많아도 애사심은 넘쳤는지, CBS라디오를 권하고 싶은데 용기는 나지 않고… 내내 가만히 있다가 내릴 때가 되어서 "기사님, 93.9에서 좋은 음악 많이 나와요. 한 번 들어보세요."라고 말을 건넸다. 그런데, 예상치 못한 대답이 돌아왔다. "알아요~ 내가 새벽 2시면 딱 CBS로 채널을 바꾸거든. 그때 재즈 프로그램 나오는데, 시원하게 달리면서 들으면 기분이 얼마나 좋은지 몰라." 이럴 수가! 어디에 있는지 보이지도, 느껴지지도 않던 애청자를 이렇게 우연히 만나다니, 너무 놀라서 정신이 없을 정도였다. "제가 그 방송 진행자예요!"라고 말하고 싶었지만 쑥스러워 그냥 내리고 말았다. 꿈인가 싶기도 하고, 기운 내라고 하늘이 내게 보낸 천사가 아닌가 싶을 정도로 믿기지 않았다. 그 이후로 녹음을 하면서 종종 그 날을 떠올렸다. 보통 사람이라면 아무리 늦어도 보통 새벽2시면 잠들고, 아무리 일찍 일어나도 새벽4시 전에 일어나기는 힘드니 모두가 잠든 시간이라 해도 과언이 아니다. 하지만 그 사각지대 같은 시간에 깨어 일하는 사람들이 생각보다 많다. 그들 중 누군가는 이 방송 덕에 뻥 뚫린 올림픽대로를 달리며 자유를 느끼고 또 누군가는 밤샘작업을 하면서 흐르는 음악과 목소리에 의지해 졸음을 이기고 지루한 시간을 견딜 수 있을터, 좁은 녹음실에서의 답답한 시간도 그런 의미가 있었던 것이다.

매일 생방송으로 실시간으로 소통하며, 위로와 힘을 얻는다는 메시지를 많이 받게 된다. 하루 동안 쌓인 피로와 스트레스에 무거운 몸과 마음을 음악에 기대어 쉬고, 그날 있었던 기쁨과 슬픔을 나누면서 팽팽한 긴장을 잠시 내려놓는 시간이기에 그에 맞게 선곡이며 멘트에 공을 들인다. 방송을 들으며 기분이 좋아졌다고, 힘들었던 마음이 나아졌다고, 피로가 풀리는 것 같다고 하는 청취자들의 사연을 받을 때마다 뿌듯하다. 어느 날 한 청취자가 '이 시간 원경님 방송 들으며 위로 받는 엄마들이 많을 것 같아요'라고 사연을 보냈는데, 아무래도 육아에 지친 엄마들의 사연에 감정이입이 되다 보니 그럴 수 있겠다 싶었다. 따로 뭔가를 한 것도 아닌데 나의 일로서 나 같은 누군가에게 위로가 되고 노움이 될 수 있다니… 그럴 땐 의욕이 절로 샘솟는다.

사람은 제각기 다 다른 것 같지만 그 마음 어딘가는 닮아 있기에 마음을 열고 이야기를 나누면 이해할 수 있고 공감할 수 있다고 믿는다. 그래서 음악과 이야기로 소통하는 시간은 누군가에게 위로와 즐거움, 휴식이 되고 동시에 나에게도 같은 선물을 준다. 시사, 교양 프로그램도 마찬가지다. 도움이 되는 뉴스, 유용한 정보, 교양을 넓히는 내용들로 나에게도 그리고 청취자, 시청자에게도 도움이 될 수 있다. 세상 모든 직업이 누군가에게 도움이 되는 일이겠지만 실제로 그렇게 느끼며 일하기란 쉽지 않은 법인데, 그 두 가지가 모두 내 것이 되는 일이니 시간이 갈수록 보람과 즐거움이 함께 커진다.

세상 고민과 걱정이 사라지는 마법 같은 순간

공연을 보러 가는 걸 좋아한다. 공연이 시작되면 휴대전화는 꺼놓고 무대에 집중하며 바깥 세상과는 잠시 단절된다. 연극이라면 스토리에 빠져들고, 연주라면 실시간 전해지는 진동까지 느끼며 일상의 나, 그 모든 책임과 의무에서 자유로워 진다. 물론 공연이 끝나면 다시 일상으로 돌아와야 하고, 바깥 세상의 일들은 그대로지만 나의 마음가짐은 조금 달라져있다. 무거웠던 걸음이 가벼워지고 지친 마음이 회복되면시 긍정적인 상태로 변해있는 것이다. 그래서 훌쩍 떠나고 싶지만 그럴 수 없을 때, 내겐 공연이 좋은 대안이 된다.

방송을 하면서도 이와 비슷한 치유의 순간을 경험할 때가 많다. On Air에 빨간 불이 들어오면 온전히 방송에 집중하게 되면서 크고 작은 걱정거리들이 잠시 잊혀지는 것이다. 기분 상한 일이 있었다고 해도, 마음을 무겁게 하는 고민거리가 머리를 떠나지 않는 날도 앵커로서 MC로서, DJ로서 마이크 앞에 서면 맡겨진 역할을 해내야 한다. 방송 전까지만 해도 잘 해낼 수 있을까, 지금 마음 상태가 안 좋은데 실수를 하는 건 아닐까 불안했다 하더라도 일단 On Air

가 되면 온 신경이 그에 맞춰지고, 그렇게 집중해서 방송을 하는 동안은 신기하게도 일상의 무거운 생각과 감정들이 자연스럽게 잊혀진다. 그리고 방송을 무사히 마치고 나면 기적처럼 상황이 달라져 있는 경우가 많다. 잠시 잊고 있는 동안에 감정의 온도가 달라지기도 하고 큰 고민이었던 것이 사소하게 느껴지는 경우도 있고, 때로는 마음의 힘이 회복되어 마냥 회피하고 싶었던 문제를 마주할 용기가 생기기도 하는 것이다. 그래서 이제는 마음이 좋지 않은 날에도 방송의 마법을 기대하며 On Air를 기다린다.

그래서 아나운서

명절 연휴에 뻥 뚫린 시내 도로를 달려 출근 하는 건 사실 꽤 기분 좋은 일이다. 모두가 떠난 도시에 홀로 남은 듯한 묘한 느낌도 꽤 괜찮고, 일가 친척이 모여 북적거리는 집을 잠시 떠나있을 이유가 되어서 좋고 귀성길의 피로를 덜어준다는 보람도 있고, 오랜만에 고향에 간 다수 청취자들의 추억들을 공유하는 것도 명절을 훈훈하게 보내는 하나의 방법이 되곤 한다. 크리스마스 시즌도 마찬가지다. 사람들 사이에서 부대끼고 어디에 가도 정신 없고 맛있는걸 먹으려고 해도 평소와는 달리 추위 에 떨며 줄을 서야 하는 때. 조용한 스튜디오에 앉아 어디선가 듣고 있을 너에게 분위기 있는 캐롤과 포근한 이야기를 전파에 실어 보내는 일은 얼마나 낭만적인지! 지금쯤이면 독자들도 눈치를 챘으리라. [아나운서 절대로 하지 마라]에 쓴 내용 중 절반 정도는 내게 [그래도 아나운서]의 이유가 되어있다는 것을.

요즘 나의 하루는 이렇다. 제작, 진행을 맡고 있는 CBS 라디오 '가스펠아워'는 크리스천 음악 프로그램. 밤 10시부터 자정까지 생방송이고 기획, 선곡까지 해야 하니 처음엔 부담이 컸는데 만 3년이 지난 지금, 나의 생활의 리듬과 관심은 모두 여기에 맞춰져 있다. 언제부턴가 출퇴근 시간, 차 안에서 보내는 시간이 그렇게 행복할 수가 없다. 일단 집에서 나와 차에 시동을 거는 순간 나는 '두 아들의 엄마'에서 '아나운서 백원경'이 된다. 1시간 남짓 운전을 하며 날씨는 어떤지 하늘의 표정을 살피고, 라디오를 들으며 오늘은 어떤 이야기를 나눌까 어떤 곡을 첫 곡으로 하면 좋을까 내내 즐거운 상상을 한다. 출근해서는 그날의 라디오 뉴스 배당을 챙기고, 휴대전화로 알람을 맞춘다. 컴퓨터를 켜고 그날의 뉴스를 훑어보고, 방송에 도움이 될 만한 기사들도 챙겨본다. 생각을 정리해서 오프닝을 쓰고 2시간을 어떤 흐름으로 만들어 갈지 대략 정한 후, 선곡을 한다. 시간이 갈수록 선곡의 즐거움이 점점 커지고 있다. 망망한 음악의 바다에서 좋은 음악을 찾아내어 잘 연결해서 강약을 조절하고 긴장과 이완을 고려하여 리듬을 만드는 일, 그렇게 2시간의 프로그램이 전체적으로 하나의 음악이 되도록 만드는 건 어려우면서도 즐거운 작업이다. 그리고 생방송에 들어가 모든 감각을 열어놓고 청취자와 소통하며 음악과 이야기를 엮어내다 보면, 2시간이 20분처럼 빠르게 지나간다. 방송이 끝날 때쯤엔 입가가 뻐근해서 나도 모르게 내내 미소를 짓고 있었다는 걸 깨닫는다. 에너지를 다 써버렸다는 증거인지 방송국을 나서며 그제야 다리가 휘청거릴 때도 있지만 서늘한 밤공기는 몽롱해진 정신을 깨워준다. 충만한 마음으로 새벽의 올림픽 도로를 막힘 없이 달릴 때, 라디오에서 좋은 음악까지 흐르면 뭐라 표현할 수 없이 기분이 좋다. 살아있다는 느낌 같기도 하고, 이게 행복인가 싶기도 하고… 아나운서를 꿈꿀 때는 상상하지 못했던 아나운서의 삶을 살고 있다. 그래도, 아니 그래서 다시 그때로 돌아간다 해도 '아나운서'다.

ON AIR

CBS

유지수

아나운서

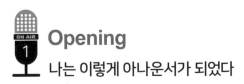

Opening
나는 이렇게 아나운서가 되었다

내 안의 데미안 찾기

소설 '데미안'을 주문했다. 별로 궁금하지 않은 책이었다. 조금 알아도 다 아는 척 할 수 있었으니까. 무엇보다 성장소설이라는 점이 나와는 이제 관련이 없는, 읽을 필요가 없는 책처럼 느껴졌다. 그러다 어느 작가의 평생 읽고 싶은 책이라는 소개에 주문 버튼을 눌렀다. 어느 방송의 책 소개 프로그램에서도 헤르만 헤세의 '데미안'을 언급하니 더 망설이기 어려웠다. 어른이 되어서도 꼭 읽어야할 책이라며 머뭇거리는 나를 부추겼다.

책으로 만난 '데미안'은 첫 향부터 매혹적으로 사람을 어지럽히는 작품은 아니었다. 이미 나 스스로 성장이 멈추었다고 생각해서인지도 모르겠다. 어린 싱클레어가 크로머에게 괴롭힘을 당하는 부분에서는 싱클레어의 마음을 이해하면서도 답답했다. 주인공에게 쉽사리 감정이입을 할 수가 없었다. 하지만 데미안의 등장이후 마음이 조금씩 편안해졌다. 쌓아둔 다른 책이 많았음에도 데미안의 책장이 계속 넘어갔던 이유는, 계속 넘어지고 잘못 헛딛으면서도 앞으로 나아가는 것을 멈추지 않는, '나'를 향한 투쟁을 이어가는 싱클레어의 삶이 지나온 그리고 지금 내 모습과 비슷한 구석이 있었기 때문이었으리라.

늘 똑바로 걸으려 했지만 그 길들이 너무 미끄러웠다는 싱클레어.
그에게 누군가 묻는다.
그 길이 정녕 어렵기만 했는지,
아름답지는 않는지,
혹시 더 아름답고 쉬운 길을 알았던 건 아닌지.

나도 꽤 긴 길을 헤치고 왔다. 걸음을 뗄 때 마다 두리번거렸고 의심도 많았다.
한참 달음질치다 길섶에 서서 걸어온 길을, 또 나아갈 길을 헤아려 본다.

넝쿨에 가려진 길에 처음 들어섰을 때, 나는 멋진 앞날을 그려봤다. 이 길 끝에는 영광의 면류관이 있으리라 기대도 얹었다.
여전히 어디가 끝인지는 모르겠지만
면류관 따위의 기대는 접은 지 오래다.
길의 수명이 다하는 그곳에 불안과 불만을
떨어낸 내 모습이 자리하길 바란다.

자, 이제부터는 나의 '데미안'을 찾는 과정이다.

과연 나는 어떤 강점을 가진 사람인가

당신은 아나운서라는 직업에 대해 조금은 호의적일 것이다. 그리고 마음속으로는 내년이든 후년이든 당신의 얼굴과 목소리가 전파를 타게 해달라는 주문을 걸고 있을 지도 모른다. 혹은 '이번이 정말 마지막이야'라 외치며 지푸라기라도 잡는 심정으로 이 책을 꺼내들었을 수도 있다. 만만해 보이는 이 다섯 명의 여인들도 아나운서가 되고 책도 내었다는데, 나도 될 수 있다는 희망을 엮으며. 만약 그렇지 않다면 우리는 서로의 존재를 몰랐을 것이다.

이제 우리는, 적어도 나는, 당신을 미래의 아나운서 후배라고 생각하겠다. 아나운서의 장점은 익히 알고 있을테니 여기서는 비하인드 스토리 위주로 얘기해볼까 한다. 아나운서에 대한 환상을 터트릴 준비가 되었는가? 사실 위주로, 여대생들의 개미지옥인 '아나운서 되기'에 관해 해묵은 개인사를 들추어가며 소회를 풀어보겠다.

아.나.운.서 네 글자가 마음의 문을 두드린 것은 대학교 2, 3학년 때인가 엄마의 병실에서였다. 엄마가 저 세상 사람이 되어버린 지도 벌써 15년이 넘었지만 그 당시 기억은 아직도 흐트러지지 않았다. 엄마는 암투병 중에 뜻밖의 말을 했다. 아나운서를 해보라고. '아나운서...?' 예나 지금이나 아나운서에 비교되는 건 나쁘지 않다. '싫다' 소리는 하지 않았다. 기분이 괜찮았지만 관심 없는 척 내숭을 떨었다.

누구에게나 한 번쯤은 이런 순간이 찾아오지 않는가. 심신 밖에서 굉음을 내며 자신의 몸과 보이지 않는 무언가의 충돌이 일어나는 경험. 내면의 공기층을 뒤바꿔 놓는 순간. 한 눈에 짝을 알아본 여자와 남자가 만날 때도 그렇고, 복권에 당첨되었거나, 대학에 합격했다는 ARS 안내음성을 들었을 때도 우리 안에는 여러 감정이 섞이고 요란스레 뒤엉킨다. 나에게는 그런 순간이 약 20년 전 엄마의 병실에서였다. 그 후 아무런 확신도 자신도 없이, 남들이 한다는 코스대로 따라 움직였다. 2003년, 신촌에 있던 유명한 아카데미에 등록. 한 학기 등록금에 육박하는 돈을 3개월 수강료로 지불하고, 스터디도 결성. 아나운서가 되기 위해 필기든 실기든 할 수 있는 건 다 해보았다. 불빛만 쫓아다니는 불나방처럼 우르르 몰려다니던 시절이었다. 지금 생각하니 금전적으로나 시간적으로나 낭비가 많았다. 아무튼 아나운서가 되었기 망정이지 아니었으면 속 좀 끓었을 거 같다.

내세울게 없던 나는 어떻게 아나운서가 될 수 있었을까. 일단 운이 좋았다. 원래 사회생활의 7할은 운 아니겠는가. 아나운서 아카데미 초급반을 마칠 무렵, 처음 치러본 방송사 기상캐스터 면접에서 소신 있게 말한 덕에 합격했다,

고 믿는다. 타인을 만나 이야기를 나눌 때 자신의 이야기를 진실 되게(혹은 진실처럼) 전하는 사람들에게 우리는 귀를 열어준다. 외람되나, 내가 아나운서로 월급을 받을 수 있게 만든 일등공신은 뛰어난 외모도 아니고, 깔끔한 언어습관도 아니다. 긴장되는 순간에 '내가 갖고 있는 생각을 모나 보이지 않게 전달할 수 있어서'라고 짐작한다. 물론 어디서나 눈길을 끄는 외모. 이상적인 구강구조에 따른 정확한 발음과 발성. 거기에 진솔한 이야기까지 할 수 있는 준비된 아나운서라면 더 바랄게 없겠지만. 그렇지 않더라도 아나운서라는 크다면 크고 작다면 작은 꿈을 포기할 필요는 없다. 우리 회사 뿐 아니라 내 주변의 현직 아나운서들을 보면 완벽하게 갖춰진 아나운서들은 별로 없으니까. 대체로 노력파들이 결국 승리하기 때문이니까.

오늘부터 잘 생각해보자. 과연 나는 어떤 강점을 갖고 있는 사람인지.

피겨여왕 김연아를 떠올려 보자. 그녀는 피겨점프 기술 중 최상위라는 트리플 악셀을 뛰지 않았다. 시도조차 안한 것은 아니었다. 일본의 아사다 마오 선수가 높은 배점의 트리플 악셀로(실은 굉장히 불완전한 기술이었지만) 잠깐 그녀보다 앞서가는 듯 보이던 시절이 있었다. 불안했던 연아는 본인도 트리플 악셀을 성공시켜야 한다고 생각했다. 여자선수 중 트리플 악셀을 시도하는 선수가 거의 없던 시절이라 그 기술만 연마하면 웬만한 국제경기에서 우승을 할 수 있었기 때문이다. 결국 연아는 '미스터 트리플 악셀' 이라 불리던 1988년 캘거리 동계올림픽 은메달리스트인 캐나다의 브라이언 오서를 코치로 선임한다.

하지만 트리플 악셀은 생각보다 훨씬 더 피겨선수들을 괴롭히는 기술이었다.

도전은 했지만 김연아는 결국 성공률이 낮은 트리플 악셀을 과감히 내려놓는다. 그것을 배우기 위해 그 분야 최고라는 코치까지 선임했지만, 브라이언 오서와 김연아는 입장을 정리한다. 잘하기가 무진장 어려운 점프는 과감히 포기하고 잘하고 있는 점프를 완벽하게 소화하는 전략으로 바꾸었다. 국제대회 우승이라는 종착지로 가는 길 위에서 꼭 트리플 악셀만이 정답은 아니란 것을 깨달은 것이다. 감히 말하자면, 피겨여왕에게도 약점이라면 약점이 있었던 것. 그렇지만 여왕답게 그녀는 영리하고도 대범하게 트리플 악셀은 내려놓고 자신이 표현할 수 있는 점프와 스핀, 예술연기를 더 정교하고 빈틈없이 갈고 닦는다. 결과는 우리가 아는 그대로다. 후의 브라이언 오서와 김연아의 관계는 잘 모르겠지만 당시의 선택은 완벽했다.

우리가 이렇게 만나는 이유

자, 당신 차례다. 분명 당신은 그동안 꽤 열심히 아나운서 준비를 해온 지망생이거나, 아니면 본격적인 준비도 하기 전에 책을 먼저 찾아보는 모범생이다.

아직 당신은 정식 아나운서는 아닐 수 있다. 하지만 그렇기 때문에 반드시 아나운서 사원증을 받기 전에 알아둘 문제가 있다. 나는 나에 대해 무지해서 돌고 돌아 겨우 프로그램을 맡을 수 있었다. 당신은 아나운서가 되고나서 그런 시행착오를 겪지 않거나 줄이기를 바란다. 그 비법은 스스로만이 알 수 있다. 어떤 사람인지를 스스로가 가장 잘 알아야 한다. 어쩌면 당신은 외모가 상당히 출중할 수 있다. 물론 '나는 외모가 경쟁력이야'라고 대놓고 이야기를 하지는 않겠지만(아닌가?), 일단 외모로 승부를 보겠다는 근거 있는 자신감의 소유자일 수 있다. 실제로 예나 지금이나 적잖은 수의 아나운서 가운데는 외모 덕을 크게 본 선후배들이 있으니까. 하지만 외모라는 것은 변수가 많은 장점이다. 미인대회 출신이라고 가산점을 받는 것도 아니고 특별히 늘씬하거나 이목구비가 뚜렷해서 더 유리한 것도 아니니까.

그렇지만 외모'도' 경쟁력인 것만은 분명하다. 그럼 기준은 무엇일까. 나로서는 알 수 없다. 나와 상관없는 분야기도 하고 잘 알지도 못하고. '외모로 아나운서가 되겠다'는 생각은 복권당첨을 바라는 심정과 비슷하다고 여겨진다. 한 가지 분명한 것은 '호감형'의 외모여야 한다는 것. 서구적인 미인, 동양적인 미인 상관없다. 누가 보아도 좋은 느낌을 줄만한 외모의 소유자이면 가능성이 있다.

이번에는 목소리, 다른 말로 오디오. 기본적으로 아나운서를 하고자하면 목소리가 좋아야(?) 한다. 하지만 이 말은 맞기도 하고 틀리기도 하다. 아나운서는 좋은 목소리를 갖고 있어야한다. 아니, 실은 '아나운서는 좋은 소리를 '낼' 수 있어야 한다'가 더 맞는 말이다. 즉, 옳은 발성이 필요하다. 나를 포함해 현직 아나운서 중에 평범한 목소리를 가진 이가 많다. 상당히 많다. 들었을 때 뇌리에 남지 않는 밋밋한 음성을 갖고 있다. 그렇다고 이들이 어쩌다 방송사 공채만 통과했을 뿐 아나운서로서 전혀 실적을 내지 못하는 것도 아니다. 주변에서 흔히 만날 수 있는 목소리의 소유자인 이들은 발성으로 자신의 영역을 확고히 다진다. 티비의 경우, 프라임타임이 아닌, 오전시간대나 이른 저녁시간대 뉴스를 진행하는 아나운서들은 대부분 여기에 속한다. 안정적인 발성을 하는 아나운서라면, 특출나지 않아도, 어느 프로그램이든 멋지게 진행할 수 있다. 최소한 "... 저 친구는 목소리가 이상해서... "라는 말은 듣지 않을 것이다.

생목과 발성이 잘 된 목소리 사이에는 엄청난 차이가 있다.
이는 다이아몬드 원석과 최고의 장인에 의해 잘 다듬어진 다이아몬드와의 비교와 같다.

잠깐, 짚어보자. 다이아몬드는 늘 우리를 설레게 하니까.

마릴린 먼로 언니가 일찌감치 친절하게 알려주었다. 'Diamonds Are A Girl's Best Friend'라고. 말 나온 김에 알아두면 요긴할 얘기 좀 하겠다. 다이아몬드를 고를 때는 4가지를 봐야한다. 한 마디로 '싸가지'가 있어야한다. 중량, 컬러, 투명도, 컷(연마도)이 그것이다.(각각의 파트에 따른 구체적인 설명은 인터넷에서 검색하면 다 나온다. 심심할 때 검색해보시길) 다이아몬드뿐만이 아니다. 우리 목소리도 4가지, 즉 싸가지가 있어야한다. 그 네 가지는

1) 소프라노인지 알토인지 등을 결정하는 개개인의 톤
2) 발성할 때 머리, 가슴, 배 중 어디서 소리를 울리는 지
3) 말할 때 혀가 해당 단어의 조음기관을 적합하게 터치하는 지
4) 입술의 모양은 바른 지

앞의 두 가지는 발성에 해당하고 뒤의 두 가지는 발음에 해당한다. 그리고 나는 이것을 우리 목소리의 4가지, '오디오 싸가지'라고 부른다. 자고로 아나운서라면 목소리에 싸가지가 있어야한다. 이것은 타고나기도 하지만 고맙게도 노력으로 갈고 닦아도 못 이룰 꿈이 아니다. 부모님이 훌륭한 유전자를 선물한 타고난 아나운서도 물론 있다. 그렇지만 나 같은 '노력하는 재능'을 주신 부모님 아래서 태어난 평범한 사람도 아나운서가 될 수 있다. 연습하고 또 연습하면 보통의 방송 정도는 할 수 있다.

방향성을 가지고 노력하라

지피지기면 백전백승이라고 나 자신을 알아야한다.

내 경험에 비춰보면 나는 그냥 그런 목소리에 심한 비염을 안고 태어났다. 방송인의 위치에서 돌아보면 조금 안타까운 상황이다. 비염은 발성의 답답함과 발음의 부정확함을 유발한다. 아둔한 코맹맹이 소리의 주범이고 무엇보다 방송 중 훌쩍일 수 있다! 당신이 비염소지자라면 얼른 병원에 가서 치료받길 바란다. 안타깝지만 내 주변에는 비염 완치자가 없다. 나도 그냥 내 몸의 일부분으로 인정하고 정답게 지내고 있다. 혹 환절기마다 재채기에 콧물에 감기도 아닌 것으로 괴롭다면 비염일 가능성이 크다. 그리고 비염을 뿌리 뽑겠다는 열정은 뉴스 리딩 연습에 쏟고 그냥 비염이 심할 때는 약을 먹기를 바란다. 반드시. 하지만 비염이라고 너무 걱정할 것은 없다. 난 내가 이리 심한 비염환자인지도 모르고 모든 시험을 봤다. 물론 그래서(?) 결과가 좋지 못한 경우도 많았고 입사 후에도 힘들었지만, 어쨌든 지금은 꽤 연식 있는, 아직까지 내 책상을 보존하고 있는 아나운서이다. 비염은 '조절' 할 수 있다.

나는 구강구조에 자신이 없다. 구강구조와 발음은 자웅동체라 해도 과언이 아니다. 시간 등 여유가 있는 준비생이라면 교정은 꼭 받으시라. 그럼 시간적 여유가 없고 조금씩 방송을 하고 있는 경우라면? 이런 경우는 각별히 더 더 노력해야한다. 뭐든 안 될 거는 없다. 평소에 좋은 언어습관을 철저하게 지키면 되니까. 내 경우는 웃으면서 말하면 발음이나 발성이 더 잘되는 편이다. 미소의 기적이랄까. 그래서 음악방송 같은 부드러운 종류의 프로그램을 진행할 때는 발음이나 발성에 어려움이 적은데 정색하고 진행하는 뉴스의 경우는 발성, 특히 발음에 어려움이 있다. 예전에 우리 회사 전설이라 부를 만한 남자 신배가 말씀하시길, 위턱이 아래턱 보다 앞으로 나와 있는 구강구조가 발음 면에서 유리하다고. 이 말에 비춰보면, 웃으면 얼굴 근육이 위로 올라가면서 자연스레 위턱이 벌어져 불리한 나의 구강구조를 극복할 수 있는 게 아닐까 싶다. 그래서 언제부터인가 뉴스를 할 때도 살며시 입꼬리가 올라간 내 모습을 확인할 수 있다.

발음과 발성. 여기에 대해서는 길게 할 말이 없다. 시중에 너무나도 좋은 교본과 아카데미 등 자료와 정보, 도움을 줄 기관들이 차고 넘친다. 각자 상황에 맞는 방법을 택하면 된다. 단, 발음과 발성은 단기간에 해결되는 문제가 아님을 항상 기억하길 바란다. 혹여 아나운서 시험장에 도착했을 때, 그날따라 의상도 이상하고 머리모양이 마음에 안 들고 화장이 들뜨더라도 발음과 발성이 안정적이라면 오히려 다른 도전자들의 기를 죽일 수 있다. 역으로 아무리 미용실에서 뽀샤시, 샤방샤방하게 만들어 줬더라도 뉴스든 면접이든 발음과 발성이 무너진다면 다음 면접을 기약하기 어렵다.

그렇다면 17년차 아나운서의 조언은? 방향성을 갖고 노력하자.

우리는 그래도 아나운서를 꿈꿀 정도는 된다. 외모나 발음, 발성이 완벽하지는 않지만 결격사유도 없다. 이 간극을 좁혀야한다. 결격사유가 없는 것과 발음, 발성이 정확한 아나운서가 되는 것은 다르다. 기본적인 문제는 없어서 아나운서가 됐다 치더라도, 발음과 발성이 정확하지 않으면 아나운서 생활 내내 스스로 괴롭다. 나는 받침 발음이 지금도 어렵다. 특히 ㄴ, ㄹ 받침은 죽음이다. 이를 빨리 알고 부단히 연습하면 좋은데 나는 청각도 안 좋다. 청력이 아니라 청각이다. 소리를 모두 들을 수는 있지만 각각의 소리를 예민하게 구분해서 듣는 귀가 없다. 주변에서 아무리 발음과 발성에 대해 지적을 해도 갸우뚱했다. 왜 나에게 다들 부족하다 말하는지, 무엇이 문제인지 알아채지 못했다. 허나 댕댕이가 풍월을 읊게 되며 점차 깨달아갔다. 선배들의 조언이나 충고를 단박에 알아듣는 센스는 부족했지만 신경성 위염을 앓는 사람처럼 늘 찡그리고 '고민'하다 보니 차츰 나의 부족한 면을 인지하게 됐다.

결은 조금 다르지만 자신을 향한 비난을 발전의 원동력으로 삼은 예도 있다.

2019년 12월 12일 'Billboard's Women In Music'에서 팝가수 테일러 스위프트(Taylor Swift)는 '10년간 최고의 가수(Woman of the Decade Award)' 부문에서 수상했다. 그녀는 이 자리에서 오랜 한을 풀 듯 수상소감을 밝혔다.

2010년 그래미 역사상 최연소로 '올해의 앨범 상'을 받았을 때,

나를 향한 엄청난 비난이 폭주했어요.

음색이 분명하고 음이 충분히 높이 올라가는가.

테일러는 억울했다. 그녀는 자신을 향한 비난을 제어하고자, 안티세력의 무시하는 발언을 극복하고자 최선을 다했다. 공동 작업이 많았던 [Fearless] 앨범 이후 송라이팅에 의문을 제기하는 사람들 때문에 [Speaknow] 앨범은 전곡을 단독으로 송라이팅 했고. 콘서트를 꾸준히 하며 라이브에서 완벽하게 목소리 힘 조절을 하고. [Red] 앨범에는 지나치게 이별노래가 많다고 해서(너무 남자만 만나는 게 아니냐는 지적) [1989] 앨범을 위해서는 뉴욕으로 가 친구와 함께하는 삶이 더 재미있다는 노래를 썼다. 테일러 스위프트 정도의 스타가 안티성 발언에 사사건건 예민한 반응을 할 필요가 있을까 싶기도 하지만 결국 그녀는 이를 자기승화의 기회로 삼았다.

타인에 의한 모니터가 설사 고통스럽더라도 늘 자신이 발음과 발성을 의심하는 자세는 필요하다. 이것은 스스로에 대한 불신과는 다르다. 의심이라 말했지만 실은 성찰이라는 표현이 더 정확하겠다. 그렇다면 어떻게 성찰할 것인가. 기도하는 마음으로 매일 저녁 경건하게 나의 오늘을 반성하는 기분으로 성찰하.....는 것은 물론 아니다.

거의 모든 휴대폰에 녹음 기능이 있다. 이것을 활용해도 좋지만 휴대폰 스피커나 마이크의 성능은 크게 믿을 것이 못된다. 좋은 방법은 스튜디오에서 녹음해보는 것이다. 내가 추천하고픈 방법은 오디오북 녹음 같은 형태다. '시각장

애인 오디오북' 작업처럼 의미 있고 도움 되는 형태가 있다. 방음되는 공간에서 헤드폰을 끼고 목소리 하나하나에 집중하면서 녹음하고 후에 그것을 들어보는 것이다. 나만 듣지 말고 서로 돌아가며 듣고 모니터를 해도 좋다. 그리고 본이 될 수 있는 현직 아나운서의 뉴스 등을 파일로 듣고 나와 비교하는 방법도 아주 훌륭하다. 비교보다 더 진보된 자세는 모방이다. 자신과 톤이 닮은 아나운서를 찾아 그/그녀의 뉴스를 흉내 내는 것이다. 모방이라 해서 성대모사를 하려고 하면 안 된다. 기성 아나운서들은 자신만의 '쪼', 특징적인 말습관이 있다. 이는 과감히 버리고 전체적인 발성과 낱자 하나하나의 발음을 따라해 보자. 보통 오전이나 늦은 오후의 아나운서 단독 뉴스 앵커들이 안정감 있게 진행한다. 라디오의 경우 시간대별 종합뉴스를 추천한다.

면접은 연습과 노력이다

그렇다면 외모관리는? 면접은? 숱한 난관들이 아직 남아 있다. 게다 정답이 없다. 예전에 모 방송사 선배 아나운서의 얘기를 들었다. 아나운서는 반명함판 사진이 잘 나오는 외모면 충분하다고. 편안한 인상이면 충분하다. 외모로만 승부 볼 것이 아니라면.

면접은 좀 다르다. 면접은 연습과 노력이 꽤 많이 필요하다. 다시 말하면 연습과 노력으로 판가름 난다는 이야기다. 일단 면접은 특유의 상황에 익숙해져야 한다. 집에서 면접을 준비하더라도 현장감을 키워야 된다. 뿐만 아니라 방송사 면접이 아니라도 여러 면접 경험이 있으면 도움이 된다. 면접이라는 조금은 답답하고 긴장되는 상황을 어색해하거나 떨지 않으면서 내 얘기를 풀어나가는 경험을 되풀이하면 도움이 된다. 주의할 것은 노련함을 보여주기 위해 신선함을 잃는 우를 범하지 말아야 한다는 것. 방송사 공채는 애당초 경력사원을 뽑는 경우가 아니라면 중고신인을 원하지 않는다. 이는 경력자를 배제한다는 얘기가 아니다. 본인이 경력은 있으나 참신한 인재임을 어필한다면 더할 나위가 없다. 경력을 직접적으로 언급하지 않더라도 기성 방송인 같은, 어딘가 틀이 만들어진 모습이 보인다면 이는 마이너스다. 간혹 여러 경력을 전리품처럼 생각하는 지원자들이 있다. 맞다. 그것도 능력이다. 하지만 면접장에서는 조심하자. 특히 신입사원을 뽑는 곳이라면 노련미 보다는 참신성에 더 큰 점수를 줄 가능성이 높다. 그리고 방송사 면접은 대체로 한두 번에 끝나지 않는다. 실무적성면접, 임원면접, 최종면접 등 갖가지 이유로 면접이 진행된다. 경우에 따라서는 합숙면접을 시행한다. 따라서 본인에 대한 이야기를 조리 있게 전달해야 함은 물론이고, 지원하는 방송사에 대해 정확히 파악해야한다. 누가 어떤 프로그램을 진행하는 지를 넘어 '나'라면 어떻게 하겠다 등 구체적인 대안제시까지 갖추고 있어야 된다.

면접 준비 역시 한 번에 되지 않는다. 카메라 테스트 통과 후 면접을 준비하는 베짱이는 없길. 발성과 발음이라는 기본에 충실하면서 뉴스 연습하고, 필기시험도 준비하고, 평소 방송 모니터도 충분히 하면서 틈틈이 친구까지 만나야 하는 일상에서 면접 준비까지? 다 해야 한다. 그리고 할 수 있다. 실은 이 모든 게 연결되어 있다. 평소 모니터를 꼼꼼히 하는 거 자체가 면접 준비기도 하고 내 실력을 키우는 길이기도 하다. 또 뉴스 연습을 하다보면 자연스레 우리 사회 여러 문제에 관심을 갖게 되고 이는 필기시험과 연결된다. 단, 길게 보고 그 과정 하나하나를 즐기자. 그래야 버틸 수 있다.

자, 면접까지 끝났다면 나머지는 하늘에 맡기자. 당신은 보여줄 수 있는 최상의 것을 보여줬음이 분명하므로 여기까지가 당신의 역할이다. 아나운서 혹은 방송사 뿐 아니라 모든 취업은 이성적으로 설명할 수 없는 상황이 발생할 때가 있다. 내가 우리 회사에 입사할 당시, 모 직종의 합격자는 여성 2명이었다. 헌데 한 사람이 교육 중간에 다른 곳으로 이직해 추가 합격한 남자동기가 있었다. 이런 경우는 비일비재하다. 또 어느 해는 아나운서 서류심사에서 반 이상이 잘려 나가기도 했고(도대체 서류심사의 기준이 무엇인지, 그것도 아나운서 직종에), 또 어느 해는 유난히 종교에 집착하는 임원 덕분에 얼마나 종교활동을 열심히 하는지 에 따라 다음 관문으로 가는 길이 달랐다. 타 방송국 신입사원을 봐도 그렇다. 어떤 해에는 뉴스 앵커형 인재를 대거 뽑더니, 그 다음 해에는 엔터테이너형 인 재가 합격했다. 이는 방송사가 그런 인재를 원했을 수도 있고, 아니면 최종 면접 까지 오른 지원자 중에서 유난히 눈에 띄는 지원자의 특기가 뉴스 혹은 오락일 지도 모른다. 이는 상황이 만드는 것이지 준비생이 결정할 문제가 아니다. 이런 말을 들으면 한숨이 나올지 모른다. '머 어쩌라고...?' 하는 생각이 들 것이다. 잊 지 말 것은 최선을 다하되 나머지는 하늘에 맡기자는 것. 현직에 종사하는 아 나운서를 봐도, 될 만한 인재도 있고 그렇지 않은 인재도 있다. 내가 어떠한지 는 두고 볼 일이다. 그저 하늘은 스스로 돕는 자를 돕는다고, 지극과 정성으로 나를 만들어가는 것이 내가 할 유일한 일이다.

두서없이 진행된 이야기는 여기까지.

사실 그다지 새로울 거도 없는 아나운서로 가는 길이었다.

하지만 이제 진짜.

나는 아나운서 타이틀을 거머쥐면 바로 '행복시작' 이라고 믿었다.

헐.

하지만 지금까지의 상황은 가볍고 부담 없는 '애피타이저'였을 뿐.

오랫동안 난 아나운서가 되기 위한 준비과정이

애피타이저가 아니라 메인요리인 줄 알았다.

아나운서가 된 이후의 삶은

'디저트의 달콤함과 가벼움만 있겠지'란 망상을 놓지 않았었다.

아마 그래서 더, 이후의 나는

안전벨트도 매지 않고 최고 속도로 비포장도로를 달리는 기분이었는지도

모르겠다.

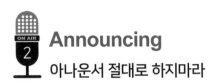

Announcing

아나운서 절대로 하지마라

아나운서는 수비가 8할, 공격이 2할이다

이 세상에 절대란 것이 있을까.

지금까지 약 47억년을 살아낸, 수명이 약 100억년이라는

하늘 위의 저 태양도 제 안의 불꽃이 다 타오르면 사그라지고 말텐데.

이 우주에서 확실하게 말 할 수 있는 오직 하나는 절대 '절대'란 것은 없다는

사실 아닐까.

하.지.만.

피할 수 있으면 큰 비는 피하는 게 맞다. 지레 짐작으로, 남들이 좋다니깐, 충분한 고민 없이 평생의 직업을 결정할 것은 아니다. 물론 여기까지 온 당신이 부화뇌동해서 이 자리에 서 있다고 생각하지는 않는다. 어쩌면 더 은밀하고 세밀한, 아나운서의 일상이 궁금했고 그게 어떠하든 깊이 고민하고 싶었지만 기회가 없었는지도 모르겠다.

일단 아나운서로서의 생활 중 수비가 8할, 공격이 2할이다. 방송국에 소속된 아나운서로서의 삶은 상당히 수동적이다. 그 수동적인 상황도 적극적 수동과 비적극적 수동으로 또 나눌 수 있다. 적극적 수동은 내가 맡은 방송에 임하는 나의 자세 혹은 태도이다. 나의 방송을 모니터하고, 주변에 관심을 갖고 사회·문화적 근육을 키우고, 내가 배우고 닮고 싶은 선배의 방송을 모니터하고, 타 방송사에 근무하는 동료들 또는 방송에서 꾸준히 역량을 보여주는 방송인들을 보고 배우고 따라하는 것들이다. 이런 눈물 나게 값지고도 아름다운 일들이 왜 적극적 '수동'일까. 이런 노력은 거의 모든 아나운서와 예비 아나운서들이 하고 있다. 이렇게 열심히 하는 게 별로 특별할 게 없다. 안하는 게 문제일 뿐. 그리고 이런 애씀이 항상 좋은 결과로 수렴되지도 않는다. 내가 방향을 잘못 잡아서 엉뚱한 부분만 부각해 보고 배우고 느낄 수도 있고, 그동안의 노력과는 잘 맞지 않는 방송을 맡을 수도 있으니까. 나는 음악회 진행을 하고 싶어 열심히 준비하고 모니터해도 나에게 떨어지는 방송은 전혀 다른 것일 수 있다.(기본적으로 모든 방송은 통한다. 하지만 선택과 집중은 매우 중요하다.) 내가 원하는 자리와 나를 필요로 하는 자리에는 오차가 있을 수 있다. 최선을 다해 방송을 생각하고 방송인으로서 나를 다듬는 행동의 결과가 스스로가 예상한 해피엔딩이 아닐 수 있음을 기억하자.

이런 생각도 해볼 수 있다.

'나는 어떤 프로그램을 맡든 최고가 될 수 있게 평소에 완벽하게 준비해 놓겠어!!!'

멋지다. 패기를 높이 산다. 실제로 입사 2, 3년차까지는 그런 자세가 필요하다. 일단 훑어보긴 해야 하니깐. 하지만 연차가 쌓일수록 내가 하고 싶은 일과 해야 할 일이 서서히 가려진다. 물론 내가 하고 싶은 일을 배당받지 못했다고 일찌감치 포기하고 주어진 일만 하는 것도 바람직하지 않다. 하지만 어느 정도 시간이 흐르면 내 영역이 서서히 만들어지고 또 만들어야 한다는 걸 깨닫는다. 축구선수들도 그렇지 않은가. 수비수가 있고 공격수가 있고, 공격수도 최전방인지 미드필더인지 나뉘지 않는가. 아나운서들은 아마추어로 입사하지만 시간이 흐를수록 프로가 되어야 한다.

올라운드 플레이어가 되어 방송현장을 누비겠다는 생각은 순진하다 못해 무모한 생각이다. 아마추어적인 발상이다. 사회는 프로의 세계이다. 모든 프로는 자신만의 전문분야가 있기 마련이고, 스스로 자신의 영역을 찾고 개척한다. 다른 직종도 그렇지만, 아나운서로 합격했다면 이제 프로의 세계로 입장한 것이다. 그렇다고 사원증을 받자마자 나의 길을 정하라는 것은 아니지만 치열하게 노력하지 않아도 보통 입시 후 사오년이 지나면 보통 내 길을 알게 된다. 이는 길을 찾는 것과는 많이 다르다. 말 그대로 본인과 어울리는 '분야'를 알게 된다는 것 일뿐. 나에게 꼭 맞는 프로그램에 안착한다는 것은 아니다. (안다. 아나운서들 중에는 입사 후 바로 내 길을 알고 그 길로 들어서서 스타가 된 경우도 있다는 것을. 당신이 그럴 사람이 아니라고 생각하지 않는다. 다만 나는 결단코 그런 부류가 아니다. 또한 '스타'아나운서 보다는 '직장인' 아나운서가 많은 현실 아래 나는 '직장인' 아나운서로서의 실제를 보여주고 있다.)

이런 현실을 감안하면, 나의 모든 노력, 보다 나은 아나운서가 되기 위한 적극적인 움직임은 결국 나의 생각과 행동, 그리고 그렇지 않은 것이 합쳐져 예상치 못한 결과를 만든다. 열심히 살아온 삶일 테니 불필요한 시간으로 기억되지는 않겠지만 '좋은 방송 준비'라는 애매모호한 목표 아래 행한 것들이 직접적으로 필요했던 일이었을까 싶어진다. 적극적으로 애쓴 흔적들이 수동적인 상황과 맞물려 의기소침한 결과를 초래할 수 있다.

자, 다시 본래 하던 얘기로 돌아가자. '아나운서로서 수비가 8할, 공격이 2할'이라는 말은 유효하다. 적어도 나는 그렇게 생각한다. 그리고 8할의 수비 중 적극적 수비가 있고 비적극적 수비가 있다. 적극적 수비는 지금까지 언급한 것이다. 한 마디로 '준비'이다. 내가 어떤 방송을 하고 싶은지, 어떻게 방송을 만들고 싶은지에 대한 예습이고 연습이다. 하지만 알지 않나. 야구에서도, 축구에서도, 그 어떤 스포츠에서도, 필드에 오르는 선수보다 오르지 못하는 선수가 더 많음을. 아나운서도 마찬가지다. 나는 필드에 오르지 못할 수도 있다. 또한 지금 필드 위에서 활약 중이어도 내일이면 다시 내려가야 할 수 있다. 그렇지만 언젠가는 오를 것임을 믿고, 혹여 나에게 기회가 왔을 때 놓치지 않기 위해, 우리는 오늘도 적극적으로 수비태세를 갖추어 나간다.

그럼 비적극적 수비란 무엇일까. 그것은 불편한 단어지만, 처하는 것이다. '처하다'는 어떤 형편이나 처지에 놓이는 것을 의미한다. 실제 방송을 만드는 데 있어서는 아나운서, 피디, 기자, 작가 등 직종 구별이 따로 없다. 하지만 방송 편성이라는 관점으로 보면 얘기가 다르다. 아나운서는 여전히 편성 쪽 일에 깊게 관여하지 않는다. 편성은 그 분야 전문가가 맡는다. 그들은 어떤 프로그램에 어느 인력이 배치되어야 좋을 지를 고민한다. 편성에 관해 아나운서도 의견을 낼 수는 있지만 우리는 그 쪽 전문 인력은 아니다. 우리는 기본적으로 진행하는 사람들이고 그 기본, 진행능력에서 일단 합격점을 받아야한다. 방송은 전부 사람이 하는 일이기 때문에 사람마다 시각차가 있기 마련이다. 따라서 아무리 뛰어난 진행자라도 엉뚱한(?) 곳에 배치되면 당황스럽다. 결국 자신의 의지와는 상관없는 아나운서로서 방송과 생활이 이어지고 이는 아나운서들이 프리선언을 하는 이유 가운데 하나이다.

이렇게 나누다 보면, 능동적인 아나운서 생활은 2할에 불과하다. 지나치게 혹독하고 삐딱한 시선일지도 모르겠다. 하지만 시각 차에서 발생하는 오차를 감안해도 능동적인 아나운서 생활이 반대의 상황보다 적은 건 사실이다. 당연하지 않겠는가. 사주가 아닌 이상 한낱 월급쟁이의 사회생활은 자기 마음대로 움직이지 않는다. 직장인이 자신의 조직에 대해 이런 저런 의견을 낼 수는 있지만 그것이 항상 중요한 결정으로 반영되지 않는 것과 동일하다. 사실 난 사회초년생일 때, 이를 받아들이기 어려웠다. 조직과 사회가 비합리적으로 부조리하게 움직이는 것만 같았다. 내 주관에서 합리적이란 판단이 서지 않는 일은 전부 부당해 보였다. 하지만 세월이 약이었다. 파릇파릇하던 시절 놓친 부분들도 나이가 드니 눈에 들어오고, 사회생활은 합리적으로만 돌아가지 않는 다는 것도, 합리성이 늘 정답을 도출하지 않는다는 것도 체득했다. 그런 가운데에서도 열매를 기다리며 꿈을 잉태해야 한다는 것을 시간이 지나면서 자연스레, 하지만 아프게 깨달았다.

너무 실망할 건 없다. 사회생활 자체가 원래 그렇게 굴러가는 것이다. 다만, 멋지게 보일 수 있는 아나운서도 어김없이 봉급생활자에 불과하다는 것만 알아두면 된다. 그리고 어느 조직에서나 독보적인 인재도 있다. 나 같은 수동형의 인간도 있지만 동일한 조건에서 더 큰 활약을 보여주고 갖가지 제약을 웃으며 뛰어넘는 인간도 있기 마련이다. 당신이 그 주인공이 될 수도 있다.

능동적인 2할은 어떠할까. 경우에 따라서는 이를 20%가 아니라 200%로 쓰는 사람이 있다. 자신의 역할을 어느 하나에 한정짓지 않고 못자리를 늘려가는 것이다. 게다가 요즘은 자신을 표현할 채널도 많아져서 얼마나 좋은가.(라고 말하지만 난 여전히 올드매체 안에서만 움직이고 있다. 또 반성해본다.) 유튜브를 통해 더 자유롭게, 더 내맘(?)대로 방송을 진행할 수 있으니. 또 기존 역할을 뛰어넘는 동료도 있다. 프로그램의 단순한 진행자에만 그치는 게 아니라 제작, 편집, 홍보, 피드백에 적극 참여하는 아나운서도 있다. 예전 우리 회사의 어느 선배는 자신의 프로그램을 알리기 위해 OO자동차 회사를 찾아갔다. 신차 출고 시, 자신이 몸담고 있는 채널이 차량 라디오에 기본 세팅이 되도록 비즈니스를 한 것이다. 또 공개방송이나 프로그램 협찬을 따오기도 했다. 이 뿐이 아니다. 능력 있는 아나운서 선후배들은 1인 제작으로 프로그램을 만들고 있다. 진행과 선곡을 동시에 한다. 그것도 아주 뛰어나게. 이들은 개편의 풍파도 겪지 않는다. 능동적인 2할을 실천하는 사람들의 공통점은 경계가 없다는 것이다. 네 일, 내 일을 나누지 않는다.

지금까지 아나운서의 실체를 파헤쳐 보았다. 지금부터는 실전 이야기다.

하나

지금은 2020년 4월 27일 월요일이다. 마스크를 쓰고 근무 중이다. 표정관리가 안 되는 상황에서 마스크라니 고마울 뿐이다.

지난 금요일. 또, 사고를 냈다. 뉴스 마지막 네임사인을 하다가. 마지막에 이름 석 자 이야기하면 끝나는 것을. 받침 하나 없는 내 이름조차 제 시간에 토해 내지 못해 또 사고를 내고 만 것이다. 정말 이럴 때는 내가 나인 게 너무 슬프다.

지난주는 챙길 것이 많은 주였다. 한 마디로 변명을 해볼 만한 상황이다.

그동안 아날로그 감성을 중요시하던 회사에서 서서히 모든 업무를 자동화하더니 급기야는 방송운행표(시간대별 모든 방송현황을 알려주는 타임테이블) 마저 탭으로 보라며 종이 운행표의 죽음을 선언했다. 나 같은 아날로그 인간은 당황스럽다. 회의시간에 다들 불만이 폭주했으나 어찌된 일인지. 현실의 뉴스부스 안은 새로운 탭이 다소곳이 앉아있고 아무도 그녀에게 반란을 일으키지 않는 모양새다. 이상했다. 분명 회의시간에는 새로운 상황에 다들 반대하며 이면지라도 갖다 두자며 결의를 다졌는데. 매끈하고 날렵하게, 깍쟁이처럼 앉아있는 탭이 놓인 이곳은 너무나도 평온하다. 선후배 모두 신 문물에 완벽히 적응했음이겠지.

나란 인간은 과거 온갖 유형의 방송 사고를 보여준 인물이다. 특히, 라디오 5분 뉴스에서. 실제로는 3, 4분 분량의 뉴스에서 진기한 기록을 만들어

냈다. 먼저 '버벅거림'에 있어서 타의 추종을 불허한다. (한 선배는 나에게 책 좀 소리 내어 읽으라고 충고도 해주었다. 그 선배의 지적은 탁월했지만 기본적으로 내겐 난독증이 있지 않나 싶다.) 버벅거림에 관한 여러 일화가 있으나 하나만 소개하겠다. 어느 나른했던 여름날 오후 1시, 즉 점심식사 후 바로 이어지는 뉴스였다. 온갖 외래어와 외국어를 외계어 보다 무서워하는 나에게 성기능개선제 '비아그라' 관련 기사가 도착했다. 비아그라의 성분이 무엇이며, 효능과 부작용이 무엇인지 설명하는, 학교 다닐 때 화학시간의 공포가 재현되는 거 같았다. 나는 낯선 언어가 어색했다. 게다 한 숟가락이라도 더 먹겠다고 미련을 떨어서 예독시간도 충분치 않았다. 비 오는 날 방향을 못 잡고 헤매는 내비게이션처럼 버버벅, 버버벅 읊어댔다. 성기능이 어쩌고, 비아그라가 어쩌고. 또 하염없이 오독을 일삼은 나 자신을 힐난하며 뉴스부스 밖으로 나왔는데 지나가던 모 남자선배께서 "여성들이 읽기에는 좀 힘들었지?" 하며 위로인지 놀림인지 모를 말을 남기고 홀연히 가버렸다. 이제야 밝힌다. "선배님, 문제는 '발음부전'이었습니다."

둘

이런 적도 있다.

지금은 주말에 라디오 종합뉴스가 사라졌지만 52시간근무제 전만 해도 주말근무에는 어김없이 종합뉴스가 떡 버티고 있었다. 그날은 평범한 날이었다. 내가 맡은 저녁종합뉴스 헤드라인을 보니 '성신병' 환자와 관련된 뉴스가 있었다. 너무 순수하게, 어이없이 '성신병'이 내가 몰랐던 질병의 이름인줄 알았다. 그리고 왜 그랬는지 지금도 의아한데, 아무런 의심없이 '성신병'이라고 읽어

버렸다. 기자가 정신병을 '성신병'이라고 잘못 쓴 것을 철석같이 '성신병'이라고
내뱉었다. 뉴스를 마치고 모 기자선배로부터 엄청난 공격을 받았다. 정신병도
모르냐면서. 자괴감이란 단어는 딱 이럴 때 쓰는 단어란 것을 온몸과 마음으로
알았다. 당시 13년차였나. 경험부족이라 둘러대기도 어려운 연차였다. 1차 책
임은 오타를 낸 기자에게 있지만 말이 안 되는 단어를 종합뉴스 헤드라인으로
읽어버린 나에게 더 큰 책임이 있었다.

사고보고서

하나

내 컴퓨터 바탕 화면에는 늘 '사고보고서' 양식이 깔려있다. 나란 인간은 언제 또 사고를 낼지 모르기 때문에. 지나고 나면 무용담처럼 '나 이런 저런 사고 냈잖아' 하고 쉽게 얘기하지만, 방송사고는 사실 사람의 존엄을 크게 좀 먹는다. 적어도 나에게는 그렇다.

사람마다 생김도 다르고 목소리도 다르고 성격도 다르듯이 같은 아나운서 지만 방송사고에 관해서도 다 제각각이다. 나 같은 유형의, 굉장히 창의적(?)으로 사고를 내는, 아나운서가 있는가 하면 당최 사고가 무엇인지 모르고 사는 선후배도 있다. 어느 선배는 입사 후 14년 만에 처음으로 뉴스 사고를 냈다나. 게다 뉴스진행도 보도국에서 침을 흘릴 만큼 똑 부러지게 해낸다. 후배도 그렇다. 어찌 그리 꼼꼼한지. 무수히 많은 사고발생 구역을 요리조리 피해 다닌다.(다른 분야에서도 그렇듯, 방송계에서도 경력에 관계없이 선후배가 역전되는 일이 비일비재하다. 돌이켜보니 방송사고 뿐 아니라 힘들었던 방송국 생활이 나에게 가르쳐준 것은 어제보다 나은 아나운싱이나 진행이 아니라 나보다 뛰어난 동료를 지켜보고 인정하고 그들로부터 배워나가는 일이었다.)

내 머리 속 어딘가에는 착각전담 뇌가 있음이 분명하다. 그렇지 않고서는 긴장감이 도는 생방송, 그것도 뉴스를 진행하다 이렇게 자주 착각을 할 수 있을까. 어제와 똑같은 뉴스를 하는데도 시간을 착각해 뉴스문장이 끊기고, 시계와 방송운행표를 잘못보고, 같은 자리에서 계속 버벅거릴 수 있을까. 보통 뉴스부스에는 디지털시계가 걸려 있는데 단순한 디지털시계와도 악연이 있다. 오후 3시 뉴스였다. 그날따라 유독 뉴스를 급하게 전하다 몇 초 시간이 남았다. 고개를 들어 시계를 보니 03:03:33 인 것이다. 시, 분, 초 순서로 시계가 움직이니 3시 3분 33초인 것을 '지금 시각은 3시 33분입니다.' 라고 고지를 한 것이다. 3분과 33분은 얼마나 다른 숫자인가. 순간 앞의 3이 날짜 3일이라고 착각한 것이다. 나도 이런 내가 미스터리하다. 그 날이 정말 3일이었는지는 기억나지 않지만 굳이 3~4초를 시각고지로 때우겠다는 생각 때문에 새로운 패러다임의 사고를 만들었다. 물론 난 가슴을 치며 또 사고보고서를 작성했다. 당시는 사고보고서를 부장님께 드리면 굉장히 언짢은 표정의 부장님과 실제는 5분 정도지만, 체감 상으로는 두 시간쯤 되는 긴 면담이 이어졌다. 그 날 이후 시간의 상대성에 대해선 누구보다 잘 설명할 수 있다. 뉴스에서 시각고지를 하지 않게 된 것은 물론이고.

둘

방송은 멋진 일이다.

전파를 통해 서로 소통한다는 것은 매혹적이면서도 상호 회복의 과정이다. 방송을 마주하다보면 삶이 주는 크고 작은 상처가 치유된다. 마치 외모도 멋진데 마음씨도, 지갑도 착한 남성과 마주하는 느낌이랄까. 특히 라디오 음악프로그램을 진행하는 일은 음악을 듣고, 사는 이야기를 나누고, 공감하고 공감받는 아주 특별한 위로의 시간이다. 그런 좋은 일을 돈을 받아가며 하고 있다는 현실에 진심으로 감사한다. 헌데 일의 가치나 만족감과는 다르게 일의 형태는 그 주인을 괴롭힌다. 방송이란 녀석은 태생이 타인의 시간은 아랑곳하지 않고, 일 중독자이며, 융통성이란 없다. 해서 12시 5분에 만나기로 했으면 세상이 두 쪽 나도 12시 5분에 만나야지 화장실이 급하니 3분만 시간을 달라든지, 오늘은 불가피한 사정이 있으니 방송시간을 조정하고 싶다고 해도 절대 제안을 받아들이지 않는다. 게다가 빨간 날이나 주말에는 쉬는 미덕도 보여야하는데 그런 날에도 어김없이 콜사인을 내보내고 특근을 요구한다. 또 너무 이른 새벽이나 야심한 밤에는 짐짓 자는 척이라도 해야 하는데 부득부득 24시간 깨어 누군가를 지켜보고 있다.

실은 이런 것들은 20대 내 심장을 훔친 방송의 매력이다.

"남들 쉬는 주말이나 공휴일에도 자리를 지켜야 한다니 참 멋진 직업이다.
10초 이상 시간의 오차를 인정하지 않는다니 카리스마 넘치는 일이군.

새벽의 신 기운이 남아있을 때 방송을 한다는 것은 얼마나 보람찬 일인지.
모두가 잠들 밤에 꼿꼿이 깨어 하루를 되짚어 보는 일은 얼마나 황홀할까'

부끄럽고 철없는 생각이었다. 한 해 두 해 나이를 먹고 가정도 이루고 몸도 예전 같지 않으니, 방송이란 녀석을 상대하는 게 버거울 때도 종종 있다. 입사 3년차쯤 지나니 일의 장점과 단점이 명확해졌다. 방송이란, 보람 있고 즐겁기도 하지만 때로는 부질없고 만성피로와 기관지염에 시달리는 고단한 일임을 깨달았다. 당시 대인관계로 심한 스트레스를 받았다. 정확히는 같이 일하는 동료와의 마찰로 힘들었다.(나는 지금도 그의 행동이 이해되지 않는다. 더 이해할 수 없는 것은 그것을 고스란히 이해해 보려했던 내 자신이기도 하지만. 한 가지 순기능이라면 그 당시 몸무게가 내 인생 최저 몸무게였다는 것. 다시없을 몸무게) 굉장한 스트레스에 시달렸다. 2시간짜리 음악프로그램을 진행했는데, 녹음하는 데 5시간 이상이 걸리던 괴이한 날들이었다. 생방송 30초 전에도 오프닝 원고가 나오지 않고, 미완성의 원고를 들고 생방송 중 고쳐가며 읽어내던 시간들. 나의 선배께서는 이 모든 것은 훈련이라는 말씀만 남기셨다.

당시 정서적으로 불안정했을 뿐만 아니라 주 7일 생방송이라는 역대급 애사심으로 몸도 많이 망가졌었다. 게다 바람 좋고 햇살 좋은 때에는 전국 팔도를 돌아다니며 공개방송도 했다. 토요일 오전에 메이크업과 헤어를 하고, 낮 12시에서 2시까지 생방송을 하고, 털털거리는 차를 타고 지역각지에서 공개방송을 했다. 식사는 차 안에서 때우고. 결국 무엇이 문제였는지는 끝까지 알 수 없었지만, 월급의 반 이상을 병원과 약국에 투자했다. 특정한 경우를 일반화 한다고 얘기할 수도 있다. 하지만 분명한 건 방송을 한다는 것은 사생활을 포기하겠다는 선언과도 같다. 프로그램 생방송 혹은 뉴스근무로 인해 주말에도 평일 공휴일에도 출근도장을 찍어야한다. 남들은 부럽다, 대단하다 할 수도 있지만 누군가는 새벽 서너 시에 일어나 6시부터 시작하는 조근을, 누군가는 밤 12시가 넘어 끝나는 프로그램을 진행한다. 그리고 그 일을 언제까지 본인이 해야 하는지, 만약 그 일이 아니라면 무슨 일을 해야 하는 지 알 수 없다.

셋

다달이 급여를 받던 첫 직장에서 일 년 정도 동안 일하고 현재의 자리로 왔다. 괜찮은 출발이었다. 첫 회사는 월급도 적지 않았고 메이저 세계였지만 프리랜서였다. 모험을 즐길 줄 모르는 나로서는 상당히 불안했다. 그리고 정규직의 그들이 너무나 부러웠다. 어쩌다 회식을 하게 된 날, 나는 가기 싫어도 기를 쓰고 참석했다. 괜히 찍히기 싫으니깐. 회식자리에서도 여러 사람의 비위를 맞춰 가며 끝까지 남아있었다. 그 후 길 하나 사이에 두고 마주보고 서 있는 또 다른 방송국, 목동 CBS로 왔다.

정규직 아나운서는 확실히 등 따시고 배부른 자리이다. 정규직 발령을 받고 얼마간은 안정적인 자리에 감사했지만 곧 불만이 하나 둘씩 생겨났다. 특히 '라떼는 말이야' 지금보다 회식이 10배 가까이 많았다. 요즘은 저녁 회식이 일 년에 서너 번, 송년회 같은 정말 있을만한(?) 회식만 있지만 당시는 사흘에 한 번 저녁 회식이었다. 고기를 굽고, 따르고 마시고, 노래도 부르고. 물론 그렇지 않은, 세련된 회식도 있었다. 영화를 보고 이야기를 나누고 단정한 밥집에서 건강한 한 끼를 채우는. 좋은 공연을 다니며 감성을 키워내는. 서울 시내 곳곳의 맛집을 찾아다녔던, 몸과 마음이 여유로웠던 그 시절만 가능했던 회식도 있었다. 하지만 다음 날 밀려오는 피로를 생각하면 저녁 시간의 움직임은 심신에 부담스런 일이었다.

회식도 업무의 연장이다. 법원에서 그리 판결을 내렸다. 법원에서 콕 집어주지 않아도 연차가 낮은 직장인은 눈치껏 회식 때 필참한다. 연차와 회식은 연동되니까. 연차가 낮으면 아무리 훌륭한 회식자리라 해도 발언권이 별로 없다. 윗사람이 주도하는 회식에 군말 없이 따라야 한다. 뻣뻣한 회의 분위기에서 벗어나 자유로운 발상과 이야기를 주고받자는 회식은 보기는 예쁘지만 입었을 때 불편한 옷과 같다.

옛날 얘기를 또 하나 늘어놓겠다. 지금은 부잣집 마님으로 두 아이를 키우고 있는 타사의 전직 아나운서 선배님이 계시다. 어느 이른 새벽, 그녀는 출근길에 음주 단속에 걸려 면허정지 100일 처분을 받았다. 전날 회식으로 인한 숙취가 남아있어서. 회식의 내용은 내가 모르겠지만 당시 연차가 높지 않았던 그녀는 회식자리에서 자기 목소리를 내기 어렵지 않았을까. 방송국은 기수문화가 남아있기 때문에 연차의 영향을 많이 받는다. 일을 하는 데는, 능력에 있어서는 선후배가 따로 없을 지라도 회식이나 사적인 자리에서는 오히려 누가 언제 들어왔느냐가 중요하다. 신입 딱지를 뗀지 얼마 안 되었던 그녀는 주는 대로 마셔야 했겠고 다음 날 새벽 출근이라는 핑계는 통하지 않았을 것이다. 오히려 핑계를 대면 더 눈 밖에 날 수 있기 때문에 더 적극적으로 회식에 임했는지도 모르겠다.

언젠가 화제가 됐던 한 은행의 사례는 우리 사회의 회식 남발을 방증한다. 지역에 있는 이 은행은 일주일에 하루는 '노 콜 데이(no alcohol day 음주 없는 날, no call day 회식 연락 없는 날)'로 선포했다. 회식이나 음주 없이 건전한 여가활동과 발전적인 자기개발을 통해 모범적인 기업 문화를 조성해 나자가는 의도였다.

직장인은 평소 나무만 보고 일한다. 자기 일만 하기도 바쁘기 때문에 그 이상의 무언가를 생각하고 계획하고 실천하기 어렵다. 또 상호간의 교류도 수월치 않다. 바로 옆자리 동료에게 어떤 일이 일어나고 있는지 모르고 넘어갈 때도 많다. 하지만 회사에서 일만 해야겠는가. 이제는 교류의 테이블을 재고해야 한다. 딱딱한 회의도 매력 없지만 고삐 풀린 회식은 더더욱 사양한다. 그래야 회식으로 인한 갖가지 사건 사고는 줄어들 테고 스스로를 되새김질 할 양질의 기회는 더 늘어나지 않을까.

넷

다소 풋풋했던 시절에는 아나운서 공채만 통과하면 즐겁게, 즐기면서, 줄기차게 방송만 할 줄 알았다. 하지만 진짜 경쟁과 실력, 내공 만들기는 그 이후부터가 제대로 된 시작이었다.

얼마 전 오랜만에 오전 시간 티비 장수프로그램을 보았다. 여자아나운서와 남자아나운서 각 한 명씩 진행을 맡은 전형적인 주부 대상의 프로그램이다. 내가 대학교 다닐 때도 존재했었는데 여전히 건재한, 나의 방송 경력을 끝마칠 때에도 살아있을. 그렇다 보니 참 많은 아나운서들이 거쳐 갔다. 예전에 모니터 할 때는 까마득한 선배 연차의 아나운서가 무게를 잡고 진행 하는 '재미없는' 프로그램이라고 생각했었는데, 어느 세월에 나보다도 한참 어린 연차의 아나운서가 마이크를 잡고 있는 생활 속 '유용한' 프로그램으로 둔갑해버렸다.

며칠 전, 콩나물국밥 집에서 콩나물을 아드득 씹고 있는데 이 프로의 예전 안방마님이 마이크를 잡고 있었다. 한동안 방송에서 그녀의 모습을 보기 어려워 퇴사를 의심했는데 다시 자리를 차지한 것인지. 그녀는 밝은 표정과 예전 그대로의 모습으로 스튜디오 안에 서 있었다. 많이 반가웠다. 스타 아나운서가 아닌 그녀의 활약이 왠지 모르게 힘이 됐기 때문이다. 그녀는 내가 한창 깨지고 혼나고 구박을 받은 초년병 때 그 프로를 신행했었다. 그다지 튀는 인물은 아니었지만 정갈하고 따뜻한 느낌이 참 좋았다. 그녀의 컴백은 반가운 일이었지만 한편으로는 앞선 진행자는 어찌 되었을지, 그러려니 하면서도 짠했다. 좋은 일로 인한 바뀜이길 바랐다.

어느 조직이나 마찬가지겠지만 방송 역시 밥그릇이 정해져 있다. 하루는 길다 해도 24시간 이니까. 아무리 프로그램 숫자를 늘리고 싶어도 달력을, 시간을 바탕으로 만들어지는 방송은 늘 수량적 한계가 있다. 무한으로 늘리거나 마음대로 줄일 수 없다. 이미 프로그램 편성의 기본 틀이 다 짜여있다. 따라서 이미 판이 깔린 상태에서 프로그램 하나 맡기도 쉽지 않거니와, 남들도 다 눈독 들이는 메인 시간대 프로그램 맡기는 정말 어렵다. 하고자 하는 사람은 많은데 밥그릇은 정해져 있으니 한 프로그램을 오래토록 하려면 실력 뿐 아니라 운도 좋아야 한다. 어린 시절 이런 놀이가 있었다. 음악을 틀어놓고 아무 생각 없는 척 놀다가 음악이 잠시 멈추면 얼른 의자를 차지해야하는 놀이. 방송일은 늘 자리를 찾는 일이다. 그것도 가장 가까이에서 호흡하는 사람들과 경쟁하며 즐겁고도 때로는 아프게 자리를 찾는 일이다.

다섯

영화, 휘트니를 보았다. 폭발적인 가창력으로 'The Voice'라 불리는 팝스타, 휘트니 휴스턴에 대한 다큐멘터리 영화였다. 그녀는 항상 사랑받는, 주목받는 위치에 있었지만 그것 때문에 많이 고통스러웠다. 풍부한 성량과 다르게 여린 마음을 가진 그녀는 바비 브라운(역시 가수)과의 불행한 결혼생활로 무척 힘들었다. 하지만 그녀는 잘못된 결혼을 인정할 수가 없었다. 결혼이 뭐라고. 자신이 세계적으로 사랑받는 대스타인데 말이다. 결국 남편의 바람기, 마약 등을 견디지 못하고 그와 헤어진다. 하지만 이혼 후에도 그녀는 스스로를 지키지 못했다. 영화에서 바비 브라운이 말하길, 자신은 마약에 손대지 않으며 휘트니에게 마약을 권유했다는 소문은 사실이 아니라고 했다. 마약을 끊지 못해 죽음에 이른 그녀. 게다 주변 친인척은 그녀의 매니저 노릇을 한다는 이유로, 경호를 한다는 핑계로, 살림을 책임진다는 변명으로 그녀의 돈을 뜯어먹었다. 진실의 나침반은 어디를 향할지 모르겠지만 그녀의 최측근들은 모두 하이에나였다. 그녀를 이용해 한탕을 노리는. 영화를 보면서 삶과 진실한 인간관계에 대해 다시 생각해보았다.

관심을 먹고 산다는 것, 호기심을 먹고 산다는 것은 양날의 칼이다. 사랑의 세례를 받고 찬사의 비를 맞는 다는 것은 장마철 쑥쑥 자라는 대나무처럼 그 어떤 영양제 보다 더 크게 나를 키워준다. 칭찬을 한 번 들으면 계속 칭찬을 받고 싶어 더 일을 열심히 하게 만든다. 하지만 인간처럼 복잡하고 다양한 감정의 지배아래 놓인 동물은 일관된 관심과 단순한 호기심만 갖지 않는다. 애정하는 대상을 몸 바쳐 응원하기도 하지만 그의 어두운 면, 알려지지 않은 면을 궁금해하고 끄집어내어 들추기도 한다. 사랑하는 사람의 일거수일투족을 다 알아내고자 한다. 좋아하는 이성이 생기면 그의 과거까지 다 알고 싶은 것, 그의 휴대폰을 몰래 뒤지고 싶은 유혹, 그의 24시간을 다 통제하고 싶은 마음 말이다.

방송을 하다보면 자연스럽게 팬도 안티도 생기기 마련이다. 어쩌면 안티가 인기의 반증일 수도 있다. 맡은 프로그램이 잘 되면 다양한 사람으로부터 여러 얘기가 오고 그러다 보면 방송에 대해 좋은 말을 해주는 사람도 있지만 그렇지 못한 사람도 당연히 있다. 방송가 내부에서도 칭찬과 모니터란 이유로 엄청난 잔소리를 해댄다. 또 시청자들도 호감을 표현하기도 하지만 비호의 감정을 적극적으로 드러내기도 한다. 그래도 본인 앞에서 이런 얘기를 하는 경우는 낫다. 보이지 않는 곳에서 내 뒷이야기를 나누는 경우는 정말 기분이 안 좋다.

라디오로 들어오는 사연은 대부분 개인 연락처를 달고 들어옴에도 가감 없이 악담을 던지는 경우가 있다. 아나운서에게만 한정된 이야기는 아니다. 프로그램을 만드는 제작진 모두가 과녁이 된다. 닭이 먼저냐 달걀이 먼저냐의 문제처럼 제작진이 문제인지 청취자가 문제인지, 누가 먼저 잘못을 했는지 따지기 어려운 경우도 있다. 아니 잘못이 아니라 취향의 경우가 많다. 그럼에도 불구하고 취향이 다르다는 이유로, 생각이나 가치가 다르다는 이유로 무례하게 굴고 항의전화를 돌리는 사람들이 있다. 이는 시사프로그램인 경우 항의의 정도나 강도가 심하다. 때로는 방송제작진의 자질 부족일 수도 있다. 물의를 일으키거나 실수를 하거나 사려 깊지 못한 언행으로 문제를 야기할 수도 있지만 그렇지 않은 경우도 상당하다. '다르다'와 '틀리다'를 구별해 쓰지 못하는 거처럼 생각이 다름을 틀림이라 여긴다. 원인이 무엇이든, 이유야 어떻든, 확실한 건 불만에 대한 감당은 시청자와 최전선에서 만나는 방송 생산자의 몫이기 때문에 타인의 불만과 불평을 겸허히, 때로는 도를 닦는 심정으로 헤아려야 한다. 문제제기 방식이 잘못 됐어도 똑같이 대응하면 그 다음에는 문제의 본질을 떠나 인성의 문제가 거론되고 일이 더 커지니까. 덜 시끄럽길 바란다면 내가 참는 수밖에.

청취자의 가벼운 평가도 때로는 당사자에게 큰 상처가 되고, 함께 일하는 동료의 입에서 나오는 비평으로 때로는 피멍이 든다. 아나운서가 된다는 거, 아니 미디어에 꾸준히 노출된다는 건 뜻지 않은 사랑을 받을 수 있다는 것과 동시에 심한 채찍에도 시달릴 수 있다는 말이다. 대중 앞에 선다는 건 관심도에 따라 다르겠지만 사랑과 동시에 비난과 힐난의 대상이 될 수도 있다는 것을 의미한다. 유명하지도 않더라도 공인이라 말이든 행동이든 조심해야한다.

갖가지 실수를 저지른 '실수장인'인 나의 에피소드다. 아마 3년 전쯤이었다. 현재 진행 중인 98.1mhz '해피송'에서 였다. 여느 날처럼 문자 사연이 들어왔다. 방송 중에 어떤 말을 내뱉었는지 전부 기억나지는 않지만 당시 받은 힐난의 화살은 아직도 내 안에 박혀있다. 사연을 소개하고 나서가 문제였다. 나는 "... 안중근 의사처럼 손가락을 걸고..."라고 말했다. 굉장한 의지를 보여주고 싶었나 보다. 무슨 상황이었길래 할 말 못할 말 구분도 없이 결의에만 차 있었는지. 당연히 발언 이후, 생방송 게시판에는 정신 차려라, 그게 할 소리냐 등의 댓글이 쏟아졌다. 지금 생각해도 아찔하고 낯 뜨겁다. 호되게 혼난 게 부끄러운 게 아니라 얄팍한 나의 역사의식이 드러난 게 수치스러웠다. 어쩌자고 그런 말을 했는지 모르겠다. 보다 재미있게, 실감나게, 남다르게 내 생각을 표현하고자 하던 지나친 의지가 들키지 말았어야할 약점을 보여준 것이리라.

때로는 정상이 아닌 사람에게 시달리기도 한다. 널리 알려지지 않은 니에게도 한때 어설픈 스토커가 있었다. 나의 휴대전화번호를 어찌 알았는지 새벽에 계속해서 전화를 했다. 난 잘 때 휴대폰을 진동이나 무음으로 설정하기 때문에 스토커의 전화로 잠이 깬 경우는 없었지만 아침에 부재중 전화 17통을 확인하면 소름이 끼쳤다.

나의 동료 중에는 애청자라며 결혼하고 싶다고 구애를 보내던 팬이 있었다. 구애의 방식이 상당히 독특했는데 자신이 쓰던 물건을 차곡차곡 보내던 남성이었다. 자신이 먹던 과자, 보던 책과 자신의 필체가 담긴 노트, 심지어는 입던 옷과 양말까지. 그의 아낌없는 사랑 덕에 회사 폐기물처리는 늘어갔다.

우리는, 방송을 하겠다고 나선 사람은, 타인의 관심을 동력으로 삼고 사는 사람이다. '관종'이냐고 묻는다면 단호히 '아니'라고 대답하겠지만 어쨌든 방송은 생산자와 소비자의 호기심과 관심이 교차해야 한다. 방송은 무형의 상품을 만들어 시장에 내놓는데, 소비되지 않는 상품은 재고처리도 못하고 바로 폐지의 수순을 밟는다. 이는 시청자가 갑이요, 방송 제작자가 을임을 의미한다. 그렇다 보니 소비자의 웬만한 태클은 웃으면서 넘기는 여유가 필요하다. 하지만 사회는 웬만치 않은 일 때문에 다양한 사건과 사고가 벌어지지 않는가. 웬만치 않은 일은 반드시 생기기 마련이고, 필요 이상의 불편한 관심과 틈이 보이지 않는 견고한 선입견, 롤러코스터보다 더 요란한 입방아는 쓸데없는 상처를 유발한다. 특히 어린, 그것도 여성인 아나운서에게는 유독 혹독하다. 이는 여성 방송인을 전문인력으로 인정하지 않는 사람이 여전히 많기 때문 아닐까. 최근 다양한 변화가 감지되고 있지만 여전히 다수의 메인 뉴스에서 남성과 여성의 역할이 다르다. 중요한 뉴스는 남성앵커가 보도하고 이 후의 뉴스를 여성 앵커, 즉 아나운서가 소개하는 식이다. 별로 놀랄 일도 아니다. 소위 선진국이라는 나라의 여성 뉴스 앵커도 경험과 경력을 우선시하기 보다는 젊고 외모가 돋보이는 여성을 내세우니까. 그러니 보수적인 우리나라에서는 어린 여성 아나운서, 진행자는 다소곳하게, 양반집 규수처럼 얌전히 있기를 바란다. 그렇다 보니 어쩌다 연차가 낮은 여성 진행자가 순종적이지 않고 한껏 본인의 목소리를 높이고 오지랖이라도 넓은 듯 보이면 불편해하는 시선이 느껴진다.

몇 년 전 이야기다. '최연소'라는 타이틀을 가진(개인적으로 '최연소'라는 타이틀이 마뜩찮긴 하지만, 또 왜 여성 아나운서만 최연소가 강조되어야하는지도) 여성 아나운서의 SNS가 검색어 상위권에 올랐다. 문제의 진위여부는 모르겠지만, 그녀의 방송국 입사를 두고 그녀의 친구와 설전이 오고갔단다. 해당 아나운서가 억울해하면서 친구와의 대화를 개인계정에 올린 것이 파장을 일으켰다. 문제가 커지자 나도 관심 있게 사태를 확인했다. 사견으로는 20대 초중반 또래의 흔한 입씨름 같았다. 앞에서는 거대 방송국의 입사를 축하한다 말하고 뒤에서는 시기인지 알 수 없는 헐뜯는 얘기를 하고. 당사자가 그것을 알게 된 후, 감정을 추스르지 못해 개인계정에 올리고. 이런 식의 감정싸움을 언론에서 기사화하는 게 맞나 싶었다. 대중에게 알려지면 마음이 따뜻해질 이웃들의 이야기가 얼마나 많은데. 또 만천하에 공개되어 개선되어야할 폐단이 얼마나 많은데.

나는 상당히 게으른데다 소심하고 심약한 사람이라 남들 다 하는 sns를 하나도 하지 않는다. 가끔 소통의 창구를 열어야할까 고민도 하지만 오래지 않아 사장될, 그리고 꼬투리가 잡힐까 두려워 금방 마음을 접는다. 이것은 오래 묵은 나의 사고방식일 뿐이니 현 시대에 바람직하지는 않다. 당신이 방송을 하는 시대는 달라야하고 다를 것이다. 누구나 개인 계정은 물론이고 개인 채널을 갖는 시대이니. 하지만 이것만은 알아주길 바란다. 일단 사생활을 공개하기로 마음을 먹었다면 그에 따른 훗일도 본인이 감당해야 한다는 것.

여섯

바람직한 피지컬의 주인공, 캐나다의 숀 멘데스(Shawn Mendes)

그가 누구야? 하는 분들은 세뇨리따(Serorita) 뮤비를 얼른 찾아보길 바란다. (눈에서 하트가 쏟아지는 경험을 할 것이다.) 이 곡은 그의 절친에서 여친으로 변신한 카밀라와 함께 부른 곡이다. 세뇨리따 뮤비의 여주인공이자 이곡을 피처링한 그녀는 '하바나(Havana)'를 쏘아 올리며 월드스타로 떠오른 카밀라 카베요(Camila Cabello) 아닌가. 그리고 두 사람은 2019 'MTV VMAs' 베스트 컬래버레이션(Best Collaboration) 부문에 수상하며 도랑치고 가재잡기에 성공한다. 현재 그는 침체기를 겪고 있는 샘 스미스를 제치고 미국 등에서 최고의 인기를 누리고 있다.

숀은 될성부른 떡잎이었다. 2013년 만15세의 나이에 vine에 올린 10초도 안 되는 커버 동영상이 엄청난 조회 수를 기록하며 인생이 달라진다. 아티스트 매니저가 영상을 보고 그에게 연락을 취한다. 2014년, 이 영상을 시작으로 그는 저스틴 비버와 같은 소속사인 아일랜드 레코드와 계약을 맺고 정식으로 데뷔하며 그해 8월 가장 많은 팔로우 수를 가진 뮤지션 3위에 오른다. 이후 여러 장의 음반을 발표했으며, 크고 작은 음악상에 지명 받거나 수상했다. 2018년 타임지는 그를 '세계에서 가장 영향력 있는 100인' 중 한 명으로 선정하기도. 그가 예전 방식으로 데모를 만들어 여러 레코드사에 보내는 방식을 취했다면 그는 지금의 자리에 있을 수 있었을까. 아티스트 매니저가 그의 음악을 듣기 전에 데모를 뜯어보는 직원의 손에서 그의 음악은 끝났을지도 모른다. 그의 성공은 1인 매체에서부터 출발했다. 멋진 외모와 노래 실력도 무시할 수 없지만 그런 장점에 돋보기 역할을 해준 게 1인 매체이다. 이유가 무엇이든 사람들은 그의 영상을 클릭했고, 조회수가 올라가자 매체의 알고리즘이 그를 더 눈에 띄게 만들었고 결국은 소속사를 만나게 해주었다.

공채시험을 통해 방송에 진출한다는 것은 원고지가 있어야지만 글을 쓸 수 있다는 말과 같다. 2020년, 원고지가 만들어지기나 할까. 원고지는 이제 한글 파일 안에 하나의 형태로만 남아있을 뿐이다. 언제까지 이어질지는 모르겠으나 방송사 공채도 아직까지는 그 숨을 이어가고 있다. 하지만 사람이 직접 거르고 고르고 가려내는 방송사 공채가 계속될 지는 미지수다. 앞으로는 일부 기업이나 학교에서 요구하는 포트폴리오 작업이 방송사 입사에도 적용되지 않을까. 아나운서든, 피디든, 기자든 자신의 역량을 직접 만들어서 제출하는 방식으로 말이다.

공채를 준비하든, 그 이후의 미래를 염두하든 자신만의 채널을 갖고 운용하는 것은 필요하다. 설사 본인이 티비나 라디오로 국한되는 매체에만 진출하게 되더라도 크고 작은 방송역량을 키우는 것은 무조건 도움이 된다. 글을 처음 배우기 시작한 아이에게 다양한 책을 읽게 하고 양적으로 채워줘야 글도 잘 떼고 언어생활이 풍부해지는 것과 같다. 넓어져야 깊어진다. 어떤 분야든지 초보는 질보다 양을 채울 필요가 있다. 숙달될 때까지는 닥치는 대로 경험하고 밑 빠진 독에 물을 채우는 마음으로 차곡차곡 쌓아야한다. 그렇게 채우다 보면 길이 보이고 연륜이 쌓이고 자연스럽게 한 우물을 파게 된다. 요즘은 다양한 경로로 방송 경험을 하고 입사하는 신입 아나운서가 많다. 중고신인이 대부분이다. 따라서 실제 방송 경험이 없다면 미리 스스로 만들어 보길 추천한다. 누가 아는가. 인기 유튜버가 되어 아나운서 타이틀에는 관심도 없을지.

아나운서라는 고정된 직업에 연연할 필요는 없다

우리는 방송이라는 장르에 매력을 느끼고, 충분히 도전할만한 인물들이다. 더군다나 방송생태계가 무한변신을 반복하는 요즘 기회는 널려있다. 나도 프리랜서인 기상캐스터 출신이지만 대형방송사 기상캐스터들이나 혹은 스포츠아나운서가 연기에도 예능에도 도전하는 모습을 보면 부럽기도 하고 대단하다는 생각이 든다. 과거에는 직업적 한계로 여겨졌던 프리랜서라는 위치의 이점을 살려 분야를 따지지 않고 자신을 어필하는 모습은 존경스럽다.

뒤집어 보면, 굳이 아나운서라는 고정된 직업에 연연할 필요가 있을까. 내가 누구보다 끼가 넘치고 하고 싶고 보여주고 싶은 게 많다면, 답답한 아나운서 위치에 얽매이지 말고 애당초 망망대해로 나가자. 물론 뿌리를 깊게 내린 방송국이란 거대 함선에 올라타 쉽게 이름을 알리고 여기저기서 종횡무진 하는 모습도 꿈꿀 수 있다. 하지만 일단 조직에 한 번 속하면 자신의 예상과 많이 다른 환경에 처할 것이다. 조직의 크기가 클수록 안정적이고(이건 맞다) 기회가 많을 '거' 같지만, 실은 층층 시어머니들이 똬리를 틀고 앉아있으며 매 해 굶주린

하이에나 같은 후배들이 먹잇감을 노리고 있다. 그 사이에서 책임보직을 맡고 있는 사람 눈에 띄어 성장하길 바라기 보다는 차라리 이 눈치 저 눈치 보지 말고 애당초 자유롭게 날아가자. 큰 조직은 기회가 많은 듯 보이지만 조직이 커질수록 살아남기도 힘들다는 것을 잊지 말고.

나는 그렇게 못하면서 이제 막 방송에 입문하려는 당신에게 무책임할 정도로 자유로워지라고 등 떠미는 이유는? 그렇다. 이미 내가 겪고 있기 때문이다. 점점 아나운서의 설 자리가 없다. 밥 그릇 싸움만이 문제가 아니다. 미디어환경이 변했다. 이를 가장 더디게 받아들이는 곳이 유구한 전통의 자존심이 강한 방송사이다. 아무리 유명한 드라마라 할지라도 예전 같은 5, 60%는커녕 30% 시청률도 나오기 어려운 시대 아닌가. 나도 드라마를 본방사수하지 않는다. 뉴스도 마찬가지다. 휴대폰 몇 번 찍으면 활어처럼 싱싱한 뉴스를 맛볼 수 있는데 누가 정시에 뉴스를 듣고, 저녁 먹고 티비를 켜고 오늘 일어난 뉴스를 기다린다는 말인가. 라디오도 마찬가지다. 팟캐스트, 오디오북, 무슨 무슨 플랫폼이 오디오시장을 장악하고 있다. 기존 틀에 얽매인– 바꿔 말하면 안정적인, 하지만 발전 기회는 훨씬 적은 –조직 안에 들어가 그 조직을 배우고 순응하고 다시 새로운 환경에 적응하고 대응하려는 노력을 하기 보다는 처음부터 나에 대한 믿음을 바탕으로– 한 살이라도 젊을 때 –더 넓은 무대에 발을 들이라.

아나운서 '직종'의 인기와 다르게 방송국 안에서 아나운서의 입지는 점점 더 줄고 있다. 내가 처음 입사했던 17년 전과 현재를 비교해 본다면 일단 아나운서가 활동할 수 있는 프로그램이 급속히 줄었다. 요즘은 티비든 라디오든

'예능시대'이다. 예전 같은 교양프로그램을 찾기가 힘들다. 일일이 프로그램 이름을 언급하지 않아도 아나운서가 활약하던 교양프로 자리에는 재기발랄한 예능프로가 자리를 차지하거나 아나운서를 요하지 않는 다큐프로가 시간을 채우고 있다. 그나마 다큐의 내레이션이 아나운서 영역이었는데 요즘은 아나운서의 깍듯한 말 보다 자연스런 말습관을 더 선호하면서 다큐에서도 아나운서의 역할은 줄었다. 이런 상황에서 아나운서들은 유튜브 등을 통해 방송역량을 보여주며 자신의 판로를 넓히고 있다. 2019년 아나운서 대상(KBS, MBC, SBS, CBS, JTBC, OBS, BBS, PBS 등 현직 아나운서들의 모임인 〈한국아나운서연합회〉에서 매년 주최하는 연말 시상식)에서 유튜브를 통해 뭔가를 보여준 동료들이 상을 받은 것은 의미 있는 대목이었다. 심지어 그중 한 명은 진행은 물론이고 제작, 편집, 펀딩에까지 참여하고 있었고, 수상하는 현장상황까지 유튜브로 생중계 했다.

한 때 DMB(Digital Multimedia Broadcasting라고 아는지. 차에서도 영상을 볼 수 있는 시대가 왔다며 잠시 세상에 존재했다 사라진 DMB라는 매체를)가 사회가 요구하는 미디어로서 한 부분을 감당할 것이라고 얘기하던 때가 있었다. 2007년 쯤 나는 DMB용 방송, '노컷연예뉴스'를 진행했다. 피디 1명, 작가 2명, 리포터 3~4명의 당시 우리 회사로서는 제법 큰 팀이었고 1년 정도 콘텐츠를 생산했다. 하지만 시장에서 DMB 자체가 자생하지 못하면서 '노컷연예뉴스'도 자연스레 사라졌다.

주변에서 개인 채널을 만든다, '1인 미디어 시대가 왔다' 외치는데 나는 자신이 없다. 그간의 실패로 말미암아 자신감을 잃은 것도 사실이거니와, 나처럼 늘 하던 것만 하는, 경직된 방송인에게 1인 방송은 태평양을 돛단배로 건너라는 주문처럼 들릴 뿐이다. 그러나 주변을 돌아보면 그렇지 않다. 나의 문제이지 플랫폼의 문제는 아니다. 프리선언을 한 타사 아나운서들은 개개인이 각자의 채널을 갖고 활발히 움직이고 있다. 용돈벌이는 하고 있다고 당당히 말하는 누군가도 있다. 우리 회사에도 기존 매체에서 보다 더 큰 능력과 힘을 보여주며 영상을 만들고 올리는 동료가 있다. 힘을 분산하기 보다는 한 곳에 모아야 훨씬 더 많은 에너지가 방출되는 건 새로운 매체 환경에서도 마찬가지다. 정해진 근무시간에 가끔 라디오 5분 뉴스 하고, 티비나 라디오 방송을 진행하면서, 어쩌다 회의에 참석하고, 이따금 동료와 사회생활에서 오는 피로를 풀어내는 직장인에게 뉴미디어로의 진출은 쉽지 않다. 방송국에서 근무하더라도 본인이 관심을 갖지 않으면 뉴미디어는 남의 얘기처럼 들리는 것이 현실이다. 우물 밖 사정은 어두운 개구리처럼.

당신은 아직 가지고 있는 역량을 다 발휘하지 못한 상태일 것이다. 보여줄 것이 너무 많은데 아직 기회를 잡지 못했고 심지어 기회가 오기나 할까 의문이라면 올드미디어에 기대지 말고 과감히 새로운 세상을 향해 나가라. 아나운서가 되려면 뉴스? 너무 중요하다. 보통 1차 카메라 테스트가 뉴스리딩이니까. 하지만 이제 AI가 아나운서 보다 더 스마트하게, 더 경제적으로 뉴스를 전달하는 시대 아닌가. 코로나19 때문에 온라인학습을 하는 4학년 딸아이의 학습 동영상을 함께 보았다. 그 동영상에 입혀진 목소리는 심장을 가진 사람의 음성이 아니었다. 하지만 정돈된 깔끔한 말솜씨가 나보다 나았다. 앞으로는 더 전달력 있고 정감 있는 AI 목소리가 나오지 않을까. 아나운서의 생명력은 어디에서 찾아야하는 걸까. 시대의 변화를 느리게 따라가며 정해진 틀 안에서 움직이는, 관성에 빠진 올드미디어에 사활을 걸기에는 내 젊음이 아까울 수 있다. 아나운서가 되려는 이유가 무엇인가. 주어진 원고를 잘 전달하기 위해서만이 아니라면, 사람들과 밀착해서 소통하고 백퍼센트 내 뜻대로 만들어지는 뉴미디어에 도전해보자.

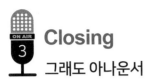

Closing
그래도 아나운서

불안을 받아 드려라

세계가 사랑하는 여성 방송인 중 가장 유명한 이는 오프라 윈프리(Oprah Winfrey)일 것이다. 우리나라 위인전에도 등장하는 그녀는 혈육인 이모나 고모보다 더 푸근하다. 굳이 하지 않아도 될 이야기도 그녀 앞에 앉으면 다 털어버릴 것만 같다. 오프라는 가슴을 울리는 진행으로 25년 동안 자신의 이름을 내건 토크쇼를 이끌어 왔다. 웃음과 눈물, 곱씹을만한 메시지를 선물한 그녀. 따뜻한 감성의 오프라도 훌륭하지만 여기서는 이성과 감성의 조화를 보여준 이를 소개하겠다. 오프라의 롤모델이기도 했던 여성. 오프라는 여러 면접에서 이 사람의 말투와 제스처를 따라하며 답변을 준비했다고 말해 왔었다.

바바라 월터스(Barbara Walters)

생소한 이름일지 모르겠다. 그동안 모르고 살아왔어도 괜찮다. 어쩌면 모르는 게 당연하다. 그녀는 1929년생으로, 우리 나이로는 2020년 현재 92살이다. 나와 36년 띠동갑인 나의 아버지보다도 15살이 많은 인물이니 나에게는 왕고모쯤이고 당신에게는 외할머니급이 아닐까. 그녀의 나이가 어떻든 간에, 그녀를 알든 모르든, (성별을 굳이 나눌 필요가 있을까 싶지만) 여성 방송인에게는 신화와도 같은 존재임은 부인할 수 없다.

바바라는 평범한 20대를 보냈다. 들쭉날쭉한 가정환경(아버지의 사업이 잘되다 안 되다)에서 자랐고 무난한 대학을 졸업했다. 학교 졸업 후 친구의 소개로 지역의 작은 방송국 홍보부에서 일을 시작한다. 당시는 미국에도 방송국이 4개 정도 밖에 없던 시절이었다. 맡은 일은 보도자료 작성. 타고난 재능으로 첫 업무에서부터 인정받고 승승장구하다 결국 마이크도 꿰 차고 성공했다면 바바라 월터스가 지금의 명성을 얻진 못했을 것이다. 그녀의 현실은 일하다 쫓겨나고 프로그램이 없어지고의 반복이었다. 한때는 방송국에서 일자리를 얻지 못하는 신세까지 갔다. 하지만 될성부른 떡잎을 알아보는 떡잎감별사가 어느 방송국에든 알게 모르게 숨어있기 마련.

방송국을 떠나 홍보회사에서 일하던 그녀에게 전화 한 통이 걸려왔다. 미국 CBS 방송국 피디로부터 작가로 일해 달라는 연락이었다. 안정된 일자리도 아니었고, 동료 남성 작가보다 낮은 보수에 일은 산더미였지만 그녀는 미련 없이 그 자리를 수락했다. 여전히 행운의 여신은 필연인 듯 우연인 듯 바바라에게 달콤한 자리를 내주지 않고, 다시 시작한 일자리에서도 초심자의 행운 따위는 없었다. 오히려 지독한 오르막길을 쉼 없이 오를 뿐. 일을 쫓아가기에 바빴던 그녀는 자신이 화면에 나오리라고는 상상도 하지 않았다. 심지어 방송국 안의 능력 있는 피디로부터는 "당신은 텔레비전에 나올 외모가 아니다. 거기다 R발음을 못한다. 카메라 앞에 설 생각은 아예 하지 않는 게 좋다"는 얘기까지 들었다고.

하지만 운명은 그녀를 가만 두지 않았다. 아침방송 여성앵커의 성실하지 못한 태도 덕에 그녀에게 기회가 찾아온다. 물론 꽃방석일리는 없었다. 1964년 가을, 몇몇 여배우 섭외에 실패한 방송국의 고위 간부는 저렴한 비용의 그녀를 아침방송 앵커석에 앉힌다. 당초 13주 계약을 한 바바라는 내리 13년 동안이나 자리를 지킨다. 이후 그녀는 고액 연봉을 받고 방송국을 옮긴 후 최근까지 활약을 하며 전 세계 여성 언론인, 방송인에게 신화와 같은 존재로 남았다. 우리 나이로 84세까지 방송을 했다니 전설은 전설이다.(이후에는 방송국 간부로 재직 중이라니 욕심도 많다)

그녀의 가정이나 개인사에는 아픔도 있었지만 방송, 언론계 선배로서 그녀가 건네줄 이야기와 경험은 무궁무진하다. 미국의 모든 대통령을 만나봤고, 유명 배우나 범죄자와의 대화에 시간을 쏟았다. 특히 미국 언론과 전혀 인터뷰를 하지 않던 이집트의 사다트 대통령과 쿠바의 카스트로와 만난 일화는 그 자체로 이미 특종이었다. 사다트는 아랍권 최초로 이스라엘과 평화조약을 맺은 사람이고, 카스트로는 쿠바혁명의 주인공으로 쿠바 땅에서 미국을 몰아냈지만 쿠바를 일당독재 사회주의국가로 만든 인물 아닌가. 이제는 모두 고인이 된 사다트와 카스트로. 그들을 서방의 마이크 앞으로 끌어내고 직접 만든 샌드위치까지 얻어먹고 여행 가이드를 시켰으니 대단하지 않은가.

열정으로 버티고 오기로 이겨내 자신의 자리를 세운 바바라는 현 시대 최고의 살아있는 전설이다. 그녀의 명성이 단지 운이 좋아서, 남자를 잘 만나서, 배경이 훌륭해서가 아님은 미디어에 몸담고 있는 여성 방송인에게 든든한 햇불과도 같다. 최초라는 수식어를 만들어내고, 1등의 자리에 오르고, 무엇보다 최고라 불릴 것들을 몇 십년간 이어간 그녀. 그녀의 역동적인 역사는 매력적이지만 거칠고 힘든 이 바닥에서 오늘도 투혼을 불사르는 후배들에게 깊은 감동을 준다.

그녀를 그녀이게 만든 원동력은 무엇일까. 예측불가능한 일들의 연속, 그리고 피를 말리는 순간순간을 이겨낸 힘은 바로 '불안'이었다고 자신의 자서전 『내 인생의 오디션』에서 밝혔다. 우리나라 독자의 최애 작가 알랭 드 보통이 얘기한 그 '불안' 말이다. 그녀가 짚어낸 불안은 알랭 드 보통의 생각과 맞닿아 있다. 현대 사회가 안고 있는 '지위'에 의한 불안 말이다. '불안'은 목표를 실현하는 과정에서 새어나오는 부정적 가능성을 담보로 태어난다. 하지만 불안은 잉태의 순간부터 달콤한 실현의 싹을 틔운다. 이루고자 한다면 불안을 받아들여야 한다. 그러니 지금 불안한 마음이 우리 안에 깃들어 있다면 그것을 환영하자. 그리고 그것은 사라지지 않는다는 것도 잊지 말자.

일

아. 아직도

나. 나는

운. 운명이라 믿는

서. 서러울 때 보다 기쁠 때가 더 많은 아나운서이다.

아나운서를 준비할 때는 높은 경쟁률에 기가 죽었다. 그래서 플랜B와 플랜 C도 생각했고 반드시 아나운서가 되어야만 한다고 여기지도 않았다. 나는 원래 복권을 사거나 배팅을 하지 않는 성향이다. 가능성이 낮은데 직관으로 일을 추진하는 모험가는 절대 아니다. 헌데 우연한 기회에 방송을 시작하게 되었고 운이 좋아 아나운서 명함도 갖게 되었다. 아나운서로 합격했다는 연락을 받았을 때, 화려하고 눈부신 미래가 잡힐 듯 했다. 실화일까 싶은 경쟁률을 이겨 낸 아나운서의 삶이란 응당 남들이 부러워할만한 무언가로 보상받아야 한다고 생각했다. 하지만 아나운서는 꼬박꼬박 월급날을 기다리고, 지각하면 상사의 눈치를 보고, 칼퇴에 행복해하는 회사원에 불과하다. 아나운서의 일상은 때로 따분하고, 어쩌다 회사를 그만두고 싶을 만큼 열등감이나 자괴감에 시달릴 수도 있으며, 주로는 안일하다. 낮 열두시만 되면 여기저기서 쏟아져 나오는 넥타이 부대 중 일부이다. 이 눈치 저 눈치 다 봐야하는. 단, '재미있는 일'을 하는 일개미이다. 라디오 5분 뉴스라도 매일의 뉴스가 다르고 매일의 내가 달라서 하루도 같은 일을 하지 않는 것이 이 직업의 가장 큰 매력이다. 롤러코스터처럼 드라마틱한 변화를 날마다 즐기는 건 아니지만 매일 밤 꿈의 내용이 다르듯이 생활은 같지 않은 나날의 연속이다. 매일의 방송에는 사람들과 호흡하는 재미가 있다. 일상이 방송의 소재이고, 방송이 곧 생활이다. 당장의 생각과 감정을 나누는 방송이 건네는 재미 하나가 다른 모든 어려움을 해독시킨다.

방송은 다른 말로 소통이다. 아니, 소통이 방송이다. 소통되지 않고, 입방아에 오르내리지 않는 방송은 성공한 콘텐츠라고 보기 어렵다. 가끔 이런 사유체계를 가진 이들이 있다. 시청률, 청취율이 뭐가 중요하냐고. 방송장이는 해야 만하는 당위적인 프로그램을 만들어야 한다고. 일견 맞는 말이다. 모든 프로그램이 경쟁적이고 얼마나 소비되는 지로 평가받는 시스템도 바람직하지 않다. 게다 방송은 전파라는 공공재가 기반이기 때문에 마땅히 공공성, 공익성, 공정성이 필수다. 하지만 아무리 좋은, 훌륭한 음식이라도 터무니없이 비싸거나 손님이 찾아오기 힘든 장소에 있는 식당이라면 살아남을 수 있을까. 먹기 껄끄러운 음식이라도 쉽게 젓가락을 부르고, 소화가 잘되게 조리하는 일이 방송의 역할이다.

결국은 소통이다. 내 말을 네가 받아줘야 하고 너의 이야기에 내가 기뻐하고 슬퍼하고 분노하고 깔깔깔 웃어야 한다. 탁구공이 왼편에서 오른편으로 사뿐하게 넘어가듯, 셔틀콕이 땅에 닿을 듯 말 듯 다시 떠올라 너를 향해 날아가듯, 너와 나 사이에 놓인 그물을 넘어 공이 땅에 구르도록 두지 말고 받아 넘겨야 한다.

부끄러운 기억이 있다.

당시 나는 라디오 음악프로그램을 진행했다. 모두가 선망하는 프로그램이었지만 나는 기쁘지 않았다. 어설픈 내 능력에 대한 원망, 나를 도와주지 않는 환경(지나고 보니 이 또한 얼마나 내 중심적인 생각이었는지. 환경이 나를 도와줘야할 이유는 전혀 없는데. 그때는 어둠속에서 살아가는 심해어처럼 앞을 제대로 분간하지 못했다.) 등 나 스스로 장벽을 쌓았다. 회사 생활은 즐겁지 않았지만 방송을 함으로써 버틸 수 있었다. 나와 얘길 나누던 청취자들은 방송을 통해 이해받고 위로받는다고 했지만 정작 이해받고 위로받는 쪽은 주로 나였다. 라디오 청취자들은 봄바람처럼 온화한 태도로 나를 지켜줬다. 그들은 부족한 디제이의 실수에 웃어주고 여린 풀꽃 같은 사연들을 보내며 크게 웃고 적당히 화내고 쉬이 감탄한다.

어느 날 미숙한 나에게 뜻밖의 메시지가 도착했다. 당시 나의 방송을 듣고 우울증의 긴 터널에서 빠져나올 수 있었다는 이야기였다. 내 입으로 뻔뻔하게 말을 이어가는 지금도 낯 뜨겁다. 서울의 버스기사라는 그는 오랜 우울증을 방송을 들으면서 고쳤다고 고백해왔다. 이런 믿기 어려운 일도 있긴 했지만, 소통의 결과물이 대단해서 방송이 즐거운 것은 결코 아니다. 매일 매일의 일상을 묻고, 비슷하면서도 다른 오늘을 서로 격려하고, 닭가슴살 보다 더 퍽퍽한 하루하루에 위로를 주고받는 것. 그것이 방송 17년이 내게 준 강력하고 거부할 수 없는 선물이다.

오늘도 난 라디오 생방송을 앞두고 있다. 목요일인 오늘, 어제와 크게 다르지 않다는 것에 감사하면서 또 새로운 세계를 기대하고 있다. 너의 세계와 나의 세계가 만나 교감하고, 지난날을 부끄러이 여기지 않고, 지금을 기쁘게 노래하고, 내일을 기다릴 수 있다면 그것으로 충분한 거 아니겠는가. 그것으로 방송은 족하고, 나도 마이크 앞에 앉기까지 겪었던 아픔, 서러움, 눈물 모두를 삼킬 수 있다.

이

방송을 한다는 건, 보다 너른 세계를 맛본다는 것이다. 미지의 세계나 신비로운 우주가 아니다. 심장의 헐떡임이 닿는 곳에 있는 소식이다. 좋든 싫든 아나운서는 매일 뉴스를 전달한다. 그렇다보니 참담한 얘기든, 훈훈한 기사든 뉴스의 탄생과 전개, 소멸의 과정을 함께한다. 2020년 현재는 코로나19로 인한 답답하고 안타까운 상황을 따라가고 있다. 2016년 세월호 사고 때는 더 했다. 처음 진도 앞 바다에서 사고가 났다는 소식, 전원 구출이라는 오보, 그 후 내리 이어진 비극적인 뉴스를 계속 전해야했다. 무너지는 마음이었지만, 그렇게라도 상황을 알고 관심을 놓지 않았던 건 다행이었다.

뉴스뿐이 아니다. 건강프로그램을 진행할 때였다. 2015년 즈음이었는데, 주목을 받는 업무는 없었지만 동시다발적으로 일이 많았다. 낮 12시쯤 출근하면 바로 라디오 녹음 준비하고, 그 후 곧장 분장실에 가서 저녁 TV뉴스를 위해 얼굴과 머리를 매만지고, 분장 후에 프로그램 녹음하고, 녹음 끝나면 간단한 저녁식사를 하고, 저녁식사 후에 TV뉴스 진행하고. 짬이 없는 생활이었다.

게다 같이 일하던 선배는 지성과 경험을 겸비한 스페셜리스트로 하루가 멀게 내게 쓰고 매운 가르침을 안겼다. 내외부의 활동이 많았던 그 분은 명성에 걸맞게 취재인지 여행인지 잦고 긴 휴가로 녹음 스케줄이 들쭉날쭉 이었고 더불어 나의 스케줄도 널뛰기를 이어갔다. 하지만 내 방송커리어 최초의 인터뷰 프로그램이었다. 그 전까지는 인터뷰에 별 욕심이 없었다. 인터뷰는 내 영역이 아니라고 생각했다. 그런데, 낯선 분야의 사람들을 만나고 그들의 이야기를 듣는 작업은 감동이었다. 그들의 말에는 자신의 신념을 지켜가는 크고 작은 숭고함이 있었으니까. 지금도 기억에 남는 인물은 막걸리를 마시며 시를 쓴다는 농부시인, 평생의 숙원사업이었다는 세르반테스의 『돈키호테』를 완역했다는 예순 즈음의 여교수님, 이제는 고인이 된 왕년의 프로레슬러 이왕표 선수, 요리 이외의 이야기가 더 재미있었던 이연복 셰프 등. 특히, 사모님과 정답게 방송국에 나타나셔서 호탕하게 말씀을 이어가던 이왕표 선수가 그립다. 방송 녹음 당시 담도암으로 투병 중이던 그는 굉장히 평화로워보였다. 몇 달 후 그가 죽었다는 소식은 믿기지 않았다. 걱정하지 말라며 힘주어 말하던 그였는데.

사실 나는 새로운 자리에 적응하기가 어려운 사람이다. 익숙지 않은 사람과 만나는 걸 좋아하지 않는다. 모르는 사람에 대한 경계심도 많고 낯가림도 심한 편이다. 만약 내가 영업사원이거나 대민업무를 하는 공무원이거나 소비자의 의견을 수렴하는 상담원이었다면, 그 일을 오래하지 못했을 것이다. 방송 역시 새로움을 추구하는 영역이지만 이는 나에게 힘듦 보다는 신선함을 안겨준다. 유통기한이 없다. 알지 못하는 사람을 만나는 것도 신기하게 매번 의미가 있다. 방송에 등장하는 수많은 게스트는 자신의 삶이나 그가 그려온 궤적이 다른 사람의 호기심을 유발한다. 혹은 사회가 안고 있는 물음표에 어느 정도 답을 줄 수 있는 인물이다. 그들의 이야기는 귀를 잡아끈다. 그들로부터 듣고 싶은 얘기, 들어야할 이야기를 끄집어내는 것이 방송인의 역할이어서 기쁘다. 청취자는 더 궁금하다. 내가 진행하는 방송에 노크를 했다는 사실만으로 그들은 이미 내 환심의 대상이다. 그들의 삶이 알고 싶고, 취향에 공감하고 싶고, 오랫동안 인연이 맺어지길 소망한다.

삼

훌쩍,
여행 떠나기 좋은 계절이 돌아왔다.

몇 년 전 일본에 갔을 때였다. G땡이라는 저가 의류점에 갔다. 여름이 끝나갈 무렵이어서 떨이 행사가 한창이었다. 귀걸이 한 쌍에 3000원(엔이 아니라 원이다), 치마와 블라우스 세트에 5900원, 반팔 티셔츠 한 장에 3000원. 티셔츠 다섯 장과 신발 두 켤레, 세트의상 하나, 액세서리 서너 점을 갖고 계산대를 찾았다. 사람들이 옹기종기 모여 계산을 하는 곳에는 정작 G땡의 판매사원이 한 명도 보이지 않았다. 아니다. 한 명은 있었다. 차례차례 줄을 세우는 직원 한 명이 있었다. 사람들은 한 줄로 서 있다가 차례가 되면 드럼세탁기처럼 생긴 기계 앞으로 갔다. 드럼통 안에 사고자하는 물건을 넣고 통을 닫으면 세탁기 같은 기계가 알아서 바코드를 읽어 얼마를 내야할지 알려주었다. 그 다음 카드로 결제하고 드럼을 열어 물건을 꺼내면 끝이었다. 얼마나 신기했는지. 요즘에는 우리

나라에서도 무인결제시스템을 심심치 않게 볼 수 있지만 당시는 SF영화의 한 장면 같았다.

　세상에는 수많은 직업이 있다. 유사 이래 이어져 온 고용주와 고용인, 전문직 종사자, 상인부터 온갖 종류의 크리에이터, 언택트 시대가 만들어낸 별의별 일들까지. 그런 직업 안에는 사회상이 담겨있다. 이런 자료를 본 적 있을 것이다. '미래에 사라질 직업은?'이라고 시작하는 보고서 말이다. 나도 걱정 반 연민 반으로 데이터를 학인했다. 계산원, 창구직원, 보험설계사, 비행기조종사, 통번역사 등 생각보다 많은, 그리고 괜찮아 보이는 직업이 턱 밑까지 물이 차오르는 현실에 직면했다. 이웃의 고민이 느껴지는 지점이었다. 아나운서 네 글자는 있기도 하고 없기도 하다. 어떻게 살아가느냐에 따라 미래가 달라질 것이다. 경계선에 놓인 것이리라. 마음 놓고 있을 문제가 아니다. 이미 AI기술은 아나운서의 능력을 넘어선지 오래다. 인간보다 정확하고 명징하게 주어진 원고를 술술 읊을 수 있다. '간장공장 공장장은 강 공장장이고 된장공장 공장장은 공 공장장이다' 식의 문장을 틀리지 않고 빠르게 읽을 능력이 아나운서로서의 능력은 결코 아니다. 그렇다면 미래에도 살아남을 아나운서는 누구일까.

평소 주변에 관심을 많이 가져야 할 이유

가끔 학생들이 다양한 교육을 받고자 회사 문을 넘는다. 방송 실무에 관심이 많은 대학생 인턴도 있고 방송국 견학차 발 딛는 초·중학생도 있다. 몇 년 간은 회사와 지자체의 업무협약으로 중학생 진로탐방교육이 사내에서 있었다. 일명 청.진.기.라는 프로그램이었는데, 청소년 진로개발 기회를 의미했다. 중학교 1, 2학년 학생들이 대상이었다. 학생들이 방송국에 도착하면, 방송에 대한 개략적인 설명 후 질의·응답 시간을 갖고 뉴스리딩을 직접 해보는 코스였다. 15명 정도의 친구들이 선생님과 함께 방문했다. 모두 방송에 관심이 있는 상황은 아니었지만 그 중 방송에 열의가 있는 학생이 한 둘 꼭 있어서 적극적으로 궁금증을 물었다. '청진기' 진행을 아나운서가 맡았었다. 방송이란 무엇인지 소개하고 아나운서의 역할을 이야기하고 그들의 호기심이 해소되길 바랐다. 우리 선후배 아나운서들은 순번을 정해 미래의 방송주역을 만났다. 덕분에 나도 몇 번 중학생들과 마주할 기회가 있었다. 길지 않은 만남이었지만 학교마다 분위기가 많이 달랐다. 하지만 공통점도 있었다. 아나운서가 되고 싶어서, 방송작가를 꿈꾸어서, 막연하게 방송에 관심 있어서, 연예인을 보고 싶어서 등 그 자리에 모인 이유는 제각각이었지만 그들은 비슷한 질문을 했다.

"방송국에 입사하려면, 아나운서가 되려면, 어떻게 해야 하나요?"

중 2쯤 된 학생들에게 발음, 발성, 뉴스리딩, 그 밖의 아나운싱을 위한 조언을 하기도 적절치 않고, 단순히 아나운서에만 관심 있는 학생들도 아니어서 처음에는 어떤 답을 줘야할지 난감했다. 그리고 함께 온 선생님들도 내심 답변을 기대하는 눈치였다. 사실 별게 없다. 방송국에 입사하려면, 방송을 열심히 보고 느끼는 게 일번이다. 그렇지만 학교도 다니고 학원도 다니는 친구들이 방송을 부지런히 모니터 하기에는 어려움이 많고 시기상조라는 생각도 들었다. 나는 그들에게 "평소 주변에 관심을 많이 가지세요."라고 대답했다. 우리 주변의 사물, 사람, 사건 등에 더듬이를 세워야 한다고. 만약 이 글을 읽는 당신이 주변의 이야기에 무덤덤하다면 방송 쪽 일은 적성에 맞지 않을 수 있다. 방송 안테나는 항상 우리 사회 구석구석을 향해 있기 때문이다.

내가 대학 4학년 취업을 앞둔 때, 같은 과 친구와 나누었던 이야기가 생각난다. 대기업, 출판사, 벤처기업을 거쳐 이제는 우주에서 가장 귀한 일, 아이를 키우는 일에 전념하고 있는 그녀는 약 20년 전 커피 한 잔을 마주 놓고 나와 이야기를 나누었다.

"... 인문계열 대학은 고등실업자를 양성하는 쓸모없는 집단이야..."

나는 맞는 말이라며 깔깔깔 한참을 웃었다. 정말 그랬다. 당시 웬만한 기업체에서는 대학생의 전공을 중요시했다. 인문계열 전공자는 각각의 연구직에는 아예 원서를 낼 수도 없었다. 평범해 보이는 회사의 무난한 조직도 법, 상경계열 전공자를 우위에 둔다고 신입사원 모집요강에 적어 놨다. 나는 아나운서의 꿈을 품고 있었지만 확신이 전혀 없었다. 일반 기업에는 취직이 어려울 듯 하고, 아나운서가 되는 것도 자신이 없고. 따라서 방송국 원서와 함께 전공을 중요시하지 않는 외국계 회사 원서를 동시에 갖고 다녔다.

운이 좋아 방송국에 들어왔다. 헌데 입사 후 보니 인문계열 종사자(아, 대학 다닐 때 공부 좀 열심히 할 걸. 지금도 후회스럽다)에게 가장 적합한 직장이 방송국이었다. 미디어는 항상 '사람'이 중심이 되는 곳이니까. 방송은 여러 가치를 존중하고 다루지만 사람에 늘 초점을 맞춘다. 뉴스가 그렇고, 시사·교양·오락 프로그램 모두 '인간'에 대한 고민을 바탕으로 만들어진다. (단군의 자손이라 그런지) 홍익인간의 이념을 실천하는 곳이 방송국이다. 세상 모든 방송은 사람의 관심으로부터 출발한다. 그런 면에서 보면 폭 넓은 인문학에 빠져 있는 사람이라면 전공이 무엇이든 방송국은 천혜의 직장이다.

어느 기자 선배의 주말 오후 근무를 무심코 들여다봤다. 일요일. 뉴스를 편집하던 그는 틈틈이 안톤 체호프의 작품을 손에 쥐고 있었다. 늘 사건·사고를 전하고 특종에 민감하게 반응하던 그가 한가로이 러시아 소설을 읽고 있는 모습이 뉴스처럼 읽혔다. 고전이 전하는 메시지는 분명하다. 사람에 대한 깊은 탐구. 오늘의 독자도 공감할 수 있는 줄거리가 고전을 고전이게 만든다.

몇 백 년 혹은 천년이 넘는 세월 속에서도 살아남은 이야기는 그 안에 인간의 본질적인 고민과 시공을 초월하는 의미가 담겨있기 때문에 현재의 우리에게도 울림을 준다. 그리고 후예들에게 삶의 지침이 되고 대리경험이 되어 안전표시 장치 역할을 한다. 이것이 바로 고전이 지금도 서점에서 자리를 차지할 수 있는 이유다. 체호프를 일요일의 파트너로 삼은 그는 격무 속에서 맞는 휴식의 시간을 현실에서 벗어나 인간을 탐험하는 시간으로 보냈으리라. 매일의 호흡을 사람과 사람의 이야기로 전하는 아나운서는 이점에서 행복하다. 사람에 대한, 인간에 대한 탐구를 방송을 핑게 삼아 최전방에서 할 수 있기에.

나와 당신은 다르지만 닮았다

『데미안』의 가장 유명한 대목

새는 알에서 나오려고 투쟁한다. 알은 세계이다.
태어나려는 자는 하나의 세계를 깨뜨려야 한다.

누군가 말했다. 알은 한 번만 깨뜨리면 충분하다고.

비상을 위해 온전한 나의 힘으로 알을 깨야 하지만 알을 박차고 나온 이후의 세상은 달콤하지 않다. 나를 잡아먹을 포식자에 피하거나 맞서야 하고, 날개가 꺾이는 수모도 이겨내야 한다. 상상조차 할 수 없던 고통을 견뎌낸 후, 비로소 비상이 가능하다. 목숨을 건 사투를 여러 번 할 필요는 없다. 날아오르기까지의 과정은 한 번이면 족하다. 자전거를 처음 배울 때는 힘들지만 한 번 배워두면 평생 잊지 않는 거처럼. 한 번 알을 깨는 경험을 하면 그 다음의 어려움에는 보다 유연하게 대처하거나 미리 피하는 재주가 생긴다. 지금의 자리가 너무 힘들다면 단단한 알을 깨는 작업이지 않을까. 그리고 그 시간은 변주는 되더라도 다시 돌아오지 않는다.

　말을 하면서 또 들으면서 살아온 나는, 앞으로 더 들리는 말을 하고 싶다. 17년이라는 경험을 쌓았지만 여전히 새로운 앞날을 기대하는 나와 오늘도 목표를 향해 정진하는 당신은 다르지만 닮았다. 일을 도모하는 과정에는 늘 고통이 따르기 마련 아니겠는가. 모든 절차가 괴롭지는 않지만 성공 뒤에 아픈 상처가 없기는 불가능하다. 오늘은 여기까지 온 당신을 더 믿어주고 다독여줬음 좋겠다. 목표를 이룬 대부분의 사람들이 쓰라린 오늘과 불투명한 내일을 디뎌가며 자신의 길을 만들었다. 그리고 이것은 삶이 허락되는 한 끝나지 않을 작업이다.

　가슴이 시키는 대로 사느라 고생이 많은
　나를, 그리고 여러분을 응원한다.

아나운서 절대로 하지마라
나대지 않고 은밀하게 아나운서 준비하기

초판 1쇄 발행 | 2020년 9월 5일

지은이	유지수 백원경 이지민 서연미 채선아
펴낸이	안호헌
아트디렉터	박신규

펴낸곳	도서출판 흔들의자	
	출판등록	2011. 10. 14(제311-2011-52호)
	주소	서울 강서구 가로공원로84길 77
	전화	(02)387-2175
	팩스	(02)387-2176
	이메일	rcpbooks@daum.net(원고 투고)
	블로그	http://blog.naver.com/rcpbooks

ISBN 979-11-86787-27-4 13320
ⓒ 유지수 백원경 이지민 서연미 채선아 2020. Printed in Korea